정동 연구 지도제작
Mapping Affect Theory

엮음
알리 라라

초판 인쇄
2025년 8월 25일

지음
알리 라라
기에르미나 알토몬테
콜린 P. 애슐리
미셸 빌리스
산드라 모야노-아리자
리우 웬
토니 D. 샘슨

초판 발행
2025년 8월 28일

ISBN
978-89-6195-398-6 93300

도서분류
1. 정동이론   2. 문화이론
3. 현대철학   4. 젠더 연구
5. 퀴어 이론 6. 인종/소수자 연구
7. 감정사회학 8. 신경인문학

옮김·해제
권명아·이지행·권두현
윤조원·정다연

펴냄
조정환

카테고리
aff-com총서06 Mens

책임운영
신은주

값
25,000원

편집
김정연

펴낸곳
도서출판 갈무리
1994. 3. 3. 등록
제17-0161호
서울 마포구 동교로18길 9-13 2층
T. 02-325-1485
F. 070-4275-0674
www.galmuri.co.kr
galmuri94@gmail.com

디자인
조문영

홍보
김하은

프리뷰
김미정

종이
타라유통

Korean edition
© 2025 Galmuri Publisher
Korean edition published
by arrangement with the editor
Ali Lara and the authors.
이 책은 엮은이 알리 라라 및
필자들과의 협의에 따라
출간되었습니다.

인쇄·제본
영신사

라미네이팅
금성산업

일러두기

1. 이 책은 Ali Lara (Ed.), "*Mapping Affect Studies*", *Athenea Digital*, Vol. 20, No. 2, Universitat Autonoma de Barcelona, 2020을 완역한 것이다.

2. 음역하는 외국어 고유명사는 현지 발음에 가장 가깝게 표기하였다. 단, 널리 쓰여 굳어진 인명과 지명은 관행에 따라 표기하였다.

3. 인명, 지명, 책 제목 등의 원어는 꼭 필요한 경우에만 본문에 병기하고 색인에 원어를 수록했다.

4. 원문에서 이탤릭으로 강조된 부분은 본문에서 고딕체를 통해 강조하였다.

5. 단행본, 전집, 정기간행물에는 겹낫표(『 』)를, 논문, 기고문 등에는 홑낫표(「 」)를 사용하였다. 영상, 텔레비전 프로그램 이름, 전시, 공연물에는 홑화살괄호(〈 〉)를 사용하였다.

6. 지은이 주석과 옮긴이 주석은 같은 일련번호를 가지며, 옮긴이 주석에는 * 표시하였다.

7. 원문의 대괄호는 ( )를 사용하였고, 옮긴이가 덧붙인 내용은 [ ] 속에 넣었다.

8. 원문에서 큰따옴표(" ")로 강조된 부분은 본문에서도 동일하게 큰따옴표로 표시하였다.

9. 외국어 문헌의 한국어판이 있고 이를 번역에 참고한 경우, 참조할 수 있도록 역자 대괄호 속에 한국어판 쪽수를 병기했다.

우리의 한국어판 서문

정동 연구 지도제작

옮긴이 해제 : 젠더·어펙트 연구 지도제작

정동과 노동

옮긴이 해제 : 정동 노동의 양가성 — 자본과 자율의 이중운동

정동과 인종 흑인성

옮긴이 해제 : 정동 개념의 전환과 흑인성의 이론화
— 정동적 역량, 인종적 위계, 그리고 느낌의 정치적 배치

정동 이론과 문학·예술 — 재현 사이와 재현 너머

옮긴이 해제 : '매개'하는 지도 그리기

가라앉음, 퇴보성, 기계됨을 느끼기 — 퀴어 이론과 정동적 전회

옮긴이 해제 : 퀴어 이론과 정동 이론의 마주침이 생성한
세 갈래의 비판적 사유들

정동, 인지 그리고 신경과학

옮긴이 해제 :「정동, 인지 그리고 신경과학」을 읽기 위한 안내

엮은이·글쓴이·옮긴이 소개 | 인명 찾아보기 | 용어 찾아보기

알리 라라 ǀ 권명아 옮김	6
알리 라라	23
권명아	64
기예르미나 알토몬테	79
이지행	121
콜린 P. 애슐리 · 미셸 빌리스	133
권두현	166
산드라 모야노-아리자	181
윤조원	229
리우 웬	243
정다연	285
토니 D. 샘슨	303
이지행	337

348 · 353 · 359

:: 우리의 한국어판 서문

　내가 정동 연구 지도제작 작업을 구상한 건 대략 2017년경이었다. 그때 나는 뉴욕에서 나를 지적으로 성장하게 해준 퍼트리샤 클러프 교수의 지도를 받으며 박사 후 과정을 수행 중이었다. 지도제작이라는 개념은 그 당시의 어떤 순간들 속에서 번뜩 떠올랐다. 당시 정동 연구는 너무나 빨리, 강렬하게 변화하고 있었다. 게다가 정동 연구가 여타의 학문 분야들과 맺는 관계가 변화하기 시작하면서 더 많은 분야에서 정동 연구를 발견하고 새로운 교차적 연구 결과를 생산하는 일도 급속도로 진행되고 있었다. 따라서 적어도 가능한 범위 안에서 21세기 초반의 정동 연구에 관한 역사적 자료를 모아두는 게 필요하다는 생각이 들었다. 나는 이 책이 젊은 학자들, 특히 대학원생이나 학부생에게 정동 연구를 소개하는 데 필수적이고 시의적절한 자료를 담고 있다고 생각한다. 나는 내가 읽고 싶은 글을 쓰려고 노력했다. 즉 이 책은 정동 이론의 주요한 측면을 비롯하여 사회과학 및 인문과학의 다른 분야 연구와 정동 연구의 주된 관련성에 대해 가능한 한 접근하기 쉽게 설명한 독자 친화적 소개서이다.

지도제작을 하려고 했던 두 번째로 강력한 동기가 있다. 나는 멕시코인이고 스페인어가 나의 제1언어다. 한국의 독자들도 잘 알고 있듯이 정동 연구의 대부분은 영어로 이루어졌다. 물론 나는 영어와 스페인어를 읽고 쓸 수 있지만, 대부분의 멕시코인은 그렇지 않다. 그래서 처음에는 내가 영어와 스페인어로 논문을 써서, 학술지에 영어본과 스페인어본을 둘 다 게재해달라고 요청하거나 아니면 두 언어판을 따로 출판해달라고 할 생각이었다(이런 구상을 어떻게 하게 되었는지는 나도 알 수가 없다). 그러나 곧바로 이런 방식은 나 혼자 해내기에는 너무 방대한 일이라고 느낄 수밖에 없었다. 무엇보다 내가 알 수 있는 범위는 한정되어 있고, 분야들 사이의 연결성은 내 지식의 한계로 인해 다 파악하기 어려웠으며, 게다가 그 모든 것을 한 편의 논문에 담는 건 불가능했다. 다행히도 나는 뉴욕에서 나와 마찬가지로 스페인어로 된 정동 이론 관련 자료가 너무 없다는 점을 문제로 생각하는 여러 학자들, 예를 들면 스페인 카탈루냐 출신의 산드라 모야노, 칠레 출신의 기예르미나 알토몬테(이 둘은 모두 스페인어와 영어에 능통했다)를 만나게 되었다. 타이완 출신인 리우 웬이나 미국 출신인 콜린 P. 애슐리와 미셸 빌리스 같은 학자들은 정동 이론과 퀴어 이론, 흑인 연구에 정통하였고 나는 이들의 연구를 라틴아메리카에 번역하는 게 가치가 있겠다고 생각했다. 또한 이미 너무나 명망이 높은 영국 학자 토니 D. 샘슨이 젊은 학자들의 야심 찬 기획인 이 책에 선뜻 합류를 해주었다. 무엇보다 특집 기획을 하게 되어서 이 작업이 더 이상 개인의 노력이 아닌 집단 작업이 될 수 있었다. 아르헨티나 출신의 비비 칼데론이나 스페인 출신의 누리아 사두르니, 멕시코 출신의 에드윈 마요랄과 같은 연구자들은 번역가로 이 기획에 참여해 주었다. 이렇게 팀이 완성되어 우리는 마침내 소소하지만 이중 언어로 된 정동 연구의 지도를 그릴 준비가 되었다. 이렇게, "이 작업은 우리들의 것"이라고 생각하게 되었다.

　이중 언어 본의 특집 기획을 수락해 주고 주관해준 『아떼네아 디히딸』*Athenea Digital*은 내가 박사학위를 받은 바르셀로나 자치대학에서 발간하는 오픈 액세스 학술지이다. 작업 시간이 조금 길어지긴 했지만, 특집 기획은 2020년 마침내 출간되었다. 내 임무는 이제 끝났다고 생각했고, 그 임무는 처음의 내 예상을 훌쩍 뛰어넘는 일이었다. 그 후로 나는 이스트 런던 대학에서 강의를 하게 되어 영국으로 가게 되었고, 지도제작의 역사는 이제 끝났으며 나는 사람들이 그 지도를 읽었으면 좋겠다고 생각했다. 그리고 그게 다였다. 우리는 할 일을 다 했다. 따라서 내가 〈젠더·어펙트연구소〉의 권명아 교수로부터 이 책을 갈무리 출판사에서 한국어로 번역 출간하자는 연락을 받았을 때 얼마나 기뻤을지 여러분은 아마 상상하지 못할 것이다. 한국! 이제 세 언어로 된 지도가 되었다! 우리 프로젝트에 관심을 가져주셔서 진심으로 감사드리며, 이 번역에 들인 노고에 보답하고자 한국 독자 여러분께 특별한 글을 드리고자 했다. 그래서 이렇게 서문을 쓰게 되었다. 이 글은 우리의 것이고, 이제 여러분은 우리의 일부다.

책 속에서 이미 논의를 했지만 다소 보완이 필요한 것 같은 몇몇 지점과, 또 우리 책 안에 들어있어야 했거나 혹은 언급되었어야 하지만 그렇지 못했던 문제에 대해 다소 언급해야 할 것 같은 생각이 든다. 먼저 이 책 도입부의 「정동 연구 지도제작」은 소개 글의 역할을 하고 있긴 하지만 어떤 지점에 대해서는 조금 더 엄밀하게 기술할 필요가 있었다. 거기에서 나는 (정동적) 전회(affective) turn를 구성하는 세부적인 전환 지점을 그려나갈 수 있도록 글을 구성했다. 첫 번째로는 지식 생산이 인식론 중심에서 탈피하여 존재론으로 초점이 전환된 지점에 대해서 논했다. 둘째로는 엄격한 방법론적 절차를 따르는 지식 생산에서 반反방법론적이고 반反경험적인 종류의 지식 생산으로 변화되는 과정에 대해서 논했다. 셋째로는 정동 연구가 정치와 주체성에 대해 접근하는 방법을 논했다. 한국어판이 출간되는 시점에서 되돌아보니, 지도를 그리던 시점보다 현재 정동 연구는 더 많이 나아가기도 해서, 지난 글에서 정리한 논점에 대해 조금은 보충 설명이 필요하다고 느꼈다.

이 소개 글이 혹시라도 정동 연구들과 정동적 전회를 동일한 분야의 문제로 제시한 것처럼 보인다면 다소 엄밀하지 못한 논의일 수 있겠다고 판단했다. 예를 들어 지식생산에서의 인식론 중심성에 대해 나는 이렇게 쓴 바 있다. 인식론 중심의 지식생산 실천은 다층적으로 재현의 한계에 봉착하는데 "첫 번째는 '우리-인간이 어떻게 현실에 접근하는가'에 대한 관심이고, 두 번째는 '우리-과학자가, 우리-인간이 현실에 접근하는 방식에 어떻게 접근하는가'에 대한 관심이다. 마치 자기 꼬리를 물려는 개와도 같다." 이 서술을 통해 나는 (여러분이 잘 아는 것처럼) 정동 연구에서 가장 유물론적이고 사변적인 연구를 펼쳐온 들뢰즈/과타리적인 전통과 이를 이어받은 정동 연구 경향을 비판했다. 이런 연구는 들뢰즈/과타리적인 정치적 아젠다에 너무나 강하게 속박되어 있어 정동 연구를 좁은 지적 원천에 가두고 있다는 점을 비판한 것이다. 물론 이들의 논의 역시 존재론에 초점을 두는 것은 필수적이었다. 하지만 인식론에 거리를 두는 것이 항상 존재론에 가까워지는 것은 아니며, 인간 경험에 관심을 두었다고 해서 반드시 인식론적 강박이 후기구조주의의 한계를 넘어서게 되는 것도 아니다. 정신분석학이나 현상학 이론에 기반한 정동 연구의 여러 사례에서 이러한 다층적 측면을 살필 수 있다. 예를 들어 정동의 전이transmission에 대한 테레사 브레넌(Brennan, 2004)의 연구가 대표적이다. 브레넌은 사람들이 방에 들어갔을 때 분위기를 파악하는 역량과 같은 인간의 현실에 대한 접근은, 주체성을 물질성의 측면에서 고찰할 수 있는 하나의 방식을 열어준다고 말한다. 또 정동의 전이에 대한 브레넌의 논의는 정동이 기원에 있어서는 사회적이지만 그것의 표현은 유기적이라는 점을 잘 이해할 수 있게 한다. 따라서 브레넌은 우리-인간이 현실에 접근하는 방법이 반드시 우리-과학자들이 하는 것처럼 인식론이나 방법론적 엄격성을 통해 체계화하지 않고도, 혹은 사건event을 우리-인간이 경험하는 방식과 언어적 의미화로 환원하지 않고도 가능하다는 것을 보여준다.

이와 마찬가지로 정치적인 것과 주체성 문제를 다루는 부분에서 브레넌은 주권적 주체의 문제나 그에 상응하는 정체성 정치의 부재를 비판하는 학자들과 그러한 문제를 극복하고 정동 연구의 주요 정치적 아젠다로서 인구 단위에서 신체 역량의 집단적 조율을 논하는 일군의 학자를 강하게 대비시켜 논하고 있다. 정치적인 것 및 주체와 관련한 분야에 대해서는 이러한 두 가지 대립적 성격이 해당 분야의 지적 풍경을 드러내는 것으로 그려졌다. 내가 해당 소개 글에서 다 언급하지 못한 것은 이처럼 주권적 주체나 정체성 정치가 정동 연구에 결여되었다고 비판하는 주요 집단이 이른바 비판적 사회심리학 분야라는 점이다. 비판적 사회심리학 분야는 "합리적인" 의미 형성 과정을 통해서 스스로를 표현한다는 지족적이고 자기 규정적인 개인성이라는 매트릭스에 대한 환상이 없다면 붕괴될 수밖에 없고, 그렇기에 정동 연구에 대한 불만을 표시한다. 정동 연구는 이들의 연구 대상이 자본주의에만 유용한 가짜 대상이라는 것을 증명하기 때문이다. 즉 이러한 두 가지 방식의 연구는 여전히 존재하고 또한 여전히 대립하지만, 정치적인 것과 주체성의 문제는 정동 연구의 핵심임이 분명하다. 그러나 정치적인 것에 대한 관심이 결여되고 주체성에 대한 이론적 기여가 전혀 없는 종류의 연구로서의 정동 연구의 문제점 또한 존재한다. 나는 소개 글에서 이에 대해서는 전혀 언급하지 않았다. 이제 이 부분을 살펴보자.

불행히도 정동 연구 또한 우리가 지식 생산을 할 때 지닌 책임을 무시하는 그런 "기여들"로 가득 차 있다. 여기서 그런 저자를 언급할 수도 있겠지만, 그건 너무 무례할 것 같다. 그러나 백인 비장애 신체들이 성취한 쾌락들, 예를 들어 마라톤 달리기, 햇살 아래 자전거 타기, 숲속에서 새의 지저귐을 따라 노래하기, 거울 앞에서 춤추기 또는 작가주의 영화나 엘리트 예술가의 작품을 엘리트들이 소비하는 방식과 같이, 이들이 자신의 특권적 맥락과 실천에 도달하는 그런 정동적 사건을 찬미하는 정동 연구도 무수히 존재한다. [그런] 정동 연구는 백인성, 부르주아성, 유능성과 남성성을 찬양하는 플랫폼을 제공하고, 이러한 요소들을 정동과 생동감을 이해하는 공통된 장소로 장려하는 동시에 타자성을 이론화할 가치가 없는 것으로 치부하는 학계의 역사적 행보를 지속시킨다. 이런 정동 연구에서는 주체성과 정치학을 망각하는 방식이 매우 특징적으로 드러나며, 우리는 이러한 문제에 대한 비판을 통해서만 정동 연구의 이 같은 경향에서 벗어날 수 있다.

당신이 지금 보고 있는 이 책의 각 장이 된 기획 특집은 정동 연구와 각 연구자들의 연구 분야 사이의 교차적 관련성을 탁월하게 그려내고 있다. 그러나 특집 기획이 출간되었던 2020년 당시에도 다뤄야 할 이슈가 그게 전부는 아니었고 이 책이 발간되는 2025년에는 더욱 그러하다. 「정동 연구 지도제작」에서 이미 나는 정동 연구와 관련한 페미니즘과 장애학 논문이 누락되었다는 점은 용납될 수 없는 문제라고 적은 바 있다. 페미니즘과 장애학에서 정동 연구와의 교차점을 다룬 논문은 원래 기획에 포함되어 있었고, 이는 감히 내가 자의적으로 관련 내용을 누락한다거나 할 수 없는 문제였다. 다만 불행히도 준비 중이던 필자들이 — 학계에서 펼쳐지곤 하는 어떤 사정 등의 — 예기치 못한 문제로 인해 기획 참여를 포기하게 되었고, 결국 두 주제를 대체하지 못하고 누락한 채 특집을 꾸리게 되었다. 나는 한국 독자들에게 우리 몸의 역량이 인종자본주의의 판단 기준에 따라 관리되고, 여기서 남성적 역량이 권력의 전형이 되며(Bhattacharyya, 2018) 이른바 '유능한 신체'able bodies(비장애 신체)가 생산성과 동의어가 되는 그런 인종자본주의 문제를 염두에 두지 않고서는 정동 연구를 이해할 수 없다는 점을 반드시 강조하고 싶다. 따라서 비非남성 신체와 비非유능 신체를 역량이 없거나 역량이 부족한 것으로 규정하고 형성해온 구조적 조건을 역사적으로 비판해온 지식 전통이야말로 이 분야에 대한 정치적, 이론적 개입의 초석이 되었다고 할 수 있다. 페미니즘과 장애학 없이 정동 이론은 이론으로서의 역량을 가질 수 없다. 장애학과 페미니즘 없이 정동 이론은 아무것도 아니다! 장애학과 페미니즘의 부재는 이 지도의 근본 문제로 여전히 남을 것이고 이후의 새로운 판본에서는 이를 보완하고자 한다.

그 외에 또 다른 문제들이 남는다. 정동 연구와 관련한 교차적 지도를 그릴 분야는 너무나 많지만 다 그리지 못했다. 예를 들어 정신분석학과 정신분석 이론의 엄청난 기여는 정동 연구가 출현할 수 있는 바탕이 되었다. 그러나 우리는 정신분석학과 정동 이론의 교차를 그려내지 못했다.

프로이트와 라캉에 의한 정동의 개념화라는 직접적인 기여뿐 아니라, 도널드 위니컷, 멜라니 클라인, 장 라플랑슈[프랑스의 정신분석학자] 등과 같은 정신분석학의 전통이 기여한 바도 지도에 담지 못했다. 다행스럽게도 우리에게는 정동 연구와 관련해 정신분석학의 전통을 활용한 무수한 연구가 있는데, 만일 내가 한국 독자들에게 추천한다면 그 맨 앞에는 앙드레 그린의 『정신분석학 담론에서 정동의 직조』(Green, 1999)가 놓일 것이다. 이 책에서 앙드레 그린은 정신분석 이론에서 정동의 개념적 진화를 매우 정교하게 그려내고 논의한다. 또한 이러한 정신분석학 전통에서 욕망의 종별적인 함의에 대해서는 로런 벌랜트의 『욕망/사랑』(Berlant, 2012)보다 더 잘 논의된 저작이 없을 정도라 하겠고, 정신분석학과 정동 연구를 교차한 최근의 연구로는 미디어 테크놀로지에서 인간과 비인간의 무의식의 얽힘을 탐구한 퍼트리샤 클러프의 『사용자 무의식』(Clough, 2018)이 항상 내 마음속에 있다. 앞서 언급한 브레넌의 연구가 정신분석학과 정동 연구를 교차하는 연구의 초석을 놓았고, 이로부터 유기적 과정을 설명하는 무수한 언어들로 이어진다. 예를 들어 미메시스, 접촉contagion, 암시suggestion, 조현attunement, 영향influence 그리고 무엇보다 전이transmission 개념이 그러하다.

    미디어 연구 분야 역시 지도에서 누락되었는데, 미디

어 연구가 정동 연구의 토대이자 가능성의 조건이라는 점에서 이런 누락은 문제적이다. 데리다의 차연에 대한 논의에서부터 이에 따른 기원 혹은 진정성의 불가능성(Clough, 2001)이라는 아젠다, 마크 핸슨의 본래적 기술성으로서의 피부(Hansen, 2006), 또 그의 21세기 기술에 대한 포스트 현상학적 현상학(Hansen, 2015)에 이르기까지 미디어와 매개를 이론화하는 풍부하고 오랜 전통이 있으며, 이러한 이론적 전통은 과정철학을 수용하면서 정동 연구를 적극적으로 주조하는 역할을 해 왔다.

키스 안셀 피어슨은 베르그송을 미디어 연구에서의 정동 연구 사상가로 자리매김하면서 가상적인 것을 정동 연구의 중심에 들여왔다(Ansell-Pearson, 2001). 이러한 전통은 21세기 초반 스티븐 샤비로가 화이트헤드를 재평가하면서 서구 사상 전통에서 그간 하이데거가 차지했던 자리를 화이트헤드로 대체시키면서(Shaviro, 2009) 미디어 연구가 화이트헤드주의로 전환되기 전까지 한동안 지속되었다. 루치아나 파리시는 화이트헤드에 의존하여 인간의 사유를 벗어나는 알고리듬의 가능성을 질문하는 전염성이 있는 건축을 제시한 바 있다(Parisi, 2009). 미디어와 정동 연구에 대한 경탄할 만한 지도로는 토니 D. 샘슨, 스티븐 매디슨, 대런 엘리스의 저서 『정동과 소셜 미디어』를 추천하고 싶은데, 이 책은 이 분야의 대표 저자들이 참여하여 경험적이고 사변적인 다양한 접근방식을 보여준다.

　마지막으로 단지 하나의 연구 분야라고 칭할 수 없는 문화지리학이라는 분과학문 전반에 대해서 살펴보자. 그 출발점은 아마도 나이절 스리프트의 『비재현 이론』(Thrift, 2007)이라는 연구에 그 근간이 놓여있다고 하겠다. 이는 지리학에 혁명적 전환을 불러왔고 공간에 대한 물질적 이해 및 그러한 공간의 물질성의 일부로서의 인간 신체 작용에 대한 이해를 심화했다. 이러한 비재현적 접근을 통해 지리학은 정동이 공간의 구성에 의해 적극적으로 형성된다는 것을 매우 빠르게 이해했고 티엔이 지적했듯이 정동 연구는 정치적이고 윤리적인 문제로 전환되었다(Thien, 2005). 나는 지리학자는 아니어서 비재현 이론을 벤 앤더슨의 연구 「정동적 분위기들」(Anderson, 2009)을 통해 접했다. 앤더슨은 또한 내가 알고 있는 정동 연구에 대한 가장 탁월한 입문서를 쓰기도 했다(Anderson, 2014). 맥코맥은 댄스 동작 치료에 관한 연구에서 지리에서 정동을 정량화하거나 혹은 질화 qualifying하는 게 불가능하다는 점을 명확하게 했다면(McCormack, 2003), 일반적으로 지리학자들은 정동과 경험적인 것의 가능한(직접적이라기보다) 관계들과 과정을 고찰하는 데 주로 집중했고 바니니는 이를 "비재현적 방법론"이라고 논했다(Vannini, 2015).

　정신분석학, 미디어 연구, 그리고 문화지리 연구는 이

미 정동 연구 경관 안에서 오래된 전통을 지켜오고 있었고, 페미니즘/젠더 연구와 장애학과 함께 (여기서나 그 어디서나) 결코 간과되어서는 안 되는 연구 분야이다. 더 나아가 정동 연구의 전체 지도를 그린다면 벤 하이모어(Highmore, 2010), 엘스페스 프로빈(Probyn, 2013), 그리고 필자의 졸고인 『현실을 소화하기』(Lara, 2021)와 같은 정동 연구 관점의 음식 연구도 포함되어야겠고, 벨기에의 과학철학자인 방시앙 드프레(Despret, 2018) 그리고 마수미의 동물학 연구(Massumi, 2014), 도노번 오 셰이퍼의 종교와 정동에 관한 연구(Schaefer, 2015)도 포함되어야 하겠다. 당연히 내가 놓친 많은 분야의 연구가 있고 정동과 여타 분야의 교차 연구는 계속 성장하면서 다른 분야에 영향을 끼칠 것이다. 이 연구 규모가 어디까지 확대될지는 시간이 지나야만 알게 될 것이다.

마지막으로 나는 우리의 한국 독자에게 특별한 작별 인사를 전하면서 이 서문을 마무리하고자 한다. 나는 당신들이 여기서 어떤 영감을 찾고 또 당신의 연구와 연결점을 찾아낼 수 있기를 바란다. 그리하여 새로운 지도를 그려 나갈 영역들을 여러분이 확장해 주길 바란다. 이러한 과정에서 우리가 한국이나 또 다른 장소에서 (그곳이 멕시코가 될 수도 있겠다) 만날 수 있기를 원한다. 만일 내가 정동 이론의 미래에 대한 어떤 희망을 이야기할 수 있다면,

이제 정동 연구에서 한국의 연구가 맡고 있는 자리를 알게 되었으니 이로써 정동 이론을 탈식민화하는 일에 우리의 상호 협력적 작업이 가능하리라는 사실이다. 우리야말로 그런 일을 할 수 있는 적임자다. 우리, 비서구, 비백인이며 여전히 인종자본주의에 의해 정동되는 신체들로 살아가야 하는 바로 그 우리 말이다. 이러한 정동 이론의 탈식민화 작업이라는 이론적 기여를 우리가 함께 시작하여 여기에 새로운 지도를 그릴 수 있도록 새로운 영역을 만들어가자. 우리의 대지들, 우리의 이론들, 우리의 교차들, 우리의 지도를 말이다.

2025년 8월
멕시코에서 알리 라라 (권명아 옮김)

:: 참고문헌

Anderson, Ben (2009). Affective Atmospheres. *Emotion, Space and Society, 2*(2), 77-81.

Anderson, Ben (2014). *Encountering Affect : Capacities, Apparatuses, Conditions*. Farnham : Ashgate Publishings.

Ansell-Pearson, Keith (2001). *Philosophy and the Adventure of the Virtual*. London : Routledge. [안셀-피어슨, 키스 (2022).『베르그손과 생명의 시간』. (정보람, 역). 서울 : 그린비.]

Berlant, Lauren (2012). *Desire/Love*. NY : Punctum Books.

Bhattacharyya, Gargi (2018). *Rethinking Racial Capitalism*. Rowman & Littlefield International.

Brennan, Teresa (2004). *The Transmission of Affect*. NY : Cornell University Press.

Clough, Patricia T. (2000). *Autoaffection*. Minneapolis : University of Minnesota Press.

Clough, Patricia T. (2018). *The User Unconscious*. Minneapolis : University of Minnesota Press.

Green, Andre (1999). *The Fabric of Affect in the Psychoanalytic Discourse*. London : Taylor & Francis.

Hansen, Mark (2006). *New Philosophy for New Media*. Cambridge : The MIT Press.

Hansen, Mark (2015). *Feed Forward*. The University of Chicago Press.

Highmore, Ben (2010). Bitter after Taste : Affect, Food and Social Aesthetics. In M. Gregg & G. Seigworth (Eds.), *The Affect Theory Reader* (pp.118-137). Durham : Duke University Press. [하이모어, 벤 (2015). 뒷맛이 씁쓸한 : 정동과 음식, 그리고 사회 미학. 그레그, 멜리사·시그워스, 그레고리(편저).『정동 이론』, (최성희·김지영·박혜정, 역). (pp.206-233). 서울 : 갈무리.]

Lara, Ali (2021). *Digesting Reality*. London : Routledge.

Massumi, Brian (2014). *What Animals Teach us about Politics*. Durham : Duke University Press.

McCormack, Derek P. (2003). An Event of Geographical Ethics in Spaces of Affect. *Transactions of the Institute of British Geographers*, 28(4), 488-507.

Nishida, Akemi (2022). *Just Care*. Philadelphia : Temple University Press.

Parisi, Luciana (2013). *Contagious Architecture*. Cambridge : The MIT Press.

Probyn, Elspeth (2016). *Eating the Ocean*. Durham : Duke University Press.

Sampson, Tony, Maddison, Stephen & Ellis, Darren (2018). *Affect and Social Media*. Rowman & Littlefield Publishers.

Schaefer, Donovan O. (2015). *Religious Affects*. Durham : Duke University Press.

Shaviro, Steven (2009). *Without Criteria : Kant, Whitehead, Deleuze, and Aesthetics*. Cambridge : The MIT Press. [샤비로, 스티븐 (2024). 『기준 없이』. (이문교, 역). 서울 : 갈무리.]

Thien Deborah (2005). After or Beyond Feeling? A Consideration of Affect and Emotions in Geography. *Area*, 37(4), 450-456.

Thrift, Nigel (2008). *Non-Representational Theory*. London : Routledge.

Vannini, Phillip (2015). *Non-Representational Methodologies*. London : Routledge. [바니니, 필립 (2023). 『비재현적 방법론 : 연구를 재상상하기』. (김진영, 편, 김수정·김지혜·김현철·이보아·이지선·정예슬·정학성·최하니, 역.). 광주 : 전남대학교출판부.]

정동 연구 지도제작

알리 라라

권명아 옮김·해제

이 글은 『아떼네아 디히딸』의 "정동 연구 지도제작" 특집에 대한 편집자 소개 글에 해당하는데, 정동 연구와 사회과학 및 인문과학의 다른 관련 분야들 간 교차 지점을 탐색하는 것이 왜 중요한지에 대해 간략히 소개하고 있다. 이러한 학문 분야들과의 차이를 교차하는 탐구를 위해서 나는 이른바 정동적 전회가 함축하는 인식론적, 존재론적 전제와 방법론적인 도전, 그리고 그것이 함의하는 정치성에 대해 살펴보았다. 그리고 또한 이 특집에서 두 분야 즉 정동 연구와 페미니즘, 정동 연구와 장애학의 교차적 탐색이 누락된 문제에 대해서도 관련된 정황을 함께 검토하였다. 마지막으로, 이 특집에 실린 각각의 논문을 소개하면서 글을 마무리한다.

정동의 지도를 그려보자. 지도제작의 목적은 여러 가지지만, 출발은 우선 우리가 가려는 곳에 도달하는 방법을 알아보기 위해서이다. 좀 더 나아가 보자면, 우리가 아직 가보지 않은 곳이 어디인지 알아보기 위해서이다. 우리가 미처 알아채지 못한 곳들은 어디이고 또 아직 탐험되지 않은 영역들은 어디일까? 사회과학의 몇몇 분야는 참으로 오래되었기에, 또한 우리는 그 분야에 수년간 머무르며 연구해 왔기 때문에 거기에 가면 무엇을 얻을 수 있는지 우리 모두가 잘 알고 있다. 그러나 정동 연구의 경우는 그렇지 않고, 여기에는 탐험되어야 할 장소가 여전히 많다. 물론, 정동이 어떤 의미로든 새로운 것은 아니다. 문화연구나 비판 이론을 통해 사회적 삶 속 무의식적 과정을 규명하려는 시도가 이미 20여 년간 꾸준히 축적되어 왔고, 철학적이거나 정신분석학적인 접근까지 아우른다면, 정동에 대한 논의의 역사는 훨씬 더 오래되었다. 그러나 여기서는 보다 최근에 등장한 정동적 전회와 이와 관련한 연구 분야의 확장에 대해 주로 논의하고자 한다.

학문적 맥락에서 정동 연구가 흥미로운 학문적 기여를 한다는 것은 이제 통념이 되었지만, 여전히 많은 이들은 정동 연구가 자신이 관심을 두는 분야를 더 잘 이해하거나, 그 연구를 심화시키는 데에 실제로 활용하기는 어렵다고 생각한다. 이는 정동 연구에 대해 별도의 훈련을 받지 못한(사실상 누구나 그러하다) 젊은 연구자나 박사과정 생들에게 특히 해당된다. 정동 연구는 흥미로울 것 같지만 사람들은 항상 질문한다. "맞아요. 흥미로울 것 같아요. 그러나 이 이론을 여성에 대한 부정의를 연구하는 데 어떻게 사용해야 할까요?" 또는 "와우, 정동 이론은 정말 멋지네요. 그런데 정동 이론이 사용하는 방법론이 무엇이지요?" 늘 그렇듯이 사회과학 분야에서 새로운 이론이 우리와 접속 가능해지고 활용할 수 있게 되기까지는 시간이 걸린다.

나는 정동 연구와 인문사회과학 분야의 관심 주제들이 어떻게 절합되는지에 대한 이해를 돕기 위해 이 특집을 구성하였고, 그런 의미에서 특집 주제를 '정동 연구 지도제작'Mapping Affect Studies이라고 정했다. 따라서 독자들은 인문사회과학의 다양한 주제에서 정동 연구가 어떻게 사용되어 왔는지, 어떤 유형의 연구들을 스스로 새롭게 전개해 볼 수 있는지, 그리고 아직 충분히 다뤄지지 않은 지점은 무엇인지를 파악할 수 있을 것이다. 또 이 특집은 퀴어 연구, 인종 연구, 노동 연구, 신경과학과 인지 연구, 예술과 문학 연구 분야에서 정동 연구의 관련성을 고찰한 글들로 구성되었다. 이처럼 탁월한 각 논문의 논지로 들어가기 전에 이 글에서는 먼저 정동 이론 전반에 대해서 살펴보려고 한다. 그리고 본격적인 논의에 앞서, 먼저 독자들이 정동에 대해 궁금해할 만한 세 가지 질문에 대해 명확하게 정리해 보려 한다. 첫째, 인식론에서 존재론으로의 전환은 무엇을 의미하는가? 둘째, 정동 이론이 제기하는 방법론적 함의는 무엇인가? 셋째, 정동 연구는 정치와 주체성에 대해 어떤 방식으로 접근하는가?

본격적인 논의에 앞서, 한 가지 환기해두고 싶은 것이 있다. 사회과학 연구는 다양한 언어로 생산되고 있지만, 정동 연구를 형성해 온 주요 문헌들은 영어권 학계에서 주로 출간되어 왔다. 그래서 우리는 이 특집호를 스페인어와 영어로 동시에 출간하기로 했는데, 이는 누구나 자유롭게 접근할 수 있는 오픈 액세스 정책을 통해 학문적 민주주의를 실천해 온 주관 학술지 『아떼네아 디히딸』의 취지에 부응하려는 시도이다. 무엇보다 『아떼네아 디히딸』은 스페인어권 학계에서 정동 연구를 처음으로 소개한 학술지 중 하나로서(이미 Enciso & Lara, 2014와 Lara & Enciso, 2013 등 두 차례 특집호를 출간한 바 있다) 이번 특집 '정동 연구 지도제작'을 이 저널에 수록한 것이 새삼스럽다고 할 수는 없다. 여기 수록된 대부분 글은 미국, 영국, 호주 학자들이 심사하고 수록하였는데, 스페인어와 영어의 이중 언어로 지도를 제공하려는 시도는 스페인어권 학문 장과의 대화를 시작하기 위함이며, 무엇보다 젊은 학자들에게 정동 연구를 보다 명료하게 전달하려는 시도이기도 하다. 자, 이제 본격적으로 정동 연구의 지도를 그려보자.

인식론에서 존재론으로

존 크롬비에 따르면 정동 연구의 학문적 기여는 두 가지로 요약할 수 있다. "첫째, 정동 이론은 물질적인 강도 intensities, 파동, 혹은 발생 빈도 등(이러한 것들은 살아있는 몸들에 가장 근저에서부터 영향을 주어서 생리적인 변환을 일으킨다transduced) 의도적이거나 우연적인 조작을 파악하는데 매우 유효하다"(Cromby, 2015, p. 121). 이는 달리 말하면 몸과 물질의 안과 바깥에서 벌어지는 일들은 원격적으로 상호작용하거나 정동하고 정동된다는 의미이며, 이 과정에서 특정 인구 집단들은 주체가 아닌 이러한 통제 기제의 표적target이 될 수 있다(그리고 되어버린다)는 의미이다.

"두 번째로는, 정동 이론가들은 불확정적인 미래에 의해 현재가 영향받는 그런 느낌의 방식을 구체적인 사례를 통해 효과적으로 설명한다"(Cromby, 2015, p. 121). 이는 정동적 반응이 아직 일어나지 않은 사건들의 불확정성에 의해 (활성화되거나) 활성화될 수 있다는 의미이다. 예를 들어 테러 공격이 있을지도 모른다는 가능성 때문에 공포가 촉발되었을 때, [테러가 일어나지 않더라도] 공포는 이미 현재에 효과를 미치기 때문에, 우리는 두렵다. 이러한 점이 정동 이론이 논하는 비선형적 시간성의 문제인데, 이를 통해 우리는 공공 정책이나 기술적으로 매개된 증강의 효과에 대한 우리의 이해를 재구축할 수 있다. 그런데, 우리는 과연 어떻게 여기까지 오게 된 것일까?

사회과학에서 "전회"라고 불렸던 많은 사례들은 스스로를 우리의 모든 문제를 해결해 줄 수 있는 유일하고도 결정적인 변화라고 주장하곤 했다. 물론 정동 연구 또한 마찬가지라고 주장할 생각은 없는데, 정동 연구는 어떤 사안들을 조명하지만 이에 따라 필연적으로 다른 사안들에 대해서는 조명하지 않기 때문이다. 그러나 크롬비가 지적하고 있듯이 이른바 "전회"라고 하는 이론적 태도를 이해하기 위해서는 '인식론에서 존재론으로'라는 지식 생산의 변환에 주목하고 이를 명확히 해야만 한다. 또한 이러한 이해를 통해 정동 연구가 후기구조주의에 기반한 여타의 비판적 접근들과 어떻게 다른지를 보다 명확하게 이해할 수 있다.

정동 연구는 재현, 언어, 의식적 활동 ― 개인적 차원에서는 인지, 집합적 차원에서는 사회적 합의와 같은 ― 의 너머/이전/외부에 존재하는 것을 탐색하려는 기획으로부터 시작되었다. 이러한 '이미 가공된 현실'already-processed reality에 대한 관심은 20세기 후기구조주의에 기반을 둔 사회과학 연구의 초점이기도 했다. 정동은 언어의 특권에 대항하는 이론적 운동으로 부상했으며, 그러한 특권은 곧 인식론의 특권이기도 했다. 다시 말해, 이전의 연구가 인식론에 초점을 두었다는 것은 이 연구가 우리 인간 존재들이 현실에 접근하는(또는 만드는) 방식 즉 경험, 의미 형성, 사회적 구성 등을 중심적인 관심사로 삼았다는 뜻이다. 이 경우 사회과학자의 역할이란 그 현실에 접근하는 방법을 가능한 정확하게 재현하는 것으로 한정된다. 결과적으로, 지식 생산은 이중적으로 인식론적이게 되었다고 할 수 있다.

첫 번째는 '우리 인간이 어떻게 현실에 접근하는가'에 대한 관심이고, 두 번째는 '우리 과학자가, 우리 인간이 현실에 접근하는 방식에 어떻게 접근하는가'에 대한 관심이다. 마치 자기 꼬리를 물려는 개와도 같다. 이런 의미에서 비판적 접근은 실증주의와 마찬가지로 경험적 근거와 증거에 기반한 현실 이해라는 강박을 공유한다. 우리는 이미 재현된 세계를 재현하는 방법에 대한 데이터를 분석하고 모으는 방법을 배우느라 너무나 많은 시간을 들여왔다. 어찌 되었든, 이러한 이론적 태도는 최근의 유럽 철학 전통에서 **"상관주의의 문제"**(Meillassoux, 2012)로 명명되기도 했다. 이 논의에 따르면, 현실은 그것에 대한 우리의 재현을 벗어난 바깥에 존재하지 않는다. 관련 논의에서 이미 잘 정리되었듯이, 언어와 재현에 대한 이와 같은 특권화는 인간의 몸과 모든 종류의 물질성이 체계적으로 망각되는 결과를 낳았다(Clough, 2004 참고).

지식 생산에 있어서 이러한 인식론적 레짐을 탈피하기

위해 정동 연구는 몸, 그리고 의식적 행위, 개인성, 담론과 의미 형성을 앞서거나 초과하는 과정들에 주목했다. 그리고 일단 우리가 몸으로 되돌아간 순간, 우리는 동시에 과학으로 돌아가야만 했다(Lara & Enciso, 2014 참고). 끊임없이 다른 것이 되어가는 생성적인 몸$^{processual\ body}$에 대한 이론적 논의를 뒷받침할 수 있는 새로운 철학적 토대를 모색하기 위해, 우리는 일단 유럽 철학 전통의 과정철학들에 기댈 수밖에 없었다(Lara, 2015). 우리가 담론을 벗어나 전前-의식적이고 전前-개인적인 과정들을 고찰하기 위해서는 새로운 도구가 필요했다. 그리하여 정동 연구의 초점은 더 이상 현실의 재현이 아니라, 재현 없는 현실로 변경되었다. 이것이 이른바 인식론 중심의 지식 생산을 버리고 존재론으로 초점을 옮겼다는 의미이다. 그것은, 현실 — 그리고 특히 몸들 — 이 재현되기 이전에, 재현과는 다르게, 재현 너머에서, 심지어 재현됨에도 불구하고 무엇을 '하고 있는가'를 관찰하는 것을 뜻한다. 정동 연구는 몸들의 역량에 우선적으로 관심을 두는데, 스피노자의 표현을 빌리자면, "하나의 몸이 무엇을 할 수 있는가"의 문제다.

이 모든 논의는 이미 꽤 오래된 이야기이다. 그렇지만 인식론에서 존재론으로의 운동이 정동 연구의 방법론적 도전(또는 비판)의 기원이기도 하다는 점을 명료하게 해둘 필요는 있겠다. 동시에, 이후 논의하겠지만, 정동 연구가 사회과학에서 정치적인 것과 주체에 대한 탐구의 아젠다로 확장하게 된 것 또한 이러한 인식론에서 존재론으로의 운동에 그 원천이 있다. 결국, 크롬비가 제안한 바와 같이, 우리 몸의 역량이 변화될 수 있다는 사실을 깨닫는 일은 우리의 정치적 관심을 권력의 이데올로기적 혹은 담론적 메커니즘 너머로 확장할 수 있게 해준다. 마찬가지로, 사유와 감정이 그에 상응하는 외적 자극이 없이도 신체에 삽입될 수 있다는 사실을 깨닫는 일은 필연적으로 주체성의 생산이 어떻게 작동하는지를 재고하게 만들고, 현대 자본주의에서 주체의 주권적 지위를 재고하게 만든다. 그리고 물론 이 모든 것을 이루는 일[인식의 전환을 실천에 옮기는 일]은 몇 가지 방법론적인 도전을 함축한다.

정동과 방법

정동 연구에 대해 사람들이 가장 많이 제기하는 질문은 방법론에 관한 것이다. 정동 이론의 방법은 무엇인가? 정동 연구에서는 경험적 데이터를 어떻게 모으고 또 이를 어떻게 분석하는가? 이 방법을 요령 있게 사용하는 지침서는 없는 것인가? 실망스러울지도 모르지만, 정동 연구에 그런 건 없다. 클러프(Clough, 2009)는 정동은 **경험 하부적**infra-empirical 차원에 속한다고 말한다. 이는 정동이 아직 실현되지 않은 역량을 가리킨다는 의미이기도 하다. 정동이 포착되어 우리가 경험적 데이터를 수집하는 현상학적 영역으로 표현될 때, 정동은 이미 다른 무언가가 되어버린다. 정동이 기술 가능한 행동이 되거나, 전사transcribe하고 분석할 수 있는 언어가 되거나, 듣고 말할 수 있는 개인적 경험이 되거나, 표현 가능한 개념이 되었을 때, 우리는 더 이상 정동 그 자체와 함께 있는 것이 아니다. 그때 우리가 다루는 것은 행동, 담론, 보고된 경험, 인식된 관념들인 것이다. 그런 의미에서 정동은 붙잡을 수 없는 것이다. 『사회과학 대학원 저널』의 특별호에서 매슈 바코와 시빌 메라스는 이 문제에 대해 다음과 같이 논한다.

> 정동과 그것이 가져오는 세계가 재현과 의식에서 벗어난다고 한다면 정동은 사회과학에 과연 무엇을 제공할 수 있을까? 다시 말해, 정동은 종종 — 적어도 부분적으로는 — 지각, 지식, 이성, 언어에서 벗어나는 현상으로 규정되는데, 그렇다면 정동이 어떻게 경험적 연구의 대상이 될 수 있는가? 정동은, 그 정의에 따르자면, 기존의 지식 생산 및 표상 방식을 통해 결코 포착할 수 없는 것이 아닌가? (Bakko & Meraz, 2015, p. 8)

따라서 정동 이론에 기반을 둔 경험적 연구를 수행할

수 있는 방식이 있다면, 그것은 우리가 이른바 비판적 접근이라고 불렀던 방식과는 아주 다른 것이라고 하겠다. 예를 들어 클러프는 다음과 같이 정리한다.

> 정동에 동반되는 방법은 그 어떤 것이든 인간 행위자나 인간 주체에 내재한 인간 의식에 의해 통제되는 방법이라는 개념을 뒤흔들어놓는다 … 정동에 동반되는 방법은 정동을 그 이론에 담아내는 것에 불과해서는 안 된다. 즉 정동 이론의 방법은 해석이나 의미화, 기호화, 또는 재현의 문제에 그쳐서는 안 된다. (Clough, 2009, p. 49)

경험적 접근을 사랑하는 이들에게 모든 것이 다 사라진 건 아니다. 정동에 관한 경험적 데이터의 생산과 분석을 체계화하는 일이 불가능해 보일 수는 있지만, 편리한 처방전은 아니더라도, 일종의 방법론적 가이드라인을 구축하려는 일련의 시도가 진행되어 왔다. 브리타 크누센과 카르스텐 스테이지에 따르면(Knudsen & Stage, 2015), "정동 조사 연구를 위한 경험적 기반들"을 발전시킬 수 있는 가능성은 존재한다. 그들은 방법론적 가이드라인을 구축하면서 연구자들이 반드시 다음과 같은 세 가지 지점에서 도전에 직면하게 될 것이라고 논한다. 첫째, 정동을 주제로 연구 질문을 설정하는 문제, 둘째, 체화된 데이터를 수집

혹은 생산하는 문제, 그리고 셋째, 정동의 경험적 자취를 추적하는tracing 문제이다. 이들은 정동 연구 방법론이라는 아젠다에 여러 복잡한 도전들이 포함됨을 알고 있지만, 주로 두 번째 문제, 즉 체화된 데이터의 생산이라는 문제에 특히 집중하여 이와 관련한 세 가지 전략을 제시한다.

이러한 종류의 데이터를 생산하기 위해, 크누센과 스테이지는 정동과 관련된 경험적 분석을 발전시키는 데 유용할 수 있는 세 가지 메타 전략을 제시한다. 이들은 이를 방법론적 가이드라인으로 활용할 수 있다고 본다. 첫 번째로는 통제된 환경이나 일상적인 환경 각각에 적합한 연구조사를 위한 "창의적인 실험 방식"을 고안하는 것이다. 이들은 "사회적 삶에 개입하기 위해, 특정한 인식론적·미학적 사건들을 연출하는 형태의 통제된 감각 자극을 제공해야 하며, 이를 통해 연구자는 정동적 생생함이 어떻게 펼쳐지고, 기존의 이해를 넘어서는 방식으로 열리는지를 목격할 수 있다"(p. 10)고 제안한다.

두 번째 전략은 "체화된 필드워크"embodying fieldwork이다. 이는 기존의 연구방법인 현장조사에서의 조사기술에 중점을 둔 방식이나, 재현 자료나 기술된 자료를 수집하는 방식을 넘어서 "정보제공자(연구참여자)에 체화된 재현의 여러 겹의 층위를 넘어서는 감정적/정동적 실천을 조사하는" 체화된 필드워크 방법론이 필요하다는 의미이다

(p. 11).

마지막 세 번째 메타 전략은 "정동적 텍스트성textualities[1]을 수집하고 생산하기"이다. 이러한 정동적 텍스트성은 "정동적 체험의 강렬함 속에서 직접 생산되거나, 또는 텍스트를 생산하는 과정에서 작동하는 [정동적 체험의] 기억이나 회상 과정에서 생산된다"(p. 12). 물론 여기서 주의할 것은, 이러한 세 가지 방법론적 전략은 단지 경험적 물질들에서 정동을 "자취를 밟아갈" 수 있도록 돕는 체화된 데이터를 생산하는 전략일 뿐이라는 점이다. 실험적 기술, 그림, 비디오, 내러티브 등으로부터 유래하는 강렬한 경험으로부터 당신이 생산해 낼 수 있는 것은 정동이 아니다. 달리 말하자면, 당신이 이러한 것들에서 생산할 수 있는 것은 정동이 아니라 이들이 실어 나르는 정동적 마주침encountering의 역사이며, 이러한 방법론을 통해서 정동의 자취를 밟아갈 수 있을 뿐이다.

정동 연구에서 자주 연결되어 논의되는 또 다른 이론

---

1. *textualities는 문학이론에서 연구대상인 의사소통 내용을 구별하는 모든 속성들로 구성된다. 예를 들어 'Material textualities'는 물질을 텍스트성의 관점에서 연구 대상으로 설정하는 것으로 기록 도구나, 물질, 기록 기술, 기술의 역사 등이 모두 텍스트성에 포함된다. 이런 맥락에서 정동적 텍스트성이란 정동을 텍스트성의 관점에서 연구대상으로 구성하는 것으로 정동을 구성하는 복합적이고 이질적인 모든 구성요소가 텍스트성에 포함되며 이를 명확하게 규명하는 것 자체가 정동적 텍스트성 연구 중 하나가 될 수 있다.

적 접근은 비재현 이론(Thrift, 2007)이며, 이에 상응하는 방법론적 접근은 비재현적 방법론으로 정리되어 있다(Vannini, 2015). 필립 바니니에 따르면, 비재현적이면서도 경험적인 접근법의 특징은 주로 다섯 가지 주요 문제를 중심으로 살펴볼 수 있다. 즉 사건events, 관계relation, (실천과 수행을 포함하는) 하기doings, 정동적 반향affective resonance, 배경 상황background 관련 연구이다. 이 다섯 가지 문제는 앞서 살펴본 크누센과 스테이지가 제시한 경험적인 것에서 정동을 '추적하는' 방법과 관련된다. 바니니는 비재현적 방법론이 다음과 같은 전제를 따른다고 설명한다. "이 다섯 가지 힘은 삶의 세계 전반을 가로질러 서로 울림을 주고받으며, 서로를 형성하고 강화한다. 새로운 연구 방향이 드러나면서 이는 점차 더 복잡한 양상으로 전개되며, 비재현적 분석과 이론 전개에 영감을 제공한다"(Vannini, 2015, p. 9). 비재현 이론 연구자들은 사건, 관계, 하기, 반향과 배경 상황은 방법론에서 주목해야 할 대상what이라고 본다. 반면, 분석의 방식how, 특히 그것을 표현하는 글쓰기의 양식이야말로 "스타일"의 문제로 남겨져야 한다고 본다. 이는 그것을 전통적인 과학 방법론이 강조해온 묘사와 설명 중심의 접근과는 대립되며, 정동 이론과 비재현적 방법론은 묘사와 가늠speculation 2 사이 어딘가에 위치하는 중간 지대의 접근 방식을 지향한다고 할 수 있다.

정동 연구에서 글쓰기 양식을 방법론으로 사유하려는 이러한 문제의식은 비재현 이론만의 전유물은 아니다. 안나 깁스(Gibbs, 2002), 퍼트리샤 클러프(2009), 캐런 버라드(Barad, 2014) 그리고 필자(2017, 2018)는 경험 하부적 영역에 대한 사변적 사고의 역량을 증진시키고 방향성을 부여하기 위해, 실험적 글쓰기, 심지어 시적인 것의 활용이 필요하다고 제안한 바 있다. 다시 말해, 우리가 볼 수 없고 분석할 수 없는 것에 대해서는 상상력이 작동하도록 맡겨두어야 한다는 것이다. 여기서 주의할 것은 사변에 맡긴다는 것이 근거 없이 의미 없는 말을 늘어놓는 것을 뜻하지는 않는다는 점이다. 정동 연구가 과정철학에 견고히 기반을 두고 있는 이유는 이것이 비경험적인 것을 이론화할 수 있는 사변의 체계를 제공하기 때문이다.

이런 다양한 시도에도 불구하고 (필자를 포함한) 대부분의 정동 연구자들은 보편적 방법론을 발전시키려는 것보다는 정동 연구의 영역이 지속적으로 확장될 수 있도록 방법론적 영역을 열어두는 것이 중요하다고 본다. 그레고리 시그워스는 『커페이셔스』*Capacious* 최근 호에서 이를 다음과 같이 논한다.

---

2. * speculation을 한국어 문맥에 따라 가늠과 사변 두 가지로 번역했다.

정동 연구는 역량의 펼쳐짐이 되어야 한다(역량이 그래야 한다는 바로 그 의미에서 그렇다). 즉 정동 연구는 특정 학문 분과에 특화된 제도적 루트에 (앞에서 보여주듯) 봉인되어서는 안 되고, 스텝 바이 스텝으로 익히는 방법에 갇혀서도 안 되며, 깔끔하게 정리되는 개념의 클러스터나 실행에 갇혀서도 안 된다. 정동에 대한 비판적 탐구는 오직 하나의 방식으로만 수행되어야 한다고 말하는 사람을 만난다면, 그에게 경계의 시선을 보내야 한다. (Seigworth, 2017, p. iv)

이 점이야말로 동시대적으로 진행되고 있는 정동 이론의 새로운 운동이 매우 새로우면서도 연구자들에게는 두려운 일이기도 한데, 지식 생산이 창조성과 상상력의 차원으로 다시금 활짝 열리게 되었기 때문이다.

정동, 정치적인 것과 주체성

다시 정리해 보자면, 정동 연구는 인식론보다는 존재론에 더 큰 관심을 두기에 고정된 방법론을 갖지 않는다. 물론, 후기구조주의와 그로부터 파생된 비판적 접근들이 보여준 인식론적·방법론적 강박에는 나름의 이유가 있다. 20세기 후반 사회이론이 남긴 정치적 정신은 이러한 학문 전통에서 물려받을 수 있는 최고의 유산이다. 경험적인 것에 주목한 이유는, 규명되어야 할 문제들을 드러내고 입증하기 위함이었으며, 동시에 이러한 문제들이 우리의 주체성을 어떤 방식으로 형성해 왔는지를 보여주기 위함이었다.

이는 변하지 않는다. 세계는 여전히 그렇다. 그러나 정동과 관련해서는 사회과학의 아젠다와 정동 연구의 아젠다 사이의 불일치 문제가 많은 연구자들에게 큰 어려움으로 여겨지고 있다. 사회과학은 우리가 살아가는 삶의 조건을 규정하는 사회적 구조, 그리고 그 구조들이 형성하는 사회적 과정을 이해하는 데 관심을 둔다. 나아가 우리는 불평등, 부정의, 각종 지배의 조건을 생산하는 사회적 구성들을 기술하고, 분석하며, 고발하는 일에 특히 집중한다. 그리고 더 나아가, 그러한 삶의 조건 속에서 어떤 주체가 출현하는가, 또 그 주체들이 어떻게 생산되는가에 대해 깊이 천착한다. [이런 맥락에서 보면] 젠더, 인종, 장애, 계급이 비판적 연구에서 거대한 관심 영역으로 떠오른 것은 전혀 놀라운 일이 아니다. 요약하자면, 사회과학의 주요한 관심사는 우리의 정치적 아젠다와 주체성에 관한 것이라고 말할 수 있다. 그리고 주체성과 정치적인 것의 문제는 21세기 초반 십여 년 동안 정동 연구에 대한 비판의 주요 쟁점이 되기도 했다.

예를 들어 마거릿 웨더렐은 정동 이론에서 주체성과

정치적인 것이 실종되었다며 상당히 강하게 비판한다. 웨더렐에 따르면, 많은 정동 이론은 "일종의 주체성에 대한 반인간주의적 부정에 머물고, 거기에서 주체성은 비장소이거나 [언제 나타날지 알 수 없는 채 기다리는] 대기실 같은 것이 되어서, 자율적 정동의 일련의 힘들은 어딘가 다른 곳으로 자기 길을 가버린다"(Wetherell, 2012, p. 123). 웨더렐이나 다른 비판자들은 정동 연구의 이러한 흐름이 사람들에게 영향을 미치기는 하지만, 그것이 의식적(혹은 무의식적) 행위와 의미 있는 방식으로 연결되지 않는 권력 작용을 탐구의 중심에서 밀어내버린다고 보았다(Ellis & Tucker, 2015).

전前의식적인 사건들에 관한 정동 연구의 관심은 사회과학의 중요한 관심사인 주체성의 문제를 대체하려는 시도라고 비판받았다. 이러한 비판은 정동 연구가 부정의나 지배, 그중에서도 특히 계급, 젠더, 인종, 장애 정체성의 소수자 집단과 관련한 부정의와 지배의 문제에 충분한 주의를 기울이지 않는다는 비판으로 이어졌다. 루스 레이스는 이와 관련하여, 특히 의도성에 대한 이론적 관심의 결여라는 측면에서 최근에 다음과 같은 정교한 비판을 제기하기도 했다.

내가 분석해온 정동 이론가들에게 쟁점이 되는 것은, 이데올로기나 신념에 대한 분석을 대신하여, 무의식적이고 자율신경적 신체 과정을 통해 발생하는 정동에 주목하는 '논리'라고 할 수 있다. 정동 이론가들은 이념보다 몸을 강조하고 이성보다 정동을 강조하면서, 결정적인 것은 당신의 믿음이나 의도가 아니라 그것을 생산한다고 말해지는 정동적 과정이라고 주장한다. 그 결과, 정치적 변화는 당신이 지닌 이념의 진리를 다른 이에게 설득하는 문제가 아니라 새로운 존재론이나 새로운 "되기", 새로운 몸들, 그리고 새로운 삶을 생산하는 일이 된다. (Leys, 2017, p. 343)

나는 다른 논문에서 동료 연구자들과 함께 루스 레이스의 입장과는 다른 논점을 제기한 바 있다(Lara et al., 2017). 거기서 우리는 정동 연구가 주체성의 생산에 관해 사회과학의 역사적 관심을 여전히 유지하고 있다는 점, 그러나 전혀 다른 방식으로 실현하고 있다는 점을 논한 바 있다. 정동 연구는 의식적 행위나 담론적으로 매개된 상호작용이 아닌 다른 방식에 의해 도달되는, 그 너머, 아래, 위로, 혹은 그걸 관통하며 발생하는 사건들과 힘들에 의해 주체성이 생산되는 과정에 관심을 기울이고 있다. 정동 연구는 의식적 행위에 의해 매개되는 담론이나 이데올로기, 또는 어떤 성격의 주체 생산의 타당성도 부정하지 않는다. 다만 정동 이론가들은 아직 충분히 탐구되지 않은 채 남아있는 다른 사례들을 이론화하기를 원할 뿐이다.

최근 나는 동료인 안타르 마르티네즈와 공저로 글 한 편을 썼는데 거기서 주체성에 관한 정동 연구의 접근에 대해 여러 각도로 논의한 바 있다. 공동 연구를 하면서 우리는 해피파이Happify라고 하는 앱이 어떻게 작동되는지를 관찰하는 데 시간을 들였다. 우리는 긍정심리학Positive Psychology에 기반한 이 앱이 사용자들을 더 행복하게 만들기 위해 설계된 프로그램에 그들을 참여시키면서, 그들의 신체를 어떤 방식으로 훈육하고 조율하는지를 살펴보았다. 이 훈련 프로그램의 일환으로 사용자는 특정한 습관들을 형성하게 되며, 이는 궁극적으로 사용자의 신체가 감정에 반응하고 특정 감정을 느끼는 방식을 변화시킨다. 예컨대, 호흡이나 심박수와 같은 유기체적 기능의 리듬이 재조정되고, 그 결과 자신이 무엇을 느끼고 있는지, 그리고 그것에 어떻게 반응해야 할지를 언제나 알고 있는 주체가 출현한다(Martinez & Lara, 2019). 이처럼 정동 연구가 관심을 기울이는 주체성의 생산은 전통적 의미의 권력적 관계에 의해 매개되는 것이 아니고, 신체의 역량이 변용된 결과이다. 아미트 라이의 설명에 의하면 정동 연구에서 신체 역량의 변용은 다음과 같이 발생하는 것으로 이해된다.

이러한 변용은 자연적, 기술적, 사회적 생태계의 피드백

루프를 통해서 이루어진다. 이를 통해 우연성, 기회, 변형을 포착할 수 있는 미디어 생태계에 대한 비선형적이고 역동적인 접근 방식이 가능해졌고, 생태계 내부에서 작동하는 권력 형태에 대한 명확한 분석이 가능해졌다. (Rai 2018, p. 72)

이와 같이, 정동은 전적으로 주체성의 문제이며 고도로 정치적인 주제다.

정치적인 것에 관해 한 가지 분명히 말해둘 점은, 정동 연구는 결코 사회과학의 정치적 관심을 저버린 적이 없다는 것이다. 오히려 정동 연구는 정동적 과정을 인간의 신체에 구현하는 새로운 형식의 통제와 지배 ― 즉, 어셈블리지, 원격 작동하는 힘, 또는 인간의 정동적 상태를 겨냥한 공공 정책 등을 통해 작동하는 지배 양식 ― 를 인식하도록 했다고 하겠다. 클러프가 논증한 바와 같이(2018) 사회를 지배하기 위한 목표물은 개별 유기체가 아니라 인구 집단이다. 정동 연구는 이처럼 정동이 선제적 권력과 시간적인 조율을 통해서 어떻게 인구 집단을 목표물로 삼는지를 이론화해 왔다(Massumi, 2015). 또 허리케인 카트리나 사태의 경우처럼 자연재해에서 정치적 회집체^{assemblage}가 작동하는 방식을 규명하거나(Protevi, 2009), 전쟁 지역에서 장애 신체를 의도적으로 만들어내는 과정에 대한 분석(Puar, 2017), 이른바 공공성의 수단으로 사용되는 홍보 수단을 매개로 수행되는 기억 통제술 연구(Parisi & Goodman, 2011) 등 몇 가지 사례만 들어봐도 충분하다. 다시 말해, 교차성 정치와 정체성 생산, 이념적 조작은 여전히 현대 세계에서 유효하지만, 한편으로 기술과 새로운 정책은 인구를 통제하는 새로운 가능성을 열었다. 사회과학의 정치적 아젠다와 관련하여 정동 연구가 기여하는 지점이 바로 이 부분이다.

이 특집에 참여한 몇몇 저자들은 다른 지면에서 다음과 같은 주장을 한 바 있다. 정동 연구에 대해 흔히 제기되는 두 가지 비판인 (1) 주체성에 대한 관심 부족, (2) 정치적 차원의 결여는 사실상 하나의 동일한 문제를 가리킨다는 것이다. 그것은 바로 "자유 의지를 지닌 의식적이고 자족적인 유기체로서의 주권적 주체 개념에 관한 정치성을 결여하고 있다는 점에 대한 비판"(Lara et al., 2017, p. 34)이다. 인식론에서 존재론으로의 전환이 주체성 생산과 정치적 통제에 대한 이해를 확장하는 방식은 다음과 같다. 즉 의식 영역을 넘어서는 사건들을 사회적 삶의 분석에 포함시키고, 그러한 사건들이 인구를 통제하는 데 어떻게 활용되는지, 그리고 동시에 의식적 활동과 주체성의 생산에 어떻게 관여하는지를 살펴보는 것이다. 물론 현대 자본주의가 부정의와 불평등의 조건을 증가시키고 있으며 이는 결코 협소한 문제로 치부될 수 없지만, 정동의 시대에 우리는 다음과 같은 점을 믿는다.

> 특정한 주체들이 정동하고 정동되는 것은 무작위적인 과정이 아니며 인구 집단 수준에서의 이론화를 필요로 한다. 즉, 정동이 어떤 형성 중인 몸들bodies-in-formation을 관통하거나 '달라붙는' 방식, 그리고 이러한 정동의 움직임이 다양한 정치적 결들을 가로질러 주체성을 형성하는 데 어떻게 기여하는지에 대한 분석이 필요하다. 이는 최근 '정동 경제'affective economy라 불리는 현상과도 연결된다. (Lara et al., 2017, p. 34)

즉 정동 연구는 이처럼 부정의, 불평등, 지배, 주체 생산과 같은 현대적 문제를 다루는 데 활용될 수 있고 [또 활용되어야만 하는] 연구문헌을 다양하게 제공한다. 정동 이론은 최근의 신자유주의적 자본주의의 특징인 새로운 기술과 정책에 의해 촉발되는 새로운 형태의 부정의를 다룰 수 있는 이론적 도구를 제공한다는 점에서 매우 유용하다.

변명의 여지가 없는 두 가지 영역의 부재에 관하여

이 특집에 실린 글들에 대해 이야기하기에 앞서, 여기 수록되었어야 하지만 함께 담지 못한 분야에 대해 먼저 몇 가지 이야기를 하고 싶다. 페미니즘과 정동 연구, 그리고 장애학과 정동 연구의 교차적 연구에 대한 논의이다. 물론 다른 많은 연구 분야들이 존재하지만, 오늘날 사회이론과 사회과학 전반에서, 그리고 동시대의 정치적 국면 속에서, 페미니즘 연구와 장애학 연구가 지니는 이론적·실천적 중요성은 결코 간과될 수 없다. 비록 우리가 이 특집에 관련된 글들을 게재하지는 못했지만, 이 특집은 바로 두 분야에 큰 빚을 지고 있다. 하여 나는 이 두 분야와 정동 연구의 관련성에 관하여 기본적인 이론적 좌표를 간단히 제시하고자 한다.

먼저 페미니즘부터 살펴보자. 페미니즘과 정동 연구의 관계는 복잡하다. 무엇보다 역사적으로 지식 생산에서 몸과 감정의 영역이 부재하다는 걸 비판하고 지적해 온 건 페미니즘 학자들이었기 때문이다. 그리고 페미니즘은 정동 이론이 등장하기 전부터 이미 이런 비판 작업을 수행해 왔다. 이런 점에서 몇몇 페미니스트 학자들은 존재론적 전환이 정동적 전회의 주요 함의라는 데 대해 동의하지 않는다. 왜냐하면 존재론적 전환을 정동적 전회의 핵심 함의로 제시하게 되면, 이는 결과적으로 페미니즘 이론이 오랫동안 중심에 두어온, 감정/정동-지식-권력 간의 관계에 대한 인식론적 분석의 역사를 간과하거나 그 중요성을 희석시키는 결과로 이어질 수 있기 때문이다.

아누 코이부넨은 "이른바 정동적 전회에 대해서 말하자면, 그런 식의 논의는 어느 정도는 부정의에 대한 주체적이고 사회적인 경험을 절합해 온 페미니스트 학자들의 세대를 거친 긴 연구의 역사를 무시하는 선언이기도 하다"고 주장하기도 했다. 이러한 비판을 뒷받침하는 논의는 클라라 피셔(Fisher, 2016)의 작업에서도 찾을 수 있다. 피셔는 '적어도 제2물결 페미니즘 이래로' 감정, 정동, 느낌에 대한 논의는 페미니즘 이론의 핵심이었다며 정동에 대한 페미니즘 계보학을 제시했다. 사라 아메드(Ahmed, 2015) 역시 주목할 만한 지적을 남기는데, 정동 연구가 비록 페미니즘과 퀴어 이론의 작업을 선구자로 인정한다 해도 "정동으로의 전회란, 분명히 그와 같은 몸에 대한 연구성과로부터의 방향 전환을 의미한다"고 강조한다(p. 206, 강조는 원문). 이런 비판을 공유하면서도 몇몇 페미니스트 학자들은 정동 연구에서 페미니즘 아젠다가 이미 수행했던 중요한 논의와 어떤 공통의 함의를 찾아가고 있기도 하다. 대표적으로는 마리안느 릴예스트룀과 수잔나 파소넨이 편찬한 『페미니즘 독서에서 정동과 작업하기 — 불편한 차이들』(Liljeström & Paasonen, 2010)이 대표적이다. 이 책에서 존재론 중심 접근에 대한 의구심은 정동 이론에서 발전된 통찰과, 후기구조주의적 논리에 따라 구축되어 텍스트 기반 질적 연구 방법론을 실행하는 페미니즘 아젠다 사이의 공통점을 탐색하고자 하는 여러 장*을 통해 드러난다. 편집자 서문에서는 "물질성, 정동, 체현을 텍스트 분석과 대립되는 위치에 두기보다는, 이 책은 이들의 상호 관련성을 친밀한 상호 의존의 맥락에서 탐구한다"(p. 2)고 논한다. 그로부터 2년 후, 캐럴린 페드웰과 앤 화이트헤드는 『페미니즘 이론』 저널에 '페미니즘을 정동하기 — 페미니즘 이론에서 감정에 대한 문제제기'라는 특집호를 기획했다(Pedwell & Whitehead, 2012). 여기 실린 논문들은 다양한 페미니즘 이론의 전통에 기대어 사회적이고 공적인 영역에서 삶의 정서적 영역이 접합되는 방식을 규명하고, 이 정서적 영역이 젠더화된 몸들의 내면적 경험으로 수렴되는 과정을 규명하였다. 이 특집호는 정동과 페미니즘의 교차성의 깊은 연계를 탐색하면서 주체의 특권성과 인식론적 함의들을 의문시하고 사회적 변환의 잠재성을 탐구하였다. 이 특집 기획은 앤 츠베트코비치(Cvetkovich, 2012)가 제안한 "공적 느낌"public feelings이라는 관점을 기반으로 한다. 이후 이 개념은 로런 벌랜트, 캐슬린 스튜어트 등 주요 페미니즘 이론가들에 의해 특정 맥락에서 신체와 경험을 연결하는 정동적 배열affective configurations을 분석하는 이론적 틀로 확장되어 사용되고 있다.

또한 특별히 주목할 만한 지점은 페미니스트 과학기술학과 정동 연구의 교차다. 클러프(2018)는 최근 글에서 루치아나 파리시, 티치아나 테라노바, 엘리자베스 그로스, 캐런 버라드 같은 페미니스트 이론가들이 인간의 몸과 테크놀로지의 얽힘intricacy을 이론화하는 방식으로 관심을 확장해 왔음을 설명한다. 이들 페미니스트 이론가들은 "페미니즘 이론을 인식론적 관심으로부터 존재론적 관심으로 이동시키는 데 기여했으며, 이러한 이동은 비주체적이고 무의식적인 정동의 존재론을 포함함으로써, 인간의 몸을 넘어서 다른 형태의 신체들에 대한 연구를 열어젖혔다"(Clough, 2018, p. 68). 이런 측면에서 페미니즘과 정동 연구의 교차는 최근에 논의되는 신유물론적인 흐름과도 밀접한 관련이 있다.

마지막으로, 클레어 헤밍스(Hemmings, 2011)는 페미니스트 학자들이 페미니즘이 이야기를 전하는 방식을 설명하면서 정동의 수사학 개념을 이미 제시한 바 있다. 그녀가 논증하고 있듯이, 진보·상실·회귀에 대한 페미니즘의 서사 방식은 공유된 정동적 또는 감정적 상태라는 개념을 내포하는 정치적 문법을 제시해 왔다. 이러한 정동적-인식론적 성찰은 프루던스 체임벌린(Chamberlain, 2016 ; 2017)도 보여준 바 있는데, 그는 이른바 제4물결 페미니즘을, 기술의 즉시성이 현재를 재구성하고, 역사성과 과거를 미래와 연결하는 정동적 시간성의 관점에서 이해할 수 있다고 주장한다. 이러한 정동적-인식론적 성찰은 페미니즘 활동과 이론화 모두에 새로운 가능성을 만드는 것이다.

다음으로 장애학에 대해 살펴보자. 정동 연구가 등장하기 이전부터 장애학은 장애를 병리화하고 개인화하는 의학적·심리학적 담론에 대한 역사적 비판을 오래 수행해 왔다. 이에 상응하여 장애학 연구자 및 연대자들은 장애에 내재된 사회역사적 맥락과 함께 장애화된 신체는 바로 '능력'capable의 문제 그 자체라는 점을 규명하는 다양한 연구 방법을 개발해 왔다. 신체들이 정동하고 정동되는 역량을 탐구하고, 하나의 신체가 무엇을 할 수 있는가 하는 문제가 주요한 관심 영역이었기 때문에 정동 연구와 장애학 연구의 상호 관심은 어쩌면 자연스러운 수순이었다고 할 수 있다.

대니얼 굿리, 크리스티 리디어드, 캐서린 런스윅-콜은 정동 연구와 비판적 장애학 연구를 교차하는 공동 연구 결과를 내놓은 바 있다(Goodley et al., 2018). 이들은 두 분야의 주요한 연결 고리로 장애인의 감정 노동이라는 개념을 제시한다. 이러한 감정 노동은 이들이 존재론적 개인화ontological individuation라고 기술하는 맥락에서 발생한다. 여기서 장애라는 조건은 비장애인의 행위를 통해 사회적으로 고립되거나 배제되는데, 그 행위란 바로 장애차별적 문화를 재생산하는 방식으로 작동한다. 예를 들어 이러한 감정 노동은 장애차별적인 사회적 각본에 따라 스스로를 규정하는 비장애인들과 장애인들이 마주칠 때 발생한다. 이 사회적 각본은 비장애인이 장애인에게 고도로 사적인 질문을 던지거나, 장애인의 몸에 대해 온갖 종류의 논평을 하는 것을 가능하게 만든다. 이와 같은 마주침 속에서 장애인들은 감정 노동을 수행하게 되는 것이다.

장애학의 이러한 연구는 페미니스트 이론가인 사라 아메드의 작업과 동궤를 그리는 작업이다. 아메드는 그녀 특유의 "페미니스트 킬조이[즐거움을 망치는 페미니스트]"라는 개념을 통해서 그러한 불구의 정치성을 주장하고 규범적 사회에 의해 부과되는 몸 둘 바positions에 저항하는 개입의 전략을 제시한다. 이들의 논의에서는 다음과 같은 주장들이 제시된다. "장애인은 자기 자립만을 인정하는 신자유주의적 능력주의 테이블에서 이방인으로 간주된다. … 장애인이라는 것은, 또는 장애인이 된다는 것은, 개인의 자율성을 찬양하며 자신만의 행복을 추구하는 규범적 능력주의 문화를 거스르는 일이다"(Goodley et al., 2018, p. 211). 마지막으로 정동 연구와 장애학의 또 다른 이론적 공통점은 하나의 신체의 역량이 언제나 맥락적이라는 인식이다. 장애학에서 신체의 역량이란 맥락적이며, 역량은 이렇게 특정 맥락에 따라 신체에 배열된 자원을 구현하는 것에 따라 다르게 발생한다. 따라서 장애[비非능력]란 신체와 환경 사이 특유의 배열에서 형성되는 것이며, 이러한 관점에서 보자면 핵심은 과연 누가 그러한 관계들을 재배열하는 행위자이며 이러한 관계들의 결정이 어떤 아젠다에 의거하여 이뤄지는가 하는 것이다.

'정동과 주체성'에 대한 특집 기획에서 장애학 이론가 아케미 니시다(Nishida, 2017)는 그녀가 미국의 신자유주의적인 공공 헬스케어 회집체라고 규정한 문제를 분석했다. 여기서 저임금의 유색인종 여성은 장애인을 돌보는 역할을 부여받는다. 아케미는 특정한 실천과 촉각적 연결의 반복을 통해서 장애 신체와 비장애 신체 사이의 관계가 특정한 형태의 공동 역량co-capacitation을 형성하는 방식을 탐구한다. 그녀는 이러한 사례를 통해서 "정동적 관계성"이라는 개념을 발전시켰는데, 정동적 관계성에서 비장애 신체와 장애 신체는 서로 연루되면서 모두 각자 특유의 역량을 수행하게 된다. 즉 이러한 헬스케어 시스템을 통해서 장애 신체가 특정한 역량을 획득하게 된다면, 이 시스템을 통해 또한 비장애 신체는 시간과 수입을 조절하는 것과 같은 특정한 역량을 획득하게 된다. 이러한 역동성에서 장애 신체는 신자유주의적 불안정성이라는 회집체를 통해 비장애 신체가 작동할 수 있도록 하는 핵심 조건이 된다.

하나의 신체가 무엇을 할 수 있는가에 관한 정치학은 정동 연구와 장애학의 교차 연구의 중심에 놓인 관심사로 자리해 왔다. 몇 년 전 자스비르 푸아르는 정동 이론을 기반으로(탈식민주의, 퀴어 연구를 더해) 장애학을 재고찰하는 연구 기획을 시작했고, 시리아 전쟁이나 미국의 헬스케어 정책과 같은 최근의 사회정치적 사건을 바탕으로 특정한 정치적 아젠다를 위해 신체들의 역량을 자의적으로 증가시키거나 감소시키는 방식을 고찰했다. 그녀는 다음과 같이 논한다.

> 장애disability에서 쇠약함debility으로의 이동은 단지 그간 장애학 활동가들이 전 지구적으로 이룩한 중대한 정치적 성과를 부인하는 것이 아니라, 오히려 능력과 역량의 의미, 정동과 그 외의 것들의 의미를 재구성할 수 있도록 초대하는 일이며, 쇠약함의 정치학politics of debility을 더 광범위하게 밀어붙여서 장애와의 관계에서 [그 대비로서] '정상적 신체'abled-bodies의 원활한 생산을 불안정하게 만드는 것이다. (Puar, 2009, p. 166)

푸아르에게 장애는 고정된 상태가 아니라, 특정한 지정학적 맥락 속에서 신체의 역량을 강화하거나 약화시키는 배열assemblage 안에 존재하며, 이러한 맥락은 역사적으로 구성된다. 장애의 생산은 인종, 계급, 젠더가 서로 연결되어 사회적 행위에서의 서로 다른 잠재성을 지닌 이질적 장애를 만들어내는 신식민주의적 매트릭스에 내재해 있다.

푸아르는 최근 논의에서 "장애가 예외적인 사고의 결과로 인식되거나, 그 원인이 알려지지 않은 경우에 장애를 가치 있고 임파워링하는 차이들로 천명하는 것이 가능하지만, 이와 달리 쇠약함이 전 지구적 지배의 실천과 사회적 부정의에 의해 만들어질 때 쇠약함을 가치 있고 임파워링하는 차이들로 천명하는 것은 기존의 장애학의 방식으로는 가능하지 않다"(Puar, 2017, p. 92)라고 논의하고 있다.

정동 연구는 영화연구, 음식 문화 연구, 미디어, 문화지리학, 사회심리학, 사운드 연구, 탈식민 연구 등 너무나 다양한 분야와 활발히 대화해 왔지만, 무엇보다도 페미니즘 이론과 비판적 장애학은 현대의 사회 이론과 사회과학에서 정동 이론의 역할을 발전시키는 데 있어 특별히 중요한 역할을 차지한다.

지도의 주요 지점들

이제 우리의 지도를 살펴보자. 정동 연구와 퀴어 이론의 교차를 탐색하면서 리우 웬은 세 가지 서로 다른 퀴어 정동의 갈래를 제시한다. 첫째, '가라앉음을 느끼기'feeling down는 부정적 감정들이 퀴어 신체들 주변에 달라붙고 순환하는 방식을 중심에 둔다. 둘째, '퇴보성을 느끼기'feeling backward는 반복과 되기의 경로를 규범화하는 이성애 중심적 시간 구조에 도전하는 퀴어 이론의 개입을 보여준다. 셋째, '기계됨을 느끼기'feeling machinic는 느낌의 경험을 직접적으로 창조하는 행위적 물질로서의 신체의 역량에 주목한다. 글 전체를 관통하여 리우는 이러한 퀴어 정동의 서로 다른 형식이 감정의 순환, 물질성, 신체의 다공성에 대한 전제들을 무너뜨리면서 문화적·텍스트적·신체적 분석의 범위를 확장한다고 논한다. 콜린 P. 애슐리와 미셸 빌리스는 정동과 ~~인종~~[3] 흑인성이 공유하는 지점을 탐구한다. 이들은 주체성과 규율을 이해하기 위해 활용되어 온 사회적 구성물로서의 인종의 규범적 사용 방식을 문제 삼는다. 대신 흑인성의 정동적 역량과 인종 생산의 정동적 역량을 이해하는 방향으로 나아가고자 한다. 이를 위해 애슐리와 빌리스는 자신들이 '흑인 존재론'Black Ontology이라 부르는 개념을 탐구하는데, 이는 아프로-비관주의와 흑인 낙관주의[4] 사이의 긴장으로서 이해된다. 이들의 연구에서는 "정

---

3. * 이 책에 수록된 애슐리와 빌리스의 글 「정동과 ~~인종~~ 흑인성」의 제목 및 본문에서 '인종'이라는 단어에 그어진 취소선은 저자의 요청에 의한 의도된 형식임을 밝힌다.
4. * 아프로-비관주의(Afro-Pessimism)는 반흑인성이 단지 인종주의의 산물만이 아니라 미국과 유럽의 노예 제도에서 비롯된 세계질서의 본질적이고 구조적인 구성물이라고 본다. 아프로-비관주의는 흑인 페미니스트인 사이디야 하트먼과 호텐스 스필러스, 그리고 올랜도 패터슨의 노예제 비교 역사연구에서 영향을 받았다. 역사성과 구조의 규정성에 대한 강조로 인해 흑인의 행위자성과 저항성에 대한 논의가 부족하다는 평가를 받는 반면

동적 흑인성"이라는 개념을 통해서 '정동과 인종'이라는 식의 이념에 중대한 질문을 던지며 특정한 인종적 생산과 이들의 특정한(복잡하고, 증식하며, 역사적이고 미래지향적인) 역량을 모델링한다.

기예르미나 알토몬테는 정동과 노동 연구의 교차를 탐구한다. 그녀는 하트와 네그리의 연구를 바탕으로, 자본에 의해 전유된 정동의 생산과 조율을 의미하는 정동 노동 개념에 대해 탐구한다. 이어서 그녀는 자본주의적 노동 시장을 이해하기 위하여 페미니즘 연구에서 수행해온 재생산 노동과 그에 따른 인종화, 계급화, 초국가적 배열에 대한 통찰을 살펴본다. 마지막으로, 앨리 혹실드의 저작, 그 중에서도 특히 서비스업에서 이루어지는 감정적 반응의 제공과 관련한 개념인 감정 노동에 대해 고찰한다. 정동과 노동 연구의 교차점에 대한 알토몬테의 탐구는, 동시대 후기 자본주의 사회의 불평등을 보다 잘 이해할 수 있는 이론적 논의를 제공해준다.

신자유주의적 자본주의 정신에 대한 비판의 측면에서 알토몬테의 논의와 이어지는 토니 D. 샘슨의 논문은 정동과 신경과학 및 인지의 관계를 논의한다. 토니 D. 샘슨에

흑인 낙관주의(Black Optimism)는 흑인의 행위자성과 저항성에 적극적 의미를 부여한다.

따르면, 현대 세계에서 우리는 두가지 특수한 현상을 마주하게 되는데, 하나가 정신적 역량의 감소라면 다른 하나는 비의식 과정을 관할하는 지각 불가능한 지배력이다. 그에 따르면 신자유주의적 자본주의의 이러한 두 가지 특성은 신경학적 비의식의 본질 그리고 이 비의식이 신체적 역량, 궁극적으로는 인지적 역량과 맺는 관계에 대해 이론적 긴장을 야기한다는 것이다. 샘슨은 캐서린 헤일스의 논의를 경유해, 신경학적 비의식을 이해하는 한 가지 방법으로 인지 의미의 재구성을 들고 있다. 특히 인지를 인간 뇌를 넘어서는 것으로 보고, 비인지적 인지의 존재를 포함하여 인지를 이해할 필요가 있다고 제안한다. 또 다른 이론적 대안은 신유물론이 정동 이론에 대해 취하는 접근 방식인데, 이는 비의식을 순전히 신경학적인 것으로 간주한다.

마지막으로 산드라 모야노는 정동과 예술, 그리고 문학의 관계를 고찰하는데, 이들 세 영역에서 공히 핵심적인 이론적 쟁점인 '재현'의 문제를 중심으로 논의를 전개한다. 모야노에 따르면, 재현이라는 쟁점에 대한 접근 방식에 따라 정동 이론은 두 가지 유형으로 분류될 수 있다. 첫 번째는 "재현 사이에"between representation 머물기를 요구하는 유형으로, 이 입장은 정동을 인지를 초과하는 과정으로 이해하며, 정동이 재현에 어떤 영향을 미치는지를 분석하는 데 주력한다. 두 번째는 "재현 너머"beyond representation로 나아가려는 예술 및 문학 이론가의 접근으로, 이들은 정동을 자율적 힘, 특히 그 역량이 인지에 미치는 영향력을 넘어서는 것으로 바라본다. 이러한 분석을 발전시키면서 모야노는 정동 이론의 철학적 질문의 핵심에 다가가는데, 이는 존재론적으로 다양한 실체인 정동의 매개적 본성에 접근하고 있는 것이다.

이 글의 마지막에서는, 이 특집호에 포함되지 못한 스페인어권에서의 정동 이론의 발전에 대해 언급하고자 한다. 앞서 언급했듯, 이 특집호는 영어와 스페인어로 동시에 출판되었으며, 이는 정동 이론과 스페인어권 학계 간의 협업과 절합을 촉진하기 위한 목적에서 기획된 것이다. 그러나 정동 이론은 이미 스페인어권 내에서 활발히 논의되고 있다. 여기서 몇몇 연구자들을 언급해 둘 필요가 있다. 아르헨티나에는 라틴아메리카의 정동정치에 주목하는 다니엘라 로시지오와 세실리아 마콘(Losiggio & Macón, 2017), 정동·교육·돌봄에 관한 아르헨티나 맥락의 연구를 수행한 아나 아브라모우스키와 산티아고 카네바로(Abramowski & Canevaro, 2017)의 작업이 있다. 멕시코에는 정동과 페미니즘을 다룬 엘레나 로페스(López, 2014)와, 정동과 여성 및 아동의 취약한 주체성에 대한 연구를 진행한 아나 델 사르토(del Sarto, 2012)의 작업이 있다. 칠레에서는 문학, 공동체, 우정을 주제로 정동 연구를 진행한 신시아 프란시카

(Francica, 2018)의 연구를 들 수 있다. 이들은 모두 이미 정동 이론과 긴밀히 호흡하고 있는 연구자들이며, 이번 특집호는 이들을 포함한 스페인어권 정동 연구자들을 향해 기획된 것이기도 하다. 마지막으로, 이 특집호의 논문 번역 작업에 도움을 준 산드라 모야노, 누리아 사두르니, 비비 칼데론, 에드윈 마요랄에게 깊은 감사를 표한다.

:: 참고문헌

Abramowsky, Ana & Canevaro, Santiago (2017). *Pensar los afectos. Aproximaciones desde las ciencias sociales y las humanidades*. Buenos Aires : Ediciones UNGS.

Ahmed, Sara (2015). *The Cultural Politics of Emotion*. London : Routledge. [아메드, 사라 (2023).『감정의 문화정치』. (시우, 역). 서울 : 오월의봄.]

Bakko, Matthew & Merz, Sibille (2015). Towards an Affective Turn in Social Science Research? Theorising Affect, Rethinking Methods and (Re)Envisioning the Social. *Graduate Journal of Social Sciences*, 11(1), 7-14.

Barad, Karen (2014). Diffracting Diffraction : Cutting Together-Apart. *Parallax*, 20(3), 168-187. https://doi.org/10.1080/13534645.2014.927623

Chamberlain, Prudence (2016). Affective Temporality : Towards a Fourth Wave. *Gender & Education*, 28(3), 458-464. https://doi.org/10.1080/09540253.2016.1169249

Chamberlain, Prudence (2017). *The Feminist Fourth Wave. Affective Temporality*. London : Palgrave.

Clough, Patricia (2004). Future Matters : Techno-science, Global Politics, and Cultural Criticism. *Social Text*, 22(3), 1-23.

Clough, Patricia (2009). The New Empiricism Affect and Sociological Method. *European Journal of Social Theory*, 12(1), 43-61. https://doi.org/10.1177/1368431008099643

Clough, Patricia (2018). *The User Unconscious*. Minneapolis : Minessota University Press.

Cromby, John (2015). *Feeling Bodies : Embodying Psychology*. London, UK : Palgrave Macmillan.

Cvetkovich, Anne (2012). *Depression : A Public Feeling*. Durham : Duke University Press. [츠베트코비치, 앤 (2025).『우울 ― 공적 감정』. (박미선 · 오수원, 역). 서울 : 마티.]

Del Sarto, Ana (2012). Los afectos en los estudios culturales latinoamericanos. Cuerpos y subjetividades en Ciudad Juárez. *Cuadernos de Literatura*, 32, 41-68. Recuperado a partir de https://revistas.javeriana.edu.co/index.php/cualit/article/view/4060

Ellis, Darren & Tucker, Ian (2015). *Social Psychology of Emotions*. London, UK : Sage.

Enciso, Giaz & Lara, Ali (2014). Emociones y ciencias sociales en el S. XX : la precuela del giro afectivo. *Athenea Digital*, 14(1), 263-288. https://doi.org/10.5565/rev/athenead/v14n1.1094

Fisher, Claire (2016). Feminist Philosophy, Pragmatism, and the "Turn to Affect" : A Genealogical Critique. *Hypatia*, 31(4), 810-826. https://doi.org/10.1111/hypa.12296

Francica, Cinthya (2018). Comunidad, amistad y afecto en la literatura y las artes visuales argentinas durante la crisis de 2001. In Macarena Cordero Fernández, Pedro E. Moscoso-Flores & Antonia Viu (Eds.), *Rastros y gestos de las emociones. Desbordes disciplinarios* (pp. 491-525). Santiago de Chile : Cuarto Propio.

Gibbs, Anna (2002). Disaffected. *Journal of Media and Cultural Studies*, 16(3), 335-341. https://doi.org/10.1080/1030431022000018690

Goodley, Daniel ; Liddiard, Kristy & Runswick-Cole, Katherine (2018). Feeling Disability : Theories of Affect and Critical Disability Studies. *Disability & Society*, 33(2), 197-217. https://doi.org/10.1080/09687599.2017.1402752

Hemmings, Claire (2011). *Why Stories Matter : The Political Grammar of Feminist Theory*. Durham : Duke University Press.

Knudsen, Britta & Stage, Carsten (2015). *Affective Methodologies : Developing Cultural Research Strategies for the Study of Affect*. London : Palgrave McMillan.

Koivunen, Anu (2010). An Affective Turn? Reimagining the subject of feminist theory. In Marianne Liljeström & Susanna Paasonen (Eds.), *Disturbing Differences : Working with Affect in Feminist Readings* (pp. 8-28). London : Routledge.

Lara, Ali (2015). Teorías afectivas vintage. Apuntes sobre Deleuze, Bergson y Whitehead. *Cinta de Moebio*, 52, 17-36. http://dx.doi.org/10.4067/S0717-554X2015000100002

Lara, Ali (2017). Wine's Time: Duration, Attunement and Diffraction. *Subjectivity*, 10(1), 104-122. https://doi.org/10.1057/s41286-016-0016-4

Lara, Ali (2018). Craving Assemblages: Consciousness and Chocolate Desire. *Capacious*, 1(2), 38-57. https://doi.org/10.22387/CAP2017.10

Lara, Ali & Enciso, Giazú (2013). El giro afectivo. *Athenea Digital*, 13(3), 101-119. https://doi.org/10.5565/rev/athenead/v13n3.1060

Lara, Ali & Enciso, Giazú (2014). Ciencia, teoría social y cuerpo en el giro afectivo: esferas de articulación. *Quaderns de Psicologia*, 16(2), 7-25. http://dx.doi.org/10.5565/rev/qpsicologia.1172

Lara, Ali, Liu, Wen, Ashley, Colin, Nishida, Akemi, Liebert, Rachel & Billies, Michelle (2017). Affect & Subjectivity. *Subjectivity*. 10, 30-43. https://doi.org/10.1057/s41286-016-0020-8

Leys, Ruth (2017). *The Ascent of Affect. Genealogy and Critique*. London: The University of Chicago Press.

Liljeström, Marianne & Paasonen, Susanna (2010). *Working with Affect in Feminist Readings*. London: Routledge.

López, Helena (2014). Amociones, afectividad y deminismo. In, A. García & O. Sabido (Eds.), *Cuerpo y Afectividad en la Sociedad contemporánea* (pp. 257-275). México D. F: Universidad Autónoma Metropolitana.

Losiggio, Daniela & Macón, Cecilia (2017). *Afectos politicos. Ensayos sobre actualidad*. Buenos Aires: Miño y Dávila.

Martinez, Antar. & Lara, Ali (2019). Affective Modulation in Positive Psychology's Regime of Happiness. *Theory & Psychology*, 29(3), 336-357. https://doi.org/10.1177%2F0959354319845138

Massumi, Brian (2015). *Politics of Affect*. Malden, MA: Polity. [마수미, 브라이언 (2018).『정동정치』. (조성훈, 역). 서울: 갈무리.]

Meillassoux, Quientin (2012). *After Finitude. An Essay on the Necessity of Contingency*. London: Continuum. [메이야수, 퀑탱 (2024).『유한성 이후 — 우연성의 필연성에 관한 시론』. (정지은, 역). 서울: 도서출판b.]

Nishida, Akemi (2017). Relating through Differences: Disability, Affective Relationality and the U.S. Public Healthcare Assemblage. *Subjectivity*, 10(1), 89-103. https://doi.org/10.1057/s41286-016-0018-2

Parisi, Luciana & Goodman, Steve (2011). Mnemonic Control. In P. T. Clough & C.

Willse (Eds.), *Beyond Biopolitics : Essays on the Governance of Life and Death* (pp. 163-176). Durham : Duke University Press.

Pedwell, Carolyn & Whitehead, Anne (2012). Affecting Feminism : Questions of Feeling in Feminist Theory. *Feminist Theory*, 13(2), 115-129. https://doi.org/10.1177%2F1464700112442635

Protevi, John (2009). *Political Affect : Connecting the Social and the Somatic*. Durham, NC : Duke University Press.

Puar, Jasbir (2009). Prognosis Time : Towards a Geopolitics of Affect, Debility and Capacity. *Women & Performance : a Journal of Feminist Theory*, 19, 161-172. https://doi.org/10.1080/07407700903034147

Puar, Jasbir (2017). The Right to Maim. *Debility, Capacity, Disability*. Durham : Duke University Press.

Rai, Amit (2018). *Jugaad Time : Ecologies of Everyday Hacking in India*. Durham : Duke University Press.

Seigworth, Gregory (2017). Capaciousness. *Capacious : Journal for Emerging Affect Inquiry*, 1(1), i-v. DOI : https://doi.org/10.22387/cap2017.7

Thrift, Nigel (2007). *Non-representational Theory : Space, Politics, Affect*. London : Routledge.

Vannini, Philip (2015). *Non-Representational Methodologies*. London : Routledge. [바니니, 필립 (편저) (2023). 『비재현적 방법론 — 연구를 재상상하기』. (김진영 외, 역). 전남 : 전남대학교출판부.]

Wetherell, Margaret (2012). *Affect and Emotion : A New Social Science Understanding*. London : SAGE, Publications LTD.

:: 옮긴이 해제

젠더·어펙트 연구 지도제작

1. 젠더·어펙트 연구라는 문제틀

정동 연구를 시작하고, 〈젠더·어펙트연구소〉를 설립해서 공동 연구를 시작하면서 관련 연구 조사를 지속했다. 한국어 학문 장에서 나오는 정동 연구, 젠더·어펙트 연구는 물론이고 여러 언어권에서 나오는 연구를 오래 조사해 왔다. 공동연구를 수행한 연구자들, 연구 참여자들과 세미나를 시작해서 〈젠더·어펙트연구회〉를 구성했다. 이 연구회에서는 격주로 두 종류의 세미나를 운영해 왔으며 올해(2025년 기준)로 운영된 지 대략 6년이 된다. 한 세미나에서는 주로 한국어와 일본어로 된 정동 연구, 젠더·어펙트 연구 관련 연구서와 논문을 조사하고 강독하고, 다른 세미나에서는 영어로 된 관련 연구를 조사해서 함께 강독해 왔다. 세미나에 참여해 주신 성실하고 의욕적인 연구자들 덕

택에 이 번역서를 출간할 수 있었다.

젠더·어펙트라는 새로운 용어를 사용하기 시작했을 때 국내에서는 정동 연구에 젠더를 결합하는 것을 기이하게 생각하는 연구자들도 있었다. 여러 지역에서 왕성하게 출현하고 있는 젠더 연구와 소수자 연구 기반 정동 연구를 교차한 연구에서 공통적으로 정동 연구를 소수자 연구와 분리하려는 시도를 비판하고 있는 것을 발견하게 되었고 젠더·어펙트 연구라는 문제틀의 정치적 함의를 다시 확인하게 되었다.

『정동 연구 지도제작』은 개별 연구자의 정동 연구에 대한 관점을 담은 연구라기보다, 이처럼 여러 분야의 연구와 교차하면서 변형되고 생성 중인 정동 연구의 지도를 그려주고 있다는 점에서 〈젠더·어펙트연구회〉의 고민과 맞닿아 있었다. 『정동 연구 지도제작』의 문제의식과 의미에 관해서는 알리 라라가 섬세하게 논하고 있기에, 해제를 겸한 이 글에서는 정동 연구의 지도와 특히 소수자 연구와의 관계에 대해 참고가 될 만한 자료들의 지도를 소개하고자 한다.

2. 젠더·어펙트 연구 지도제작

한국에서는 연구자들뿐 아니라 활동가들, 혹은 연구

활동가들도 정동 연구에 관심이 크다. 한국사회에서는 페미니즘, 젠더 연구, 퀴어 이론, 장애학, 비판적 인종 연구 critical race theory(CRT) 등 소수자 연구가 학문 영역보다 정치적 활동의 영역에서 더 활성화되어 있기 때문이기도 하다. 어떤 이들은 정동 연구는 문학이나 텍스트 연구가 될 수 없다고 한다. '재현 너머'라는 정동 이론의 지향점 때문이라고도 한다. 그러나 실제로 영어권에서는 정동 연구를 통해서 문학 연구도 더 활성화되었고 텍스트 연구에서도 새로운 지평이 열리고 있다. 문학 분석, 드라마나 텍스트 분석, 사회 비평, 역사 연구 등 다양한 방향과 분과에서 젠더·어펙트 연구는 더 활성화되었다.[1]

이른바 정동적 전회라는 틀이 그 이전의 페미니즘, 퀴어 연구, 장애학, 비판적 인종 연구가 수행해온 느낌의 생명정치에 대한 연구 역사를 삭제하고 부정한다는 논의가 페미니즘 연구자들을 통해서 제기되었다. 알리 라라도 논하고 있듯이, 정동적 전회라는 논의는 이제 제한적으로만 사용된다. 정동적 전회라는 패러다임을 비판하면서 페미

---

[1] 이 절의 논의는 권명아, 2022를 토대로 재구성하였다. 권명아, 2022에서는 affect studies를 어펙트 연구로 표기했으나, 이 책의 용어 사용 원칙에 따라 정동 연구로 표기했다. 정동 연구와 젠더·어펙트 연구 지도에 대해 필자는 여러 글에서 이미 다양한 논의를 진행한 바 있다. 따라서 여기서는 필자의 기존 논의를 토대로 재구성하여 해제를 대신하고자 한다.

니즘의 느낌의 생명정치 연구의 역사를 망각하는 정동 연구를 비판한 대표 논자는 클레어 헤밍스이다.

브라이언 마수미의 정동의 자율성 논의를 비판하면서 헤밍스는 정동의 궤적들은 임의적이거나 자율적이지 않다고 논한 바 있다. 헤밍스에 따르면 정동의 작동은 임의적random이지 않으며 정동의 효과나 정동하고 정동되는 역량의 할당과 주체 생성 과정은 젠더화, 인종화를 경유하는 정동의 궤적affective trajectory과 조우encountering하지 않을 수 없다. 헤밍스는 정동적 전회에 대한 논의가 페미니즘, 퀴어 이론, 비판적 인종 연구의 역사를 지식의 원천에서 배제함으로써 정동하고 정동되는 역량이 '인간 보편'의 역량인 것으로 간주하게 된다고 비판했다. 이런 과정을 통해서 무엇보다 정동 이론은 서구 백인 남성의 역량을 보편화한 보편 인간 관념을 다시 도입하게 됨으로써 인종적 문제를 안게 된다. 헤밍스는 정동적 전회라는 지적 흐름이 페미니즘, 퀴어 이론, 비판적 인종 연구, 탈식민 연구 등 근대 지식생산 장치를 비판해온 지적 흐름을 배제하는 한 이러한 인종적 문제를 반복할 뿐이라고 비판했다(Hemmings, 2005).

한국에도 여러 저작이 번역된 사라 아메드는 정동적 전회라는 패러다임을 비판하는 대표적인 페미니즘 연구자이다. 헤밍스는 아메드의 논의를 통해서 보편적 정동 연구가 어떻게 인종적 문제를 안게 되는지 설명한다. 아메드는 탈식민주의 이론가인 프란츠 파농의 논의를 빌려 정동의 효과effect of affect가 어떻게 인종화된 궤적을 따라 생성되는지를 제기하면서 정동 이론의 인종화와 젠더화를 비판한다. 파농은 흑인인 자신의 몸에 대한 감정은 자신의 '검은 몸'을 훑고 지나가는 백인의 시선과 그 시선에 의해 정동된 자의 수치심, 그리고 자신의 몸이 "무언가 분노를 뿜어내고 있는 것처럼 오인될 것에 관한 공포" 없이는 느낄 수도 말할 수도 없다고 논의한다. 따라서 흑인의 몸과 정동은 인종적인 오인에 대한 공포와 수치심의 궤적 없이 논할 수 없다. 즉 주체성에 있어서 정동 역량은 정동하는 백인과 그 백인의 정동 역량의 대상으로 폭력적으로 배제되는 정동 역량의 대상(흑인의 몸) 사이의 인종화되고 젠더화된 지배와 폭력의 선들 너머에 있지 않다.[2]

한편 페미니즘과 비판적 인종 연구, 퀴어 연구가 교차하면서 구축한 '느낌의 생명정치 연구'의 한 축을 이루는 것은 "국가주의적 감상주의 프로젝트 비판"이라 하겠다. "국가주의적 감상주의 프로젝트 비판"은 일련의 페미니스트, 퀴어, 비판적 인종 연구자들에 의해 긴 지적 계보를 구성해 왔다. 정동 이론의 인종 문제를 비판하는 연구자들은

---

[2] 이와 관련해서 페미니즘 연구의 역사적 원천에서 젠더·어펙트 방법론을 재구축한 논의는 다양하다. 대표적으로 Bromberg, 2015를 참조할 수 있다.

미국의 차별과 식민화의 역사를 비가시화하고 '유럽의 지적 원천'으로 회귀하는 대신, 차별과 식민화에 관한 탐구를 정동 연구의 지적 원천으로 생산하고 있다. 이와 관련하여 미국의 근대사 연구를 통해 국가 통치성과 '여성적 친밀성'의 관계를 다룬 중요한 페미니즘 저작들도 다양하다.[3]

예를 들어서 문학 연구에서는 특히 해리엇 비처 스토의 소설 『톰 아저씨의 오두막』(스토, 2011)과 감상주의sentimentalism 정치에 대한 일련의 논쟁이 "흑인의 생명도 소중하다"Black Lives Matter 운동 전후로 다시 뜨겁게 이어지고 있다. 이는 단지 작품에 대한 재해석 문제는 아니다. 『톰 아저씨의 오두막』에 대한 재해석과 논쟁의 재평가는 젠더·어펙트 연구가 페미니즘, 퀴어 연구, 탈식민 연구, 비판적 인종 연구가 수행한 근대 역사에 대한 비판, 그 역사화 과정을 정동 연구 방법론을 통해서 이어가는 한 방식을 잘 보여준다. 이는 근대 감상주의 기획과 신자유주의 생명 정치, 인종화된 정동 이론 비판이라는 문제의식을 통해서 소수자 연구의 지적 계보를 방법론으로 삼는 젠더·어펙트 연구 흐름의 한 사례이기도 하다.

2015년 여름, 백인 경찰은 61명의 아프리카계 미국인을

---

3. 대표적으로는 Berlant, 2008이 있으며, 관련 대표 연구인 앤 츠베트코비치의 저작도 최근 한국어로 번역되었다. 츠베트코비치, 2025.

총으로 쏴 죽였다. "흑인의 생명도 소중하다" 운동이 촉발된 사건이다. 당시 언론은 운동 참가자들이 무례하고(야만적·비시민적이고) 민주주의를 위태롭게 한다고 널리 비난했다(Schuller, 2018). 이런 비난은 "흑인의 죽음과 생명의 소중함을 주장하는 운동은 백인의 기분을 상하게 하거나, 스트레스를 유발한다"라거나, "야만적이고 폭력적인 시위는 선량하고 예민한 백인들의 기분을 상하게 한다"는 식으로 한국에서도 인종화된 형태로 발현되어 널리 퍼져 나갔다. 카일라 쉴러는 『느낌의 생명 정치』(2018)에서 미국의 국가적 통치성의 핵심을 감상주의로 보면서 그 역사와 현재를 느낌의 생명 정치로 해석한다. '문명화된 개인의 감정'을 자유민주주의의 핵심이라고 여기는 것이 어떻게 도덕, 미학, 철학, 과학 등을 통해서 식민화와 지배를 정당화해 왔는지 다양한 연구가 있었다. 페미니즘, 퀴어 연구, 탈식민 연구와 비판적 인종 연구의 역사는 이를 잘 보여준다. "흑인의 생명도 소중하다" 운동 전후에 등장한 여러 사례는 오늘날 감상주의적 생명정치가 어떻게 반복되고 재편되는지를 잘 보여준다. 그것은 특히나 "미국 권력의 핵심에 오랫동안 있어 온 정동적 경제"가 바로 이러한 감상주의에 기반한 느낌의 생명 정치임을 잘 보여준다. 또한 미국의 역사에서 이 감상주의의 생명 정치는 감상을 여성화함으로써 국가 통치성을 취약성으로 정당화하는 역할을 해 왔다.

정동적 전회 이후 정동 연구의 인종 문제를 비판하면서, 차별과 식민화에 관한 연구를 지적 원천으로 두고 생산하는 이러한 일련의 이론적 흐름을 젠더·어펙트 연구의 방법론이라고 할 수 있다. 이 연구에서 방법론의 계보는 스피노자와 들뢰즈보다는, 두보이스W. E. B. Du Bois, 카일라 쉴러, 사라 아메드, 로런 벌랜트, 데니스 페레이라 다 실바, 클레어 헤밍스, 프란츠 파농, 선 오브 볼드윈, 호세 무뇨스 등 퀴어, 젠더, 유색인종 비평 이론가들에 의해 생성 중이다.

> 사라 아메드, 시엔 나이Sianne Ngai, 데이비드 엥, 자스비르 푸아르 등의 퀴어, 탈식민주의 이론가들은 정동이 디아스포라, 친족, 무기력 역량 등 지정학적이고 초국가적인 스케일scales 위에서 어떻게 작동하는지를 잘 보여준 바 있다. 이 저자들의 통찰은 감정에 대한 보다 추상적인 보편성이라는 것이 사실상 얼마나 교활하고 편리한 인식론적인 삭제 역할을 하고 있으며 식민주의적 이식성을 은폐하는지를 지적한다. 오드리 로드, 프란츠 파농, 글로리아 안잘두아, 쉐리에 모라가, 클로디아 랭킨 … 이런 페미니스트나 탈식민주의 저자나 이론가들은 정동 이론에서 망각되었다. … 학문 장에서는 이와 같은 유색인종과 여타 탈정동되고disaffected 주변화된 주민들의 감정들에 대한 역사적이

고 문화적인 부정을 비추는 유효한 거울로 감정을 개념화하는 것이 거부되고 있다는 사실에 직면하게 된다. 이런 의미에서 유색인종과 탈정동된 소수자들은 학문 장의 인식론 속에서는 무감정으로서 종속적 위치를 차지하게 된다. 학문 장의 변화를 요구한다는 의미에서, 정동 연구를 탈식민화하거나 인종화할 것을 요구해야 하며, 정동이 어떻게 인간들을 인종화시키는지 그리고 비서구를 정동이라는 패러다임에 따라 분류하고 있는지를 인식해야만 한다. (Yao, 2021)

신 야오의 『디스어펙티드 : 19세기 미국에서의 무감정의 문화정치』는 페미니즘, 퀴어 이론, 탈식민주의, 비판적 인종 연구의 지적 원천을 통해 정동 이론의 인종화를 비판한다. 이런 비판은 디스어펙티드 개념이 정동 개념에 대한 대안 개념이듯이, 대안 정동 이론 방법론을 구축한다. 『디스어펙티드』는 정동 이론의 인종적 문제를 제기하면서 지금까지 '문젯거리'가 되었던 유색인종과 소수자들을 '정동 가능한'affectable 대상의 자리에서 해방한다. 도망 노예의 해방의 차이화 과정을 탐구하는 역사는 도망자의 대안 정동으로서 탈정동을 자리매김하고, 도망 노예의 발자국을 역사적으로 추적하면서 '무감정한 흑인성'으로 할당된 영역을 대안적 친밀성alternative intimacy으로 해석하는 방법론을 제시한다. 이 과정은 대안 문학사, 대안 정전화, 대안 친밀성, 대안적 감정구조를 규명하는 과정을 세세하게 밟으면서 대안 역사 쓰기와 대안적 정동 이론의 방법론적 지평을 열어준다.[4]

3. 반사회적 감정의 역사와 대안정동 연구[5]

신 야오의 『디스어펙티드』(2021)는 최근 젠더·어펙트 연구에서 가장 주목받고 있는 연구 성과이다. 정동 연구의 지적 원천으로서 비판적 인종차별주의 이론, 젠더 이론, 퀴어 이론, 장애학, 탈식민주의 연구의 계보를 재정립한 연구로 꼽힌다. 『디스어펙티드』는 연구 결과로도 높은 평가를 받고 있지만, 정동 연구를 위한 소수자 이론의 성좌를 그려낸 것으로도 주목받고 있다.

책의 핵심 개념 중 하나인 '디스어펙티드'는 비판적 인종 연구자인 다 실바와 마틴 F. 마날란산 4세Martin F. Manalansan의 연구, 특히 「세계에 서비스하기 — 유연화된 필리핀 사람들과 불안정한 삶」의 개념과 방법론에 근거하고

---

4. 신 야오의 『디스어펙티드』에 대한 학계의 관심도 뜨거웠다. 『디스어펙티드』에 대한 학계의 반응은 다음 인터뷰를 참조할 수 있다. Markbreiter & Yao, 2022.
5. 3절의 논의는 권명아, 2023를 토대로 재구성하였다.

있다고 밝히고 있다. 이 책은 (부제에서도 드러나듯이) 19세기에 대한 역사적 연구이지만, 마날란산 4세의 연구는 이른바 신자유주의 노동 유연화와 인종·젠더 정치에 대한 연구이다.

신자유주의 노동 유연화에 따라 "지난 20년 동안, 필리핀 사람들은 전 세계의 돌봄 산업과 동의어가 되었다. 하녀, 유모, 웨이터, 요리사, 간호사, 관리인, 점원, 연예인, 성노동자 … 초국가적 노동시장에서 필리핀인들이 수행하는 직업적 역할의 목록은 소모적인 캐릭터의 고통스러운 연도 성사[가톨릭의 미사 형식]처럼 계속된다. 실제로 필리핀인은 극도로 가시화되고 지리적으로 팽창하고 있는 노동 유연화의 흐름을 구성하고 있기에 자본의 전 지구적 재편 과정의 볼모로 잡혀있다"(Manalansan IV, 2010, p. 215). 다실바와 마찬가지로 마날란산 4세의 연구는 자본의 전 지구화와 노동 유연화를 인종·젠더 정치의 맥락에서 고찰한다. 또 이 과정에서 보편주의 즉 보편 인간의 관념, 보편 감정의 관념이 식민화의 산물이자 인종화의 장치임을 규명한다. 다 실바가 정동을 보편 감정으로 보는 관점을 식민주의와 인종주의로 비판하면서 보편적 정동을 인종화 장치로 비판하는 것도 같은 맥락이다.

나아가 마날란산 4세는 젠더 보편주의가 이러한 식민화와 인종화의 연장선에 있음을 비판한다. 이러한 젠더 보편주의는 필리핀과 같은 제3세계 여성들이 제1세계 가정에서 정동적 에너지를 촉진하기 위한 연료를 제공한다는 결정적인 주장을 중심으로 전개된다. 이 주장으로 인해 바바라 에런라이크와 앨리 혹실드와 같은 페미니스트 학자들은 필리핀 여성들의 물질적 감정이 제1세계의 가정성을 지탱하는 감정적 발판을 제공하는 "글로벌 심장 이식"global heart transplant의 과정을 한탄하게 되었다(p. 217).

마날란산 4세는 또한 신자유주의 노동 유연화 과정에서 필리핀 가사 노동자의 탈정동적 수행성을 가내성이라는 위치와 관련하여 논한다. 신 야오는 가내성, 노동, 식민성과 탈정동적인 것의 관계를 19세기 도망 노예법 시대의 소설들에서 나타나는 인종과 젠더 정치에 대한 연구 방법으로 삼는다. 마날란산 4세가 필리핀 가사 노동자에 대한 다큐멘터리의 등장인물을 분석하는 방법은 신 야오의 연구에서 19세기 탈정동의 존재론과 정치적 의미 분석 방법론으로 이어진다. 마날란산 4세의 연구에서 탈정동은 유연화된 노동(노예화된 노동)과 그것이 작동하는 현장인 가내성과 밀접한 관련이 있다. 이런 방식은 "인종화된 마음"(프란츠 파농)에 대한 현재적 논의에서 자주 발견된다.

젠더·어펙트 연구는 단일한 지도로 환원되기 어려운 이질적 흐름으로 퍼져 나간다. 또 경향적으로 후기 자본주의 이후 인지자본주의의 특이성을 강조하는 연구와 '역사'

와 '현재'를 정동적 존재론의 방법으로 새롭게 연결하는 연구는 다양한 해석 방법론을 기반으로 한다.

소수자의 주권성을 존재론의 차원에서 규명하는 정동 연구 흐름은 '새로운 역사 연구' 시대를 열고 있다고도 보인다. 예를 들어 보편성을 지향하는 정동 연구가 인종적 문제를 안고 있다는 비판은 한편으로는 당대의 "흑인의 생명도 소중하다"와 같은 정치적 실천에 영향을 받고 있지만, 다른 한편으로는 19세기 범아프리카주의에 대한 재해석, 제국주의 전쟁과 글로벌 자본주의 역사를 느낌의 생명정치로 다시 해석하는 연구 경향, 감상주의의 전 지구화와 노예노동의 역사를 다시 규명하는 일련의 소수자 역사 연구의 흐름에 영향을 받고 있다.

한국의 경우도 이른바 교차성 이론을 통해서 젠더 보편주의를 비판하는 이론적 흐름이 도입되었고 인종적·성적 정치학의 교차와 글로벌 자본주의의 관계를 규명하는 연구들이 활기를 띠고 있다. 그러나 여전히 이런 연구는 역사적 재구성 과정으로는 잘 이어지지 않는다. 이른바 교차적 연구들은 주로 당대를 규명하는 데 집중되어서 이러한 구조적 차별의 역사적 지층을 탐구하는 방법론의 정립으로 이어지지는 못하고 있다. 그러나 한국에서도 정동 연구뿐 아니라, 젠더·어펙트 연구는 전 세계 어느 지역보다 활발하게 진행되고 있다. 또 기존의 인문과학과 사회과학의 분과 학문 방법과 교차하여 새로운 연구 방법을 생성 중이다. 이에 대한 지도 그리기가 거의 불가능할 정도로 양적으로나 질적으로 방대한 연구사가 축적되어 오고 있다. 이 책이 이후 한국에서의 정동 연구와 젠더·어펙트 연구 지도제작의 출발이 될 수도 있겠다.

::참고문헌

권명아 (2022). 보편적 어펙트 비판과 젠더·어펙트 연구 — 방법론과 지적 원천에 대한 논쟁을 중심으로.『사이間SAI』, 33호, 151-182.

권명아 (2023). 젠더·어펙트 연구 방법론과 역사성 — 역사적 파시즘 연구에서 원격통제 권력 비판까지.『코기토』, 100호, 7-49.

스토, 해리엇 비처 (2011).『톰 아저씨의 오두막』. (이종인, 역). 서울 : 문학동네.

츠베트코비치, 앤 (2025).『우울 — 공적 감정』. (박미선·오수원, 역). 서울 : 마티.

Berlant, Lauren (2008). *The Female Complaint : The Unfinished Business of Sentimentality in American Culture*. Durham : Duke University Press.

Bromberg, Svenja (2015). Vacillations of Affect : How to Reclaim 'Affect' for a Feminist-Materialist Critique of Capitalist Social Relations?. *Graduate Journal of Social Science*, 11(1), 93-119.

Hemmings, Claire (2005). Invoking Affect : Cultural Theory and the Ontological Turn. *Cultural Studies*, 19(5), 548-567.

Manalansan Ⅳ, Martin F. (2010). Servicing the World : Flexible Filipinos and the Unsecured Life. In J. Staiger, A. Cvetkovich & A. Reynolds (Eds.), *Political Emotions* (pp. 215-228). New York : Routledge.

Markbreiter, Charlie (2022). Not Feeling It : An Interview with Xine Yao on How, and Which, Feelings are Racialized. *The New Inquiry*, August 16, 2022. https://thenewinquiry.com/not-feeling-it/

Schuller, Kyla (2018). *The Biopolitics of Feeling : Race, Sex, and Science in the Nineteenth Century*. Durham : Duke University Press.

Yao, Xine (2021). *Disaffected : The Cultural Politics of Unfeeling in Nineteenth-century America*. Durham & London : Duke University Press.

정동과 노동

기예르미나 알토몬테

이지행 옮김·해제

이 글은 후기 자본주의에서 정동과 노동이 서로 얽혀 있는 방식에 주목하는 이론적 접근들을 검토한다. 특히 정동 노동, 재생산 노동, 감정 노동, 친밀 노동의 개념을 살펴보며, 각 모델이 어떤 지점을 조명하고 또 어떤 지점을 은폐하는지에 초점을 맞춘다. 다양한 형태의 정동 노동 간에 실질적인 차이가 존재함을 인식하면서도, 생산과 재생산의 경계, 공적 자아와 사적 자아의 경계가 재배치되고 있다는 점을 이들 모델의 공통된 핵심 주제로 강조한다. 노동 개념 안에 정동을 도입함으로써, 노동자의 동의, 소외, 착취를 둘러싼 전통적인 논쟁과 범주들을 학자들이 다루는 방식에도 변화가 생긴다. 노동과 정동에 대한 통찰이 교차하는 지점은, 동시대 노동의 변화 그리고 정동적 투자와 자본주의적 노동 수탈로부터의 해방을 지향하는 정치적 기획들 사이의 긴장과 정렬을 분석하는 데 유용한 이론적 도구를 제공한다.

서론

2017년 봄, 뉴욕시의 지하철 차량에는 '온라인 프리랜서 마켓플레이스' 파이버Fiverr의 광고 시리즈가 전시되었다. 이 캠페인은 "행동만이 구원이다"In Doers We Trust라는 이름으로 진행되었으며, 프리랜서 노동자를 대상으로 한 메시지를 담고 있었다. 광고는 프리랜서들이 잠재적인 고객에게 끊임없이 아이디어를 제안[피칭]해야 한다는 점을 강조했다. 이러한 메시지는 한 여성이 성관계를 갖는 동안 휴대전화를 확인하는 캠페인 웹사이트의 영상에서 가장 직접적으로 드러난다. 또한 시끄러운 술집 화장실에서 웹사이트를 업데이트하는 여성을 보여주는 광고에서도 드러나듯, 이는 노동자들 모두 일로부터 벗어나서는 안 된다는 메시지를 담고 있다. 일은 음식, 사랑, 또는 수면보다 더 우선시되는 긴급함으로 삶 자체를 구성한다.

이 메시지는 21세기에 우리가 경험하는 노동의 많은 측면들을 응축하고 있다. 그것은 더 이상 고정되고 제한된 것이 아니라 어디에나 존재하는 일터, 즉 유연하고 파괴적이며, 불안정하고, 우연적이며, 넘쳐흐르는 것으로 묘사되어 온 일터를 보여준다(Gregg, 2011 ; Snyder, 2016 ; Standing, 2011). 이 광고는 후기 자본주의 노동의 **정동적 변화** 역시 보여준다. 즉, 공적 자아와 사적 자아, 돈과 친밀성, 쾌락과

의무 사이의 경계가 변화하고 재배치되는 무수한 방식들을 드러내는 것이다.

한편에서 보면, 모든 경제정치적 체제는 감정을 생산하고, 순환시키며, 분배한다(Hirschman, 1977 ; Stoler, 2007). 예를 들어, 산업자본주의는 시간과 친족 관계에 대한 특정한 정동과 성향을 배양했으며(Illouz, 2007 ; Thompson, 1967 ; Yanagisako, 2012), 포드주의는 ― 비록 대부분 남성과 백인에 국한되었지만(Pugh, 2015) ― 노동자들에게 소속감과 집단적 정체성이라는 공적 감각을 조성했다(Muehlebach, 2011). 다른 한편에서 보자면, 1970년대 이후 자본주의의 정동에는 "자본의 축적이 정동의 영역으로 이동한"(Clough, 2008, p. 17) 시대로서의 독특한 무언가가 존재하는 것으로 보인다. 테로 카르피, 로타 캐흐쾨넨, 모나 마네부오, 마리 파얄라, 타냐 시흐보넨은 현재의 "감정 문화와 그것의 계급적이고 젠더화된 역사가 가치 생산과 일상생활과 융합되는 광범위한 인프라"(Karppi et al., 2016, p. 5)를 가리키기 위해 "정동 자본주의"affective capitalism라는 용어를 사용한다. 에바 일루즈는 "정동이 경제적 행동의 필수적인 측면이 되고, (특히 중산층의) 감정적 생애가 경제적 관계와 교환의 논리를 따르는"(Illouz, 2007, p. 5) 현대 문화를 설명하기 위해 "감정 자본주의"emotional capitalism라는 용어를 사용한다.

후기 자본주의의 이러한 정동적 차원들은 특히 노동

세계에서 뚜렷하게 감지된다.[1] 서비스 경제의 극적인 부상으로 인해, (대부분은 아니더라도) 많은 노동자들이 "어느 정도의 개인적 정체성과 자기표현을 그들의 일에 가져오도록 요구받는다."(Macdonald & Sirianni, 1996, p. 4) "정동하고 정동되는to affect and become affected 우리의 능력이 자산, 상품, 서비스, 관리 전략으로 변형"(Karppi et al., 2016, p. 9)될 정도로, 우리의 영혼 자체가 가치를 생산하는 노동에 동원되는 것이다(Berardi, 2009). 동시에, 파이버 광고가 시사하듯, 노동은 노동자 자신에게 정체성과 자아실현의 주요 원천이 된다(고 여겨진다). 일은 자아의 억제와 욕망의 억압을 요구하는 프로테스탄트적 윤리에서 "쾌락과 자본의 추구"(Tokumitsu, 2015, p. 5)를 결합한 "네가 사랑하는 일을 하라"는 서사로 전환되었다. 일을 어디에나 존재하게 만드는 새로운 미디어 기술의 도움으로, 특히 화이트칼라 노동자들은 그들의 노동과 "점점 더 친밀한 관계"(Gregg, 2011)를 맺고 있다.

이 글에서 나는 후기 자본주의에서의 정동과 노동에 관한 이론적 접근들을 검토하며, 크게 네 가지 이론에 주

---

1. 이 글에서 나는 사용가치가 있는 생산적 활동으로서의 "일"(work)과 교환가치가 있는 일로서의 "노동"(labor) 사이의 맑스주의적 구분을 적용하지 않는다. "일"의 상충하는 의미에 대한 논의는 제이슨 리드(Read, 2017)를 참고.

목한다. 첫째는 마이클 하트(Hardt, 1999), 그리고 하트와 네그리(Hardt & Negri, 2000)가 제시한 **정동 노동**에 대한 영향력 있는 이론으로, 이는 자본에 의해 전유되는 정동의 생산과 조작에 대해 포괄적으로 정의하고 있다. 둘째, 자본주의적 노동 시장을 이해하기 위해, 정동적 전회에 대한 페미니스트 비판을 다루면서, 젠더적이고 인종화된, 계급화된, 그리고 초국적 구성에서의 **재생산 노동**reproductive labor 범주를 전면에 내세울 필요성을 강조하는 논의를 살펴본다. 셋째, 앨리 혹실드(Hochschild, 1983)의 획기적인 **감정 노동**emotional labor 개념에 영향을 받은 노동과 감정에 관한 학문적 연구를 참고한다. 이러한 연구들은 서비스 직종에서 정동 공급affect provision이 이루어지는 다양한 형태를 분석하며, 노동과 불평등을 사유하는 데 유용한 도구들을 제공해 왔다. 마지막으로, 나는 보다 최근에 등장한 **친밀 노동** intimate labor 개념을 다루고, 신체·노동·정동을 둘러싼 논쟁에서 친밀성의 문법이 무엇을 드러내는지에 대해 논할 것이다.

이러한 접근은 정동과 노동에 관한 광범위한 문헌을 (완전히) 포괄하지는 않지만, 자본주의적 조직의 현 단계에서의 중요한 의제인 생산과 재생산, 유급 노동과 무급 노동, 그리고 공적 자아와 사적 자아 사이의 경계 재설정 등을 다룬다는 점에서 포괄적인 주제를 공유한다. 이러한 접근은 돈과 교환되는 정동 노동[2]과 이 교환이 촉발하는 새로운 형태의 소외, 동의, 착취에 대한 우리의 사유 방식을 형성하는 데 매우 큰 영향을 미쳐 왔다.[3] 따라서 노동과 정동에 대한 이러한 통찰력이 형성하는 미묘한 교차점들은 현대적 노동 변화를 다루는 데 있어 핵심적인 개념 도구를 제공한다.

정동 노동과 재생산 노동

정동 노동 개념은 하트에 의해 비물질 노동 immaterial labor 이라는 더 큰 이론적 틀의 일부로 이론화되었다. 하트는 1970년대 이후 우리가 "지식, 정보, 소통, 정동이 중심적 역할을 하는" 특징을 가진 "정보 경제"로 전환되었다고 주장했다(1999, p. 91). 그는 산업적 생산이 사라질 것이라고 말한 것이 아니라, 제조업조차도 정보화의 영향을 받을 것이라고 말했다. 말하자면 이는, 제조업과 서비스업 사이의 경계가 모호해질 것이라는 의미이다.

---

2. 명확성을 위해 나는 다른 노동 이론을 구체적으로 논의하는 경우를 제외하고 이 글 전체에서 "정동 노동"(affective labor)이라는 용어를 사용한다.
3. 무급의 정동 노동을 논의하는 것은 이 글의 범위를 벗어나지만, 정동이 돈 이외의 수단을 통해 교환되는 여러 방식이 있다. 또한, 카우치서핑(Mikołajewska-Zając, 2016)과 같은 공유 경제는 선물 경제와 시장 경제가 혼합되는 경계적 공간을 구성한다.

정보 및 서비스 경제로의 이러한 전환은 노동에 급진적인 변화를 가져오며, 이는 지식과 소통의 형태를 띠면서 대체로 비물질적인 성격을 갖게 된다. 하트는 비물질 노동이 지배적인 노동 형태로 부상했으며4 이는 "글로벌 생산 조직 내에서 전략적 역할을 맡게 되었다"(Lazzarato, 1996, p. 136)는 마우리치오 랏자라또의 선행 주장을 근거로 든다. 이것이 물질 노동이 사라진다는 의미는 아니다. 그보다 하트는 비물질 노동이 다른 형태의 노동에 대해 헤게모니적 위치를 차지하게 된다는 점을 강조한다. 하트(1999)는 비물질 노동을 세 가지 형태로 구분한다. 첫째는 산업 생산 과정을 변화시키는 커뮤니케이션 기술이며, 둘째는 분석적 및 상징적 과업을 수행하는 비물질 노동이다. 마지막으로, 그는 **정동 노동**을 언급하는데, 이는 "정동의 생산과 조작"을 의미하며, "(가상적인 혹은 실질적인) 인간 접촉과 근접성"을 필요로 한다고 설명한다(1999, pp. 97~98). 이러한 정동 노동은 서비스 생산에서 필수적인 요소로 작용한다.

하트는 이러한 개념들이 (아래에서 다룰 예정인) 감정 노동 이론 및 전통적으로 이어진 여성의 노동 형태에 대한 초기 페미니스트 통찰에 기반하고 있음을 인정한다. 이

---

4. 랏자라또에 따르면, 비물질 노동은 "문화적, 예술적 기준, 유행, 취향, 소비자 규범, 그리고 더 전략적으로는 여론을 정의하고 고정하는 데 관여한다"(1996, p. 133).

러한 노동 형태는 "신체적corporeal 차원에 깊이 스며들어 있다"(1999, p. 96). 그러나 하트는 정동 노동의 산물이 무형의 것이라는 점에서 그것이 비물질적이라고 주장한다. 정동 노동은 네트워크, 집합적 주체성, 그리고 공동체의 형태를 만들어낸다. 따라서 이는 일종의 **생명권력**이라고 할 수 있다(이는 마지막 부분에서 자세히 다룬다). 하트는 또한 페미니즘적 분석이 돌봄과 다른 재생산 노동의 사회적 가치를 오래전부터 강조해 왔음을 인정한다. 새로운 점이 있다면 "정동적 비물질 노동이 이제 자본을 직접적으로 생산하는 정도와, 이것이 경제의 광범위한 부문에 걸쳐 일반화된 정도"(1999, p. 97)이다.

정동 노동에 대한 이러한 개념화는 정동을 세계와의 다양한 접촉을 가능하게 하는 가상의 역량으로 규정하는(Seigworth & Gregg, 2010 ; Wetherell, 2012) 사회 이론의 정동적 전회에 조응한다. 정태적 범주보다는 "되기"becoming에 초점을 맞춘 이러한 관점처럼, 정동 노동은 근본적으로 **확장적**인 범주다. 이 개념은 매우 다양한 현상을 설명하는 데 사용되어 왔다. 예를 들어, 사회적 서비스에 참여하여 "선량한 시민의식"을 만들어내는 무급 노동(Muehlebach, 2011), 미국 국경 순찰대의 국경 형성border-making 관행5, 도시의 밤 문

---

5. * 국경 형성(border-making) 관행은 물리적인 국경을 세우는 행위를 넘어

화에서 욕망을 생산하는 행위(Thomas & Correa, 2016), 마이스페이스 사용자들의 무급 노동(Coté & Pybus, 2007), 대기업의 소매업 노동(Carls, 2007), "비물질 경제"에서 소비될 "젊음"을 생산하는 일(Farrugia, 2017), 또는 사진 촬영 현장에서 패션모델들이 수행하는 노동(Wissinger, 2007) 등이 있다. 하트와 네그리를 따르는 이러한 연구들은 고도화된 자본주의에서 정동 노동을 통해 자본의 생산과 사회적 삶의 생산이 수렴하게 된다고 주장한다(Oksala, 2016).

이같이 다양한 사례가 보여주듯, 정동 노동 개념은 노동의 성격에 나타난 중요한 변화에 대한 학계의 관심을 크게 고조시켰다(Whitney, 2018). 그러나 이 개념은 그 일반성 때문에 많은 비판을 받아왔다. 정동 노동이 소비와 여

서, 국경을 사회적·정치적으로 구성하고 강화하는 모든 활동을 의미한다. 예를 들면, 미국 국경 순찰대(U.S. patrols)의 경우 단순히 물리적인 국경 감시나 장벽 건설뿐만 아니라, 검문소 운영과 서류 검사를 통해 누가 국경을 넘을 수 있는지를 결정하는 일, 이민자 단속과 추방 절차를 통해 이민자와 비이민자를 구분하는 행위, 감시 기술(드론, 카메라, 센서 등)을 활용해 국경을 '보이지 않는 장벽'으로 만드는 행위, 국경 지역의 규칙과 법 집행을 통해 특정 인구의 이동을 제한하는 정책적 행위 등을 실시한다. 이처럼 국경 형성 행위는 국경이 단순히 선으로 그어진 공간이 아니라, 국가 권력과 정체성, 사회적 포함과 배제(inclusion/exclusion)의 과정을 통해 지속적으로 '만들어지는' 것임을 보여주는 개념이다. 이를 정동 노동의 맥락에서 보면, 국경 순찰대원들의 감정 및 정동 노동이 국경을 사회적·감정적 공간으로 만드는 데 기여할 수 있다는 의미로도 해석될 수 있다. 예를 들어, 공포나 불안을 조성하거나, 애국심과 안전에 대한 감정을 활용해 국경 정책에 대한 지지를 이끌어내는 것 등이 이에 포함된다.

가까지 포괄한다면, 노동이 아닌 것은 무엇인가? 삶 자체를 설명하는 데까지 이 개념을 사용한다면, '노동'이라는 분석 범주는 과연 유용하다고 할 수 있는가? 정동 이론 내의 보다 광범위한 논쟁들은, 정동 개념이 사회적 의미와 이데올로기를 간과하는 방식으로 사용될 때, 권력에 대한 페미니즘 및 탈식민주의적 분석에서 중심적이었던 특수성particularities을 희석하는 방식으로 사용될 때, 그 [개념적] 타당성에 대해 의문을 제기한다(Hemmings, 2005 ; Leys, 2011 ; Wetherell, 2012). 페미니즘 연구자들은 정동 이론의 노동에 대한 접근법을 가장 강하게 비판하는 이들 중 하나다. 이들은 젠더를 전면에 내세우지 않고서는 포스트 포드주의 시대의 노동을 논할 수 없다고 주장한다(Federici, 2006, 2011 ; McRobbie, 2010 ; Schultz, 2006). 이는 "역사적으로 여성 노동에 내재해 있던 특성 — 불안정성, 유연성, 이동성, 단편적 성격, 낮은 지위, 그리고 저임금 — 이 이제 글로벌 자본주의 내 대부분의 노동을 특징짓게 되었다"(Oksala, 2016, p. 281)는 이유에서다.

사실, 페미니스트들은 하트와 네그리보다 앞서, 노동 범주 확장을 위한 정치적 프로젝트의 일환으로 비물질 노동과 정동 노동을 이론화했다(Weeks, 2007, 2011 ; Garey & Hansen, 2011 ; DeVault, 1991). **재생산 노동**은 "일상적 차원과 세대 간 차원에서 사람들을 유지하고 지탱하는 데 관여하는 다양한 활동과 관계의 총체"로 이해되며(Glenn, 1992, p. 1), 이는 자본주의 사회에서 교환 가치가 없다는 이유로 인해 비생산적인 것으로 간주된 여성의 노동을 가시화하기 위한 (페미니스트) 개입에서 비롯된 개념이다(Boris & Parreñas, 2010 ; Folbre, 1991). 노동의 개념 자체를 재정의함으로써, 페미니스트들은 여성들의 무급 재생산 노동이 자본주의 생산에서 핵심적인 역할을 한다는 것을 보여주었다. 실비아 페데리치는 정동 노동 개념이 이러한 페미니즘적 기여를 간과하며 "인구를 재생산하는 것이 단지 '감정'이나 '느낌'을 생산하는 문제에 불과한 것으로 다룬다"고 비판한다(Federici, 2006).[6]

앞서 언급했듯이, 고도화된 자본주의의 핵심적인 변화 중 하나는 생산과 재생산 사이의 경계를 재구성하는 과정이다. 이는 유급 돌봄 노동자, 퍼스널 쇼퍼, 대리모와 같은 서비스 형태로 재생산 노동이 시장으로 이동하는 방식으로 이루어진다. 그러나 하트와 네그리가 이러한 변화를 생산과 재생산의 구분이 사라지는 것으로 해석하는 반면

---

[6]. 정동 노동이 무형의 제품을 생산한다는 하트의 공식화에 반대하는 학자들은 그것이 물질 경제 내에서만 전개될 수 있으며(Dowling, 2007) 대상과 기술에 의존한다고 지적한다(Ducey, 2010). 무형의 제품을 생산하는 것 외에도, 비물질 노동은 종종 생식세포나 포르노그래피와 같은 물질적 상품으로도 이어진다(Burke, 2016). 반대로, 모든 형태의 "물질적" 작업은 정신적 과정, 커뮤니케이션, 그리고 정동을 수반한다(Yanagisako, 2012).

(Weeks, 2007), 페미니스트 학자들은 이러한 경계가 [단순히 사라지는 것이 아니라] 끊임없이 **재구성된**다고 주장한다. 20세기 재생산 노동의 젠더화되고 인종화된 구성에 대한 분석에서, 에블린 글렌(Glenn, 1992)은 인종-민족적racial-ethnic 여성들이 하녀에서 서비스 노동자로 고용 형태가 변화했음을 보여준다. 이 두 경우 모두 백인 여성들을 이 일의 "더럽고 힘든dirty" 측면으로부터 해방시켰다(Whitney, 2018도 참조). 현재, 육아 및 의료 서비스와 같은 공공 서비스에 대한 신자유주의적 삭감은 재생산 노동을 재사유화하고, 무급 여성들이 가정에서 "그 공백을 메우도록" 강요했으며(Schultz, 2006, p. 81 ; Fraser, 2016), 유급 가사 노동과 노인 돌봄은 점점 더 글로벌 남반구 출신의 이민자 여성들에게 떠맡겨지고 있다(Federici, 2011 ; Gutiérrez Rodríguez, 2014 ; Hochschild, 2002 ; Uhde, 2016).

다시 말해, 다양한 [유형의] 노동자들 사이의 심원한 차이를 지우는 경향이 있는 정동 노동 개념과는 달리(Gill & Pratt, 2008 ; Federici & Caffentzis, 2007), 재생산 노동에 관한 문헌은 "이 일[노동]이 젠더화와 인종화의 상호작용으로 인하여 인종과 젠더뿐만 아니라 노동의 위계까지도 상호 연결된 방식으로 재생산한다"는 설득력 있는 주장을 제시한다(Whitney, 2018, p. 641). 이는 서로 다른 형태의 정동 노동이(이 차이에 대해서는 다시 논의할 것이다) 특정한 권력관계, 정치적 결과, 그리고 착취 시스템을 수반한다는 것을 상기시킨다(Oksala, 2016).

이러한 정동 노동 개념에 대한 비판들이 중요한 문제점들을 짚어내긴 하지만, 이 비판들은 정동을 폭넓게 이론화함으로써 얻을 수 있는 이점을 놓치는 경우가 많다. 이런 폭넓은 접근은 겉으로 보기에 서로 관련 없어 보이는 경제 체제의 다양한 측면을 서로 연결시킬 수 있다. 이를 통해 자본을 직접 생산하는 역량을 가진 노동만을 "생산적"이라고 보는 좁은 시각에 의문을 제기한다(Altomonte, 2015). 정동 노동에 내포된 에너지의 교환과 생기적인 인간적 연결은 노동의 공동 구성적 측면을 드러낸다. 아케미 니시다(Nishida, 2017)는 장애인과 그들의 돌봄 제공자가 함께 돌봄 실천을 공동 생산하는 과정에서 발생하는 신체적인 "정동적 관계성"을 분석하며 이 점을 강조한다. 정동적 전환에 대한 비판자들은 또한 이 관점이 근본적으로 권력관계에 관련되어 있다는 점을 간과한다(Greco & Stenner, 2008 ; Stoler, 2007 ; Wetherell, 2012). 정동 연구와 노동 연구의 교차점은 사라 아메드(Ahmed, 2004)가 정동 경제라고 부르는 것에서의 불균등한 분배를 다룰 수 있는 유망한 장소이다. 최근의 한 예로는 샤일로 휘트니(Whitney, 2018)의 정동 노동에 대한 이론화가 있는데, 이는 단지 정동이나 노동력을 생산하는 일뿐만 아니라, "원치 않는 정동과 정동적 부산물의 대사 작용에 관한 노동"(p. 643)이기도 하며, 인종화되고 젠더화된 구분을 따라 불평등하게 수행되는 노동이라는 것이다. 이러한 불균등한 분배는 감정 노동 개념에 의거한 분석에서 핵심적인 부분을 차지한다.

감정 노동과 친밀 노동

이제 정동과 노동 이론의 큰 부분을 형성해 온 세 번째 접근법으로 눈을 돌려보자. 페미니스트 사회학자 앨리 혹실드(1983)는 조직 환경에서 관리자 규범에 따라 감정을 관리하는 과정을 정의하기 위해 "감정 노동" 개념을 제시했다. 그녀가 연구한 항공 승무원과 같은 서비스 직종에서, 노동자들은 특정 감정(쾌활함, 세심함)을 보여주도록 강요받는 동시에 다른 감정(분노나 혐오와 같은)은 숨기도록 요구된다. 혹실드는 우리 모두가 개인적인 일상적 상호작용에서 이러한 "감정 작업"을 수행하지만, 감정 노동은 임금을 대가로 판매되며, 따라서 교환가치를 갖는다고 주장한다(1983). 이는 실제 자본이 이윤을 창출하는 현대적 기반을 형성한다.

혹실드의 감정 노동 이론은 감정을 사회과학에서 주요한 연구 주제로 자리매김하게 만들었다. 그러나 노동 사회학에서의 이러한 개념적 전환과 문화 연구에서의 정동적 전환 사이에는 거의 [학문적] 대화가 이루어지지 않고 있다. 일부 정동 노동 관련 저자들은 정동 노동을 감정 노동과 명시적으로 구분하는 반면(Thomas & Correa, 2016 ; Wissinger, 2007), 다른 이들은 이 용어들을 서로 바꿔 쓰기도 한다(Gregg, 2011 ; Muehlebach, 2011 ; Whitney, 2018). 이러한 논의는 사회적이고 간신체적inter-bodied인 개념인 '정동'과 대비되는 사적인 느낌으로서의 '감정'을 상정하는 데 부분적으로 근거한다(Mankekar & Gupta, 2016 참조). 정동 연구자들은 정동 개념이 감정을 나타낸다기보다는 존재의 상태를 지칭한다고 주장한다(Hemmings, 2005). 캐시 위크스는 정동이 "마음과 몸, 이성과 감정의 이분법을 더 효과적으로 가로지른다"는 이유로 '감정'보다 '정동'을 더 우선시하는 주장을 하기도 한다(Weeks, 2007, p. 241).

그러나 모니카 그레코와 폴 스테너(Greco & Stenner, 2008)가 주장하듯이, 정동과 감정의 구분은 개념적 실체보다는 학문적 경계에 더 크게 의존하고 있다. 감정과 정동 모두 생물학적 차원과 문화적 차원을 연결하는 역할을 하며, 감정과 정동에 대한 연구는 모두 정동적 삶과 권력관계 간의 연관성을 전면에 내세운다(Greco & Stenner, 2008). 이 글의 핵심 논의로 돌아가면, 감정 노동과 정동 노동 모두 노동자와 고객 간의 상호작용을 통해 가치를 창출하는 노동을 의미한다. 또한, 노동자가 자신의 주체성을 구성하고 이를 노동으로 끌어들이는 방식을 볼 때, 매우 생산적인 성격을 띤다고 볼 수 있다(Weeks, 2007 ; Mankekar & Gupta, 2016 참조).

감정 노동은 정동 노동에 비해 서비스 직종에 관한 연구에서 더 많이 실증적으로 연구되어 왔다. 이러한 직종에는 소매점 점원, 폰섹스 노동자, 스트리퍼, 패스트푸드 및 레스토랑 종업원, 보육 노동자 등이 포함된다(이에 대한 포괄적인 검토는 Wharton, 2009 참조). 이러한 연구들은 서비스 직종 전반에 걸쳐 몇 가지 공통적인 정동적 특성을 드러낸다. 첫째, 감정 노동은 노동자로 하여금 고객을 향해 특정 감정 상태나 반응을 만들어내도록 요구한다. 둘째, 이는 동료 사이에서뿐만 아니라 상사 및 부하 직원과의 관계에서도 기대되는 업무 수행의 일환으로 작동한다. 셋째, 직원의 채용, 교육, 감독을 통해 고용주는 노동자에 대한 다양한 정도의 통제력을 행사할 수 있다(Steinberg & Fligart, 1999, pp. 13~14). 나아가 고객과 노동자는 **함께** 상품(그들의 상호작용 자체)을 공동으로 구성하며(Dowling, 2007 ; Lazzarato, 1996 ; Macdonald & Sirianni, 1996 ; Wharton, 1993), 그 결과는 "객관적" 지표보다는 고객 만족도나 "행복감"으로 평가된다(Mankekar & Gupta, 2016).

그러나 서비스 직종에 대한 경험적 연구는 감정 노동이 항상 규범적으로 주어진 것이라는 혹실드의 개념에 의문을 제기한다. 왜냐하면 "상호작용 서비스 노동자"interactive service workers들은 상호작용의 일상화를 경험하는 동시에, 상이한 수준의 자율성과 주체성을 함께 드러내기 때문이다(Leidner, 1999 ; Macdonald & Sirianni, 1996 ; Wharton, 1993).7 요양원의 돌봄 노동에 대한 논의에서 스티브 로페즈(Lopez, 2006)는 "조직화된 감정적 돌봄"을 돈을 받고 제공되는 정동 노동으로 설명하면서도, 이는 관리자에 의해 규정되지 않는다고 말한다. 레이첼 셔먼(Sherman, 2015)은 라이프스타일 노동자8들이 고객과 상호작용을 할 때 미리 "대본화되거나 표준화되지 않은, 또는 고용주에 의해 규정되어 고용주에게 이익이 되는" 것이 아님에도 불구하고 정동 노동을 생산하는 경우를 감정 노동이라고 지칭한다(p. 166).

또 다른 연구자들은 감정 노동의 표준화가 항상 노동

---

7. 로페즈(Lopez, 2006)가 지적하듯, "감정 노동"은 노동자의 감정을 어느 정도 명시적으로 통제하는 방식이라기보다는, 상호작용적 노동의 정서적 측면 전반을 설명하는 포괄적 용어로 자리 잡게 되었다.
8. * 라이프스타일 노동자란 일반적으로 일과 삶의 경계를 허물면서, 자신의 생활 방식 혹은 개인적 정체성과 일의 내용이 밀접하게 연결된 노동자를 의미한다. 이들은 단순히 생계를 위해 일하는 것이 아니라, 자신의 가치관, 관심사, 열정 등을 일에 반영하면서 일 자체가 삶의 연장선이 되는 경우가 많다. 예를 들어, 크리에이티브 분야나 여행가나 요가 강사처럼 체험 기반의 직업을 가진 사람들, 커뮤니티나 소셜 활동을 하면서 (환경보호나 인권 증진 등) 자신의 가치관을 실현하는 사람들이 이에 해당한다.

자에게 해로운 것이라는 생각에 의문을 제기한다. 패스트푸드 노동과 같이 고도로 구조화된 서비스 직종에서는, 노동자의 감정 노동을 대본화하는 것이 때로는 원치 않는 상호작용이나 불필요한 대화에서 벗어날 수 있는 "완충제"로 환영받기도 한다(Leidner, 1999 ; 또한 Zelizer, 2005b 참조). 엘리자베스 번스타인(Bernstein, 2010)이 실시한 샌프란시스코의 성노동자와 고객에 대한 연구에서 알 수 있듯, 성과 친밀감의 거래가 명확히 제한되거나 "각본화된" 조건에서 이루어지는 것은 양측 모두에게 바람직한 경계를 제공할 수도 있다.

이러한 비판에도 불구하고 감정 노동 이론은 강력한 영향력을 가지고, 서비스 직종에서의 상호작용적 노동의 다양한 측면을 포착하는 일련의 관련 개념들을 탄생시켰다. 예를 들면 신체 노동(Kang, 2003), 관계적 노동(Mears, 2015 ; Zelizer, 2005a), 가교 노동(Otis, 2016), 심미적 노동(Warhurst & Nickson, 2007) 등이 있다. 이 중에서도 **친밀 노동**_intimate labor_의 틀은 "고급 간호에서부터 저임금 가사노동까지의 서비스 및 돌봄 노동의 연속체"를 정의하며, 여기에는 성노동, 가사노동, 돌봄 노동이 포함된다(Boris & Parreñas, 2010, p. 2). 비비아나 젤리저(Zelizer, 2005a)의 친밀성에 대한 정의인 "제삼자가 쉽게 접근할 수 없는 지식과 관심"(p. 14)에 기반해, 에일린 보리스와 라셀 살라자르 파레냐스는 친밀 노동이 "친밀한 욕구"를 돌보는 일이라고 주장한다. 이는 네일 미용사, 성노동자, 치료사, 간호사 등을 포함할 수 있다. 그들은 이 개념을 감정 노동과 구분하는데, 이는 모든 친밀 노동자가 감정 관리의 의미에서 감정 노동을 수행하지는 않기 때문이다(예:정자 기증자). 또한 친밀 노동자의 모든 경험이 감정 노동에 의해 정의될 수 있는 것도 아니다.

친밀 노동 범주는 다양한 노동 범주 간의 "투과적 경계"에 대한 주장에 기반하고 있으며, 이는 전통적으로 여성들이 수행해 온 다양한 재생산 노동 유형의 유동성과 상호 얽힘에 대한 페미니즘적 주장과 맥을 같이한다(DeVault, 1991 참조). 친밀성의 문법은 현대의 노동 문화가 다양한 공간, 시간, 그리고 관계로 스며드는 방식을 포착한다(Gregg, 2011; Illouz, 2007). 로런 벌랜트(Berlant, 1998)가 주장하듯이, 친밀성은 공적 영역과 사적 영역을 잇는 공간을 창출하며, 이는 21세기 노동의 핵심적인 측면이다. 친밀 노동은 노동의 비물질적 개념을 함의하지 않으며, 생산과 재생산이 통합된다는 전제를 두지도 않는다.

친밀 노동은 신체를 중심에 둔다. 이는 감정 노동에 대한 경험적 연구[9]에서 때때로 간과되기도 하지만, 정

---

9. 혹실드(1983)는 여성 승무원들이 미소를 짓거나 신체적으로 매력적이고

동 이론에서는 매우 중요한 측면으로 다뤄진다(Clough, 2008 ; Thomas & Correa, 2016). 푸르니마 만케카르와 아크힐 굽타(Mankekar & Gupta, 2016)는 인도 콜센터 연구에서 노동자들이 친밀한 만남을 신체적으로 생성하는 방식을 묘사하면서(p. 25), 이들이 고객과의 상호작용을 처리하는 방식으로 "젊은 여성의 신체에 응축된 극도의 집중", "다른 노동자의 결연한 미소", "또 다른 노동자의 처진 어깨" 등을 설명한다. 이러한 정동 노동을 구성하는 친밀성은 신체 자체를 재구성하지만, 반드시 대면 상호작용을 필요로 하지 않으며, 이는 기술을 통해 중재될 수 있고 실제로 그렇게 이루어지는 경우가 많다(Mankekar & Gupta, 2016 ; Ducey, 2010).

정동 노동, 재생산 노동, 감정 노동, 친밀 노동 개념이 갖는 차이와 중첩 속에서, 이러한 이론적 도구들은 정동이 후기 자본주의의 다양한 생산 과정에서 각자 독특한 위치를 차지하고 있음을 강조한다. 이러한 통찰들은 정동과 감정의 경제와 순환을 연구하는 데서 핵심적인 역할을 하며, 이는 정동 이론의 핵심적인 관심사이기도 하다. 동시에, 정동에 대한 초점은 노동자들의 동의, 소외, 착취에 관한

접근 가능해 보이도록 연출하는 과정에서의 감정 노동의 체화된 차원을 강조했다. 또한, 밀리안 강(Kang, 2003)의 뉴욕시 내 한국인 운영 네일 살롱에서의 신체화된 감정 노동에 대한 연구도 참고할 만하다. 그녀는 노동자들이 고객과 "장시간의 신체적 접촉"을 어떻게 수행하는지 분석한다.

기존의 논의 틀과 범주를 변화시킨다. 다음에서 나는 이에 대해 다룰 것이다.

소외, 동의, 착취

산업 노동자가 자신의 노동 생산물로부터 소외된다는 맑스주의 이론을 바탕으로, 혹실드는 감정 노동에 의해 사적 자아의 소외가 발생한다는 널리 알려진 주장을 전개했다. 감정을 생산하고 관리하는 일은 "개별성을 만드는 데 있어 깊고 필수적인 자아의 원천을 끌어낸다"(1983, p. 7). 감정의 사적 관리와 교환은 이윤을 위해 전유되고, 그 과정에서 "표출display로부터, 느낌으로부터, 그리고 느낌이 우리에게 말해줄 수 있는 것으로부터" 소외를 일으키는 방식으로 표준화되고 설계된다(1983, p. 189). 하트와 네그리(2011) 또한 정동 노동의 생산에 있어 "자본은 노동자로부터 노동의 생산물뿐만 아니라 노동 과정 자체를 소외시키므로, 노동자들은 노동을 할 때 사유, 사랑, 돌봄의 역량을 자신의 것으로 느끼지 못한다"(p. 140)고 언급한다.

그렇다면 감정 노동이 노동자들을 소외시키는 이 "진정한" 정동 또는 자아는 정확히 무엇인가? 정동 연구자들이 강조했듯이, 자본주의는 주체성을 생산하고 정동 노동은 노동하는 특정한 주체를 생산한다(Mankekar & Gupta,

2016). 신치아 아루자(Arruzza, 2014)는 자본주의가 우리에게 감정을 자기 자신을 가장 진실하게 드러내는 표현으로 여기게 만드는 동시에, 그 감정을 노동 시장에서 판매 가능한 기술로 분리해낸다고 지적한다. 그렇기 때문에 혹실드가 말한 소외 개념이 전제하는 진정성에 대한 추구는 그 자체로 문제적인 접근일 수 있다(Mankekar & Gupta, 2016 ; Weeks, 2007 참조).

혹실드는 감정 노동을 하는 노동자들이 고객에게 진심 어린 애정을 품을 수 있다는 점을 부인하지 않는다. 오히려 그녀는 감정 노동의 수행 방식을 두 가지 유형으로 구분했다. 첫째, 표면적 연기는 노동자가 자신의 감정 표형이 피상적이라는 것을 인식하는 방식이다. 둘째, 심층적 연기는 노동자가 "자기 유도"self-induced를 통해 실제 감정을 형성하여 드러내는 방식이다(1983, p. 35). 그럼에도 불구하고, 노동자들의 업무에 대한 정동적 투자는 우리가 "연기"라는 개념을 넘어서 행위자성, 동의, 소외 간의 모순을 재고하도록 요구한다(Gregg, 2011). 고도화된 자본주의에서 노동의 중요한 특징 중 하나는 노동자들의 자율성과 개별성의 행사가 증가한다는 점이다. 이는 일[노동]이 정체성의 중심이자 매우 의미 있는 활동으로 자리 잡는 방식인 동시에, 안정성과 적절한 보상에 대한 기대가 약화되는 과정이기도 하다(Gregg, 2011 ; Pugh, 2015 ; Tokumitsu, 2015). 불평등한 노동 교환에 대한 동의는 다양한 정동적 기반에 의해 형성된다. 예를 들어, 사회적 유대, 선물, 친밀성(Mears, 2015)뿐만 아니라, 노동자가 자신을 "돌보는 자아"로 구축하는 과정(Stacey, 2011), 혹은 고객과의 호혜성 규범(Sherman, 2007) 등이 그 기제로 작용한다.

정동에 초점을 맞추는 것은 노동 연구자들이 현대적인 **착취**의 형태를 다루는 방식 역시 변화시킨다. 앞서 언급했듯이, 재생산 노동과 정동 노동은 젠더, 계급, 민족-인종적 구분을 따라 불평등하게 분배된다(Cabezas, 2011; Dowling, 2007; Glenn, 1992; Hochschild, 2002; Kang, 2003; Uhde, 2016).[10] 감정 노동은 불평등한 교환을 반영할 뿐만 아니라 이를 재생산하기도 하는데, 이는 고객과 의뢰인이 자신이 느끼고 표출할 수 있는 감정에 대해 서로 다른 권리를 가진다고 가정하기 때문이다(Hochschild, 1983). 돌봄 노동 연구자들에 따르면, 또 다른 착취의 원천은 정동적 교환을 측정하는 것이 어렵다는 사실에서 비롯된다(Folbre, 2012). 정동 노동이 금전적 대가와 교환될 때, 그것은 이중의 오인에 직면한다. "직무 요건으로서 감정 노동이 비가시적이

---

10. 만케카르와 굽타(2016)는 IT 분야에서의 비물질적 노동의 국제적 분업에 대해 유사한 견해를 제시한다. 이들은 고급 소프트웨어 개발은 실리콘밸리에서 이루어지는 반면, 하위 기능들은 인도와 같은 지역으로 아웃소싱된다고 설명한다.

라는 것, 그리고 비가시성 때문에 이러한 노동을 잘 수행한다 해도 보수가 부재한다는 것"(Steinberg & Fligart, 1999, p. 13)이다. 유급의 정동 노동, 감정 노동, 재생산 노동에 대해 지속적으로 평가절하가 이루어진다는 광범위한 증거가 존재한다(England, 2005 ; England, Budig & Folbre, 2002 ; Fraser & Gordon, 2013). 역사적으로 가사 노동과 돌봄, 교육과 간호처럼 여성들이 무급으로 수행해 온 활동들은 비숙련 노동으로 간주되어, (이러한 노동이) 상품화될 때도 충분한 보상을 받기 어렵게 만든다(Boris & Parreñas, 2010).

따라서 착취 문제는 우리를 각기 다른 형태의 정동 노동 간의 초기적 구분으로 돌아가도록 만든다. 하트와 네그리(2011)는 자본이 비물질 노동자들 사이에서 발생하는 협력 형태 즉 "정보의 흐름, 커뮤니케이션 네트워크, 사회적 코드, 언어적 혁신, 그리고 정동과 열정의 실천들"(p. 140)을 전유하면서, 비단 개인적 수준뿐 아니라 집단적 수준에서도 정동 노동을 수탈한다고 논한다. 이러한 주장은 화이트칼라 노동자에 대한 연구(Gregg, 2011)뿐만 아니라 소셜 미디어가 콘텐츠 생산과 소비 사이의 경계를 변화시킴에 따라 인터넷 사용자들이 제공하는 "자유 무급 노동"을 조사하는 학자들에 의해서도 수용되었다(Coté & Pybus, 2007 ; Terranova, 2004). 이러한 노동자들은 상대적으로 더 높은 수준의 자율성, 훈련, 자원을 갖추고 있는 반면(Wharton, 1993), 최전선의 서비스 노동자들은 "무엇을 말하고 어떻게 행동해야 하는지에 대한 매우 명확한 지시를 받으며"(Macdonald & Sirianni, 1996, p. 3), 상시적인 감시 속에서 극히 낮은 임금을 받는 구조에 놓여 있다. 그들은 고객으로부터의 감정적 요구에 일종의 보호막 역할을 하는 "지위 방패" ― 전문가로서 인정받는 것 ― 를 갖지 못하며(Hochschild, 1983), "감정적 프롤레타리아"라고 불려 왔다(Macdonald & Sirianni, 1996). 실비아 페데리치와 조지 카펜치스(Federici & Caffentzis, 2007)에 따르면, 남성 예술가 또는 남성 교사 그리고 여성 가사노동자는, 하트와 네그리의 용어를 빌리자면 둘 다 정동 노동을 제공한다고 할 수 있지만, 이들 사이에는 공통점이 거의 없다.

다시 말해, 특정한 유형의 정동 노동은 다른 유형이 제공하는 사회적 인정이나 경제적 보상을 제공하지 않는다. 또한 모든 형태의 정동 노동이 자본에 의해 동일한 방식으로 착취되는 것도 아니다. 따라서, "우리는 서로 다른 노동이 **어떤 방식으로** 정동적인지에 주의를 기울일 필요가 있"(Mankekar & Gupta, 2016, p. 35)으며, **누가 어떤 형태의** 정동과 노동을 제공하는지, 그리고 어떤 결과를 가져오는지를 질문해야 한다. 정동 노동, 재생산 노동, 감정 노동, 또는 친밀 노동이 유급인지 무급인지(Dowling, 2007), 친밀한 환경에서 제공되는지 공적 환경에서 제공되는지(Zelizer,

2010), 글로벌 시장에서 제공되는지(Boris & Parreñas, 2010), 이 노동이 정동을 생산하는지 노동력을 재생산하는지(Oksala, 2016)가 매우 중요하다. 젠더, 계급, 인종, 민족, 시민권은 누가 어떤 서비스 직종에서 일하는지와 이러한 배치가 수반하는 기대치를 결정하는 데 큰 영향을 끼친다(Kang, 2003 참조). 서비스 제공의 "전면"과 "후면" 사이(Dowling, 2007 ; Sherman, 2007) 또는 "더럽고 힘든" 돌봄 노동과 "양육적" 돌봄 노동(Duffy, 2011 ; Glenn, 1992) 사이에 뚜렷한 구분이 나타난다.

두려움, 쾌락, 그리고 반자본주의적 노동 비평

이제까지 나는 후기 자본주의 경제가 노동 영역에서 어떻게 새로운 "정동적 실천"(Berlant, 2007)을 만들어내는지에 대한 접근 방식에 관심을 두어 왔다. 이제부터는 이러한 관점들이 노동의 변화 양상을 연구하는 데 있어 어떤 시사점을 제공하는지 개략적으로 설명하고자 한다.

첫째로, 정동 개념은 일터 내부와 외부에서 현대 노동자들의 주체성, 정체성, 그리고 친밀성을 이해하는 핵심적 요소이다. 정동적 실천은 우리가 하는 일의 유형뿐만 아니라 우리가 어떤 유형의 노동자가 되어야 할지에도 영향을 미친다. 앞서 설명한 파이버 광고는 이러한 기대를 매우 생생하게 전달한다. 21세기 노동자들은 항상 **일하고 있는 것처럼** 보인다. 노동자를 늘 일에 매어 두는 핵심적인 역할을 담당하는 것이 기술이다. 뉴미디어와 디지털 기기는 노동자가 "정동 조절"과 "감정적 거리두기"를 수행하도록 강요하는데, 이는 노동이 다양한 시간과 공간으로 넘쳐흐르는 현실과 직결된다. 또한, 네트워킹이 직무의 필수 요소로 요구됨에 따라, 노동자는 "과도한 동료 간 노출"과 "강제된 친밀성" 같은 새로운 문제에 직면하게 된다(Gregg, 2011, p. 12). 새로운 기술이 계속해서 노동을 매개하는 가운데 ─ 예를 들어, 소셜 미디어와 그에 기반한 리뷰 문화를 생각해 볼 수 있다 ─ 자기 규율과 노동자의 자기 가치가 점점 더 개인화된 관리 및 추적 방식을 통해 어떻게 변화하고 수행되는지에 대한 연구가 가능할 것이다(Moore, 2018 참조).

정동은 또한 앨리슨 퓨(Pugh, 2015)가 "불안정 문화"라고 부르는 것, 즉 "직장에서의 불안정성 확산, 신자유주의적 국가의 후퇴, 그리고 시장의 지배와 연결된 개인적 책임과 위험의 문화"(p. 4)의 핵심이다. 이 문화는 고용주에 대한 낮은 기대와 노동자에 대한 높은 기대가 결합되어 있으며, 두려움과 불안을 먹고 자란다. 로절린드 길과 앤디 프랫(Gill & Pratt, 2008)이 주장하듯이, 이러한 "부정적인" 정동들(피로, 소진, 좌절)은 정동 노동 이론에서는 가려져 있지만, 실제로는 우리가 노동과 맺는 관계를 결정짓는 핵심 요소로 작용한다. "주기적인 혁신 중 자신의 위치에 대한 불안정성, 가까스로 얻은 특권을 잃을지 모른다는 두려움, 그리고 '뒤처지는 것'에 대한 불안은 유연성, 적응성, 그리고 자신을 재구성할 준비 태세라는 말로 번역된다"(Virno, 1996, p. 16).[11] 점점 더 많은 연구자들이 불안정화를 현대 노동의 정의적 특징으로 언급한다(Gregg, 2011 ; Snyder, 2016 ; Standing, 2011). 불안정성의 다양한 정동적 차원을 검토하는 것은 그러한 불안정성이 우리의 삶과 사회적 관계를 어떻게 형성하는지에 대한 통찰을 제공한다(Pugh, 2015 참조).

이와 반대로, 노동 연구는 노동이 생산하고 순환시키는 쾌락에는 거의 관심을 기울이지 않았다. 혹실드(1997)가 언급했듯, "가정과 직장에서의 감정적 자석[12]은 이제 서로 역전되는 과정에 놓여있다"(p. 44). 즉, 직장이 가정에서의 감정적·가사적 어려움으로부터 휴식을 제공하며, 동시에 공적 인정에 대한 기대를 품게 하는 공간으로 작동하는

---

11. 이러한 주장은 미국 문화와 밀접하게 관련되어 있으며, 개인의 일에 대한 헌신이 명예와 도덕적 가치를 나타내는 노동 윤리 전통(Pugh, 2015 ; Sherman, 2017)뿐만 아니라 "자립에 대한 미국적 집착"과도 연결된다(Tolentino, 2017).
12. * 감정적 자석(emotional magnet)은 혹실드가 사용한 은유적 표현으로, 어떤 상황에서 감정이 끌리고 (허용되고) 밀려나게 되는지(억제되는지)를 자석의 극성에 비유하고 있다.

것이다. 오늘날 유급 노동은, 적어도 이데올로기적으로는, 개인적 행복과 정체성을 위한 탐색이 되었다.[13] 퓨(2015)는 노동자들이 자신의 노동을 개인적 "소명"이라고 묘사하는 언어가 연애에 있어서 소울메이트를 찾는 것과 유사하다는 것을 발견했다. 연구자들은 이러한 정동적 애착이 후기 자본주의에서 노동의 요구에 어떻게 기여하는지에 초점을 맞춘다(Tokumitsu, 2015). 정동 노동이 실질적인 "일"로서가 아닌 "사랑의 노동"으로 인식되는 현실(Burke, 2016 ; England, 2005 ; Rodriquez, 2014)은 다양한 직업군의 노동자들이 더 높은 임금과 스케줄, 혹은 더 나은 혜택을 요구하기 어렵게 만든다. 그러나 정동과 노동에 대한 연구는 이러한 위험뿐 아니라, 이러한 노동이 지닌 "감정적 자석"의 잠재력 역시 함께 살펴볼 필요가 있다. 패트릭 시핸(Sheehan, 2019)이 지적하듯이, 자본주의에 대한 진정한 비판은 "우리가 사랑하는 일을 하고 **동시에** 그에 대한 정당한 보상을 받을 권리"를 요구하는 것까지를 포함해야 한다.

정동과 노동 사이의 관계는 자본주의 체제에 대한 투쟁 프로젝트와 해결되지 않은 긴장 상태에 놓여있다. 만약 일터에서의 정동이 자본 축적뿐만 아니라 사회적 삶 자체

---

13. 이는 특히 중산층 노동자들뿐만 아니라, 포드주의 체제에서 유급 노동을 통해 백인 남성들이 얻었던 보상에서 배제되었던 여성과 기타 집단들에게도 해당된다(Pugh, 2015).

에 내재되어 있다면, 우리는 이러한 정동의 전유에 어떻게 저항할 수 있을까? "진정성의 낭만적 이상주의에 빠지지 않고" 정동을 탈상품화하는 것은 가능할까?(Arruzza, 2014). "가정"이나 "가족"과 같은 구성물이 "노동"의 대립항으로 이상화되어 분리된 영역 논리로 환원되지 않으면서, 노동에 대한 반자본주의적 비판은 어떻게 진전될 수 있는 것일까?

페미니스트 연구자들은 노동 정치의 핵심이 자본주의의 "생산에 대한 재생산의 약탈적 종속"을 극복하는 것이라고 주장한다(Fraser, 2016, p. 117). 다시 말해, 페미니즘적 비판은 "자본주의적 생산 영역과 분리된 재생산의 실천 영역"을 보존하는 일에 주력해야 한다는 것이다(Weeks, 2007, p. 248). 페미니스트들은 자본주의가 항상 무급 노동(주로 여성들에 의해 수행됨)에 의존해 이익을 얻었다는 것을 강조하면서, "보편적 돌봄제공자"의 복지 모델을 만들거나(Fraser, 2013), 가사 노동에 대한 임금을 요구하거나(1970년대 이탈리아 페미니스트들이 추구한 유명한 캠페인), 혹은 기본 소득(Weeks, 2011)을 요구하며 생산과 재생산 모두의 보다 근본적인 재조직을 주장한다(Oksala, 2016).

감정 노동과 친밀 노동 연구자들은 노동 조건과 실천의 재구조화를 주장하는 경향이 있는데, 이는 첫째, 후기 자본주의에서 변화하는 노동의 성격에 대응할 수 있는 노동자 조직 및 동원의 새로운 형태를 상상해야 한다는 커다란 도전을 수반한다(Cobble, 2010 참조). 둘째, 그들은 서비스 직종에서 노동자, 관리자, 고객 간의 일상적 과정과 상호작용에 내재된 미시적 수준의 저항 형태에 주목한다. 노동자들은 조직적일 뿐만 아니라 전문적이고 사회적인 다양한 "감정 규칙"에 따라 상황에 대응하며(Bolton & Boyd, 2003), 경우에 따라서는 감정 노동을 거부하는 전략을 택할 수도 있다(Sherman, 2007). 따라서 구체적인 서비스 현장마다 특유의 저항 전략과 문화가 형성되기도 한다(Macdonald & Sirianni, 1996 ; Kang, 2003 참조).

마지막으로, 하트와 네그리의 가장 영향력 있는 주장 중 하나는 정동 노동이 자본을 직접적으로 생산하고 축적 과정에서 근본적인 역할을 하지만, 잠재적으로는 자본으로부터 자율적인 사회적 관계를 생산한다는 것이다. 그들은 푸코를 인용해 이를 생명권력의 한 형태라고 부른다. 정동 노동은 "가장 제한적이고 착취적인 상황에서도"(2011, p. 140) 위로부터 지시받지 않고 노동자들 간의 마주침에서 창출되기 때문에 자본주의적 관계의 경계를 넘어서는 사회적 협력을 생성한다. 그러나 불안정한 노동 환경에서 노동자들 간의 사회적 협력이 자연스럽게 형성될 것이라고 가정할 수는 없다(Dowling, 2007 ; Federici, 2011). 그럼에도, 정동 노동은 정동의 생산을 진보적 목표를 향해 전환시키는 사회운동에 활력을 불어넣을 수 있다(Gregg, 2017 ; Thomas & Correa, 2016). 따라서 노동의 불안정성은 새로운 종류의 정치적 가능성을 열어줄 수 있다(Gill & Pratt, 2008).

이러한 논의 속에서, "탈脫노동 사회" 개념은 "우리 삶에서 일의 필요성과 중심성"에 의문을 제기하며 등장한다(Tokumitsu, 2015, p. 148). 위크스(2007)가 지적하듯이, 일터에서 형성된 주체성이 "비非노동의 모든 공간과 시간에 존재하고 그 반대의 경우도 마찬가지"라는 점은 일과 삶이 구별될 수 없다는 것을 의미하지는 않는다(p. 246). 이러한 경계는 미리 주어진 것이 아니라, 오히려 정치적 논쟁의 핵심을 형성한다. 위크스의 주장처럼 이는 본질적인 "자아"와 소외된 "자아"에 대한 [이분법적] 주장보다는 잠재적이고 상상된 주체성에 기반해야 한다.

응집력 있는 "정동 노동 정치"(Gregg, 2011)를 공식화하기 위한 투쟁은 공적 영역과 사적 영역, 감정과 노동, 삶과 일이 끊임없이 얽혀 변형되는 방식을 포착할 새로운 어휘를 개발하려는 지속적인 탐색을 드러낸다. 정동 노동에 내재된 이러한 양가적 속성은 새로운 것인 동시에 오래된 것이기도 하다. 이는 노동과 자본의 관계를 형성하는 근본적인 요소이기 때문이다(Dowling, Nunez & Trott, 2007 ; Read, 2017). 정동과 노동 연구가 직면한 도전은, 이러한 모순들을 체계적으로 통합하는 동시에 사회적 영역을 관통하는 불평등한 권력관계에 대한 비판적 관점을 잃지 않는 것이다.

:: 참고문헌

Ahmed, Sara (2004). Affective Economies. *Social Text*, 22(2), 117-139. https://doi.org/10.1215/01642472-22-2_79-117

Altomonte, Guillermina (2015). Affective Labor in the Post-Fordist Transformation. *Public Seminar* : https://publicseminar.org/2015/05/affective-labor-in-the-postfordist-transformation/

Arruzza, Cinzia (2014). The Capitalism of Affects. *Public Seminar* : http://www.publicseminar.org/2014/08/the-capitalism-of-affects/#.VTu5dGauRt1

Berardi, Franco B. (2009). *The Soul at Work : From Alienation to Autonomy*. Los Angeles : Semiotext(e). [베라르디, 프랑코 [비포] (2012). 『노동하는 영혼』. (서창현, 역). 서울 : 갈무리.]

Berlant, Lauren (1998). Intimacy : A Special Issue. *Critical Inquiry*, 24(2), 281-288. https://doi.org/10.1086/448875

Berlant, Lauren (2007). Nearly Utopian, Nearly Normal : Post-Fordist Affect in La Promesse and Rosetta. *Public Culture*, 19(2), 273-301. https://doi.org/10.1215/08992363-2006-036

Bernstein, Elizabeth (2010). Bounded Authenticity and the Commerce of Sex. In Eileen Boris & Rhacel Salazar Parreñas (Eds.), *Intimate Labors. Cultures, Technologies, and the Politics of Care* (pp. 148-165). Stanford : Stanford University Press.

Bolton, Sharon C. & Boyd, Carol (2003). Trolley Dolly or Skilled Emotion Manager? Moving on From Hochschild's Managed Heart. *Work, Employment and Society*, 17(2), 289-308. https://doi.org/10.1177/0950017003017002004

Boris, Eileen & Salazar Parreñas, Rhacel (2010). Introduction. In Eileen Boris & Rhacel Salazar Parreñas (Eds.), *Intimate Labors. Cultures, Technologies, and the Politics of Care* (pp. 1-12). Stanford : Stanford University Press.

Boutang, Yann (2011). *Cognitive Capitalism*. Cambridge : Polity Press.

Burke, Nathaniel B. (2016). Intimate Commodities : Intimate Labor and the Production and Circulation of Inequality. *Sexualities*, 19(7), 780-801. https://doi.org/10.1177/1363460715616948

Cabezas, Amalia L. (2011). Intimate Encounters : Affective Economies in Cuba and the Dominican Republic. *European Review of Latin American and Caribbean Studies*, 91, 3-14. https://doi.org/10.18352/erlacs.9239

Carls, Kristin (2007). Affective Labour in Milanese Large Scale Retailing : Labour Control and Employees' Coping Strategies. *Ephemera*, 7(1), 46-59.

Clough, Patricia T. (2008). The Affective Turn. Political Economy, Biomedia and Bodies. *Theory, Culture & Society*, 25(1), 1-22. https://doi.org/10.1177/0263276407085156

Cobble, Dorothy Sue (2010). More Intimate Unions. In Eileen Boris & Rhacel Salazar Parreñas (Eds.), *Intimate Labors. Cultures, Technologies, and the Politics of Care* (pp. 280-296). Stanford : Stanford University Press.

Coté, Mark & Pybus, Jennifer (2007). Learning to Immaterial Labour 2.0 : MySpace and Social Networks. *Ephemera*, 7(1), 88-106.

DeVault, Marjorie L. (1991). *Feeding the Family*. Chicago : University of Chicago Press.

Dowling, Emma (2007). Producing the Dining Experience : Measure, Subjectivity and the Affective Worker. *Ephemera*, 7(1), 117-132.

Dowling, Emma ; Nunes, Rodrigo & Trott, Ben (2007). Immaterial and Affective Labour : Explored. *Ephemera*, 7(1), 1-7.

Ducey, Ariel (2010). Technologies of Caring Labor : From Objects to Affect. In Eileen Boris & Rhacel Salazar Parreñas (Eds.), *Intimate Labors. Cultures, Technologies, and the Politics of Care*. (pp. 18- 32). Stanford : Stanford University Press.

Duffy, Mignon (2011). *Making Care Count : A Century of Gender, Race, and Paid Care Work*. New Brunswick, NJ : Rutgers University Press.

England, Paula (2005). Emerging Theories of Care Work. *Annual Review of Sociology*, 31, 381-99. https://doi.org/10.1146/annurev.soc.31.041304.122317

England, Paula ; Budig, Michelle & Folbre, Nancy (2002). Wages of Virtue : The Relative Pay of Care Work. *Social Problems*, 49(4), 455-473. https://doi.org/10.1525/sp.2002.49.4.455

Federici, Silvia (2006). Precarious Labor : A Feminist Viewpoint. *Lecture*. Available at : https://inthemiddleofthewhirlwind.wordpress.com/precarious-labor-afeminist-viewpoint/

Federici, Silvia (2011). On Affective Labor. In Michael A. Peters & Ergin Bulut (Eds.), *Cognitive Capitalism, Education and Digital Labor* (pp. 57-74). New York, Bern, Berlin, Bruxelles, Frankfurt am Main, Oxford, Wien : Peter Lang.

Federici, Silvia & Caffentzis, George (2007). Notes on the Edu-Factory and Cognitive Capitalism. *The Commoner*, 12, 63-70.

Farrugia, David (2017). Youthfulness and Immaterial Labour in the New Economy. *The Sociological Review*, 66(3), 511-526. https://doi.org/10.1177/0038026117731657

Folbre, Nancy (1991). The Unproductive Housewife : Her Evolution in Nineteenth-Century Economic Thought. *Signs : Journal of Women in Culture and Society*, 16(3), 463-484. https://doi.org/10.1086/494679

Folbre, Nancy (Ed.) (2012). *For Love and Money : Care Provision in the United States*. New York : Russell Sage.

Fraser, Nancy (2013). After the Family Wage : A Postindustrial Thought Experiment. In Nancy Fraser (Ed.), *Fortunes of Feminism : From State-Managed Capitalism to Neoliberal Crisis* (pp. 111-135). London & New York : Verso Books.

Fraser, Nancy (2016, July-August). Contradictions of Capital and Care. *New Left Review*, 100, 99-117.

Fraser, Nancy & Gordon, Linda (2013). A Genealogy of 'Dependency' : Tracing a Keyword of the US Welfare State. In Nancy Fraser (Ed.), *Fortunes of Feminism : From State-Managed Capitalism to Neoliberal Crisis* (pp. 83-110). London & New York : Verso Books. [프레이저, 낸시 (2017). 가족임금 그 다음 — 후-산업시대에 대한 사고 실험. 낸시 프레이저 (편저). 『전진하는 페미니즘』. (임옥희, 역). (pp. 157-192). 파주 : 돌베개.]

Garey, Anita Ilta & Hansen, Karen V. (2011). Introduction. In Anita Ilta Garey & Karen V. Hansen (Eds.), *At the Heart of Work and Family* (pp. 1-14). New Brunswick, NJ : Rutgers University Press.

Gill, Rosalind & Pratt, Andy (2008). In the Social Factory? Immaterial Labour, Precariousness and Cultural Work. *Theory, Culture & Society*, 25(7-8), 1-30. https://doi.org/10.1177/0263276408097794

Glenn, Evelyn (1992). From Servitude to Service Work : Historical Continuities in the Racial Division of Paid Reproductive Labor. *Signs : Journal of Women in Culture and Society*, 18(1), 1-43. https://doi.org/10.1086/494777

Greco, Monica & Stenner, Paul (2008). Introduction : Emotion and Social Science. In Monica Greco & Paul Stenner (Eds.), *Emotions : A Social Science Reader* (pp. 1-21). London : Routledge.

Gregg, Melissa (2011). *Work's Intimacy*. Cambridge : Polity Press.

Gregg, Melissa (2017, August). From Careers to Atmospheres. *Cameo Cuts*, 3, 1-12.

Gutierrez Rodriguez, Encarnación (2014). Migration, Domestic Work and Affect : a Decolonial Approach on Value and the Feminization of Labor. *Women's Studies International Forum*, 46, 45-53. https://doi.org/10.4324/9780203848661

Hardt, Michael (1999). Affective Labor. *Boundary*, 26(2), 89-100.

Hardt, Michael & Negri, Antonio (2000). *Empire*. Cambridge, MA : Harvard University Press. [네그리, 안토니오·하트, 마이클 (2001).『제국』. (윤수종, 역). 서울 : 이학사.]

Hardt, Michael & Negri, Antonio (2011). *Commonwealth*. Cambridge, MA : The Belknap Press. [네그리, 안토니오·하트, 마이클 (2014).『공통체 : 자본과 국가 너머의 세상』. (정남영·윤영광, 역). 서울 : 사월의책.]

Harvey, David (1990). *The Condition of Postmodernity*. Cambridge, MA : Blackwell. [하비, 데이비드 (2013).『포스트모더니티의 조건』. (구동회·박영민, 역). 서울 : 한울아카데미.]

Hemmings, Clare (2005). Invoking Affect. Cultural Theory and the Ontological Turn. *Cultural Studies*, 19(5), 548-567. https://doi.org/10.1080/09502380500365473

Hirschman, Albert (1977). *The Passions and the Interests : Political Arguments for Capitalism Before Its Triumph*. Princeton, NJ : Princeton University Press. [허시먼, 앨버트 O. (2020).『정념과 이해관계』. (노정채, 역). 서울 : 후마니타스.]

Hochschild, Arlie R. (1983). *The Managed Heart : Commercialization of Human Feeling*. Berkeley : University of California Press. [혹실드, 앨리 러셀 (2009).『감정노동』. (이가람, 역). 서울 : 이매진.]

Hochschild, Arlie R. (1997). *The Time Bind : When Work Becomes Home and Home Becomes Work*. New York : Metropolitan Books.

Hochschild, Arlie R. (2002). Love and Gold. In Barbara Ehrenreich & Arlie

Hochschild (Eds.), *Global Woman : Nannies, Maids and Sex Workers in the New Economy* (pp. 15-30). New York : Henry Holt.

Illouz, Eva (2007). *Cold Intimacies : The Making of Emotional Capitalism*. Cambridge : Polity Press. [일루즈, 에바 (2010). 『감정 자본주의』. (김정아, 역). 서울 : 돌베개.]

Kang, Miliann (2003). The Managed Hand : The Commercialization of Bodies and Emotions in Korean Immigrant-Owned Nail Salons. *Gender and Society*, 17(6), 820-839. https://doi.org/10.1177/0891243203257632

Karppi, Tero ; Kähkönen, Lotta ; Mannevuo, Mona ; Pajala, Mari & Sihvonen, Tanja (2016). Affective Capitalism : Investments and Investigations. *Ephemera*, 16(4), 1-13.

Lazzarato, Maurizio (1996). Immaterial labor. In Paolo Virno & Michael Hardt (Eds.), *Radical Thought in Italy : A Potential Politics* (pp. 133-147). Minneapolis : University of Minnesota Press.

Leidner, Robin (1999). Emotional Labor in Service Work. *The Annals of the American Academy of Political and Social Science*, 561, 81-95. https://doi.org/10.1177/000271629956100106

Leys, Ruth (2011). The Turn to Affect : A Critique. *Critical Inquiry*, 37(3), 434-472. https://doi.org/10.1086/659353

Lopez, Steven (2006). Emotional Labor and Organized Emotional Care : Conceptualizing Nursing Home Care Work. *Work and Occupations*, 33(2), 133-160. https://doi.org/10.1177/0730888405284567

Macdonald, Cameron L. & Sirianni, Carmen (1996). The Service Society and the Changing Experience of Work. In Cameron L. Macdonald & Carmen Sirianni (Eds.), *Working in the Service Society* (pp. 1-26). Philadelphia : Temple University Press.

Mankekar, Purnima & Gupta, Akhil (2016). Intimate Encounters : Affective Labor in Call Centers. *Positions*, 24(1), 17-43. https://doi.org/10.1215/10679847-3320029

McRobbie, Angela (2010). Reflections on Feminism, Immaterial Labour and the Post-Fordist Regime. *New Formations*, 70, 60-76. https://doi.org/10.3898/newf.70.04.2010

Mears, Ashley (2015). Working for Free in the VIP : Relational Work and the Production of Consent. *American Sociological Review*, 80(6), 1099-1122. https://doi.org/10.1177/0003122415609730

Mikołajewska-Zając, Karolina (2016). Sharing as Labour and as Gift : Couchsurfing as an 'Affective Enterprise'. *Ephemera*, 16(4), 209-222.

Moore, Phoebe V. (2018). Tracking Affective Labour for Agility in the Quantified Workplace. *Body & Society*, 24(3), 39-67. https://doi.org/10.1177/1357034x18775203

Muehlebach, Andrea (2011). On Affective Labor in Post-Fordist Italy. *Cultural Anthropology*, 26, 59-82. https://doi.org/10.1111/j.1548-1360.2010.01080.x

Nishida, Akemi (2017). Relating through Differences : Disability, Affective Relationality, and the U.S. Public Healthcare Assemblage. *Subjectivity*, 10(1), 89-103. https://doi.org/10.1057/s41286-016-0018-2

Oksala, Johanna (2016). Affective Labor and Feminist Politics. *Signs : Journal of Women in Culture and Society*, 41(2), 281-303. https://doi.org/10.1086/682920

Otis, Eileen M. (2016). Bridgework : Globalization, Gender, and Service Labor at a Luxury Hotel. *Gender and Society*, 30(6), 912-934. https://doi.org/10.1177/0891243216674919

Pugh, Allison J. (2015). *The Tumbleweed Society. Working and Caring in an Age of Insecurity*. New York : Oxford University Press.

Read, Jason (2017). Work and Precarity : The Task for a Philosophy of Labor (with Hegel, Marx, and Spinoza). In Imre Szeman, Sarah Blacker & Justin Sully (Eds.), *A Companion to Critical and Cultural Theory* (pp. 269-281). Cambridge : Blackwell.

Rodriquez, Jason (2014). *Labors of Love. Nursing Homes and the Structures of Care Work*. New York : New York University Press.

Schultz, Susanne (2006). Dissolved Boundaries and 'Affective Labor' : On the Disappearance of Reproductive Labor and Feminist Critique in Empire. *Capitalism, Nature, Socialism*, 17(1), 77-82. https://doi.org/10.1080/10455750500505473

Seigworth, Gregory & Gregg, Melissa (2010). An Inventory of Shimmers. In Melissa Gregg & Gregory Seigworth (Eds.), *The Affect Theory Reader* (pp. 1-25). Durham : Duke University Press. [시그워스, 그레고리·그레그, 멜리사 (2015). 미명의 목록(창안). 시그워스, 그레고리·그레그, 멜리사(편저). 『정

동 이론』. (최성희 · 김지영 · 박혜정, 역). (pp. 14-20). 서울 : 갈무리.]

Sheehan, Patrick (2019). In Defense of Do What You Love. *Public Seminar* ; http://www.publicseminar.org/2019/04/in-defense-of-do-what-you-love/

Sherman, Rachel (2007). *Class Acts : Service and Inequality in Luxury Hotels*. Berkeley : University of California Press.

Sherman, Rachel (2015). Caring or Catering? Emotions, Autonomy, and Subordination in Lifestyle Work. In Mignon Duffy, Amy Armenia & Clare Stacey (Eds.), *Caring on the Clock : The Complexities and Contradictions of Paid Care Work* (pp. 165-176). New Brunswick : Rutgers University Press.

Sherman, Rachel (2017). *Uneasy Street : The Anxieties of Affluence*. Princeton, NJ : Princeton University Press.

Snyder, Benjamin (2016). *The Disrupted Workplace : Time and the Moral Order of Flexible Capitalism*. New York : Oxford University Place.

Stacey, Clare (2011). *The Caring Self*. Ithaca, NY : Cornell University Press.

Standing, Guy (2011). *The Precariat : The New Dangerous Class*. New York : Bloomsbury Academic. [스탠딩, 가이 (2014). 『프레카리아트 — 새로운 위험한 계급』. (김태호, 역). 고양 : 박종철출판사.]

Steinberg, Ronnie J. & Fligart, Deborah M. (1999). Emotional Labor Since The Managed Heart. *The Annals of the American Academy of Political and Social Science*, 561, 8-26. https://doi.org/10.1177/0002716299 561001001

Stoler, Ann L. (2007). Affective States. In David Nugent & Joan Vincent (Eds.), *A Companion to the Anthropology of Politics* (pp. 4-20). Malden, MA : Blackwell Publishing.

Terranova, Tiziana (2004). Free Labour. In Tiziana Terranova (Ed.), *Network Culture. Politics For the Information Age* (pp. 73-97). London : Pluto Press.

Thomas, James M. & Correa, Jennifer G. (2016). *Affective Labour : (Dis)assembling Distance and Difference*. New York and London : Rowman & Littlefield.

Thompson, Edward P. (1967). Time, Work-Discipline, and Industrial Capitalism. *Past & Present*, 38(Dec.), 56-97. https://doi.org/10.1002/ 9781119395485.ch3

Tokumitsu, Miya (2015). *Do What You Love and Other Lies About Success and Happiness*. New York : Regan Arts. [토쿠미츠, 미야 (2016). 『열정 절벽 — 성공과 행복에 대한 거짓말』. (김잔디, 역). 서울 : 와이즈베리.]

Tolentino, Jia (2017, March 22). The Gig Economy Celebrates Working Yourself to

Death. *The New Yorker* : https://www.newyorker.com/culture/jia-tolentino/the-gig-economycelebrates-working-yourself-to-death

Uhde, Zuzana (2016). From Women's Struggles to Distorted Emancipation : The Interplay of Care Practices and Global Capitalism. *International Feminist Journal of Politics*, 18(3), 390-408. https://doi.org/10.1080/14616742.2015.1121603

Virno, Paolo (1996). The Ambivalence of Disenchantment. In Paolo Virno and Michael Hardt (Eds.), *Radical Thought in Italy : A Potential Politics* (pp. 13-36). Minneapolis : University of Minnesota Press.

Warhust, Chris & Nickson, Dennis (2007). A New Labour Aristocracy? Aesthetic Labour and Routine Interactive Service. *Work, Employment and Society*, 21, 785-98. https://doi.org/10.1177/0950017007082887

Weeks, Kathi (2007). Life Within and Against Work : Affective Labor, Feminist Critique, and Post-Fordist Politics. *Ephemera*, 7(1), 233-249.

Weeks, Kathi (2011). *The Problem with Work : Feminism, Marxism, Antiwork Politics, and Postwork Imaginaries*. Durham : Duke University Press. [윅스, 케이시 (2016). 『우리는 왜 이렇게 오래, 열심히 일하는가?』. (제현주, 역). 파주 : 동녘.]

Wetherell, Margaret (2012). *Affect and Emotion : A New Social Science Understanding*. London : SAGE Publications.

Wharton, Amy S. (1993). The Affective Consequences of Service Work. Managing Emotions on the Job. *Work and Occupations*, 20(2), 205-232. https://doi.org/10.1177/0730888493020002004

Wharton, Amy S. (2009). The Sociology of Emotional Labor. *Annual Review of Sociology*, 35, 147-165. https://doi.org/10.1146/annurev-soc-070308-115944

Whitney, Shiloh (2018). Byproductive labor : A Feminist Theory of Affective Labor beyond the Productive-Reproductive Distinction. *Philosophy and Social Criticism*, 44(6), 637-660. https://doi.org/10.1177/0191453717741934

Wissinger, Elizabeth (2007). Modelling a Way of Life : Immaterial and Affective Labour in the Fashion Modelling Industry. *Ephemera*, 7(1), 250-269.

Yanagisako, Sylvia (2012). Immaterial and Industrial Labor : On False Binaries in Hardt and Negri's Trilogy. *Focaal : Journal of Global and Historical Anthropology*, 64, 16-23. https://doi.org/10.3167/fcl.2012.640102

Zelizer, Viviana (2005a). *The Purchase of Intimacy*. Princeton, NJ : Princeton University Press. [젤라이저, 비비아나 A. (2008). 『친밀성의 거래』. (숙명여자대학교 아시아여성연구소, 역). 에코리브르.]

Zelizer, Viviana (2005b). Culture and Consumption. In Neil J. Smelser & Richard Swedberg (Eds.), *The Handbook of Economic Sociology* (pp. 331-354). New York and Princeton, NJ : Russell Sage Foundation and Princeton University Press.

Zelizer, Viviana (2010). *Economic Lives : How Culture Shapes the Economy*. Princeton, NJ : Princeton University Press.

:: 옮긴이 해제

정동 노동의 양가성
자본과 자율의 이중운동

1. 정동 노동의 개념적 지형도

일은 음식, 사랑, 또는 수면보다 더 우선시되는 긴급함으로 삶 자체를 구성한다.

기예르미나 알토몬테의 「정동과 노동」에서 가장 인상적인 구절인 이 문장은, 후기 자본주의 시대를 맞아 일터가 우리 일상생활 곳곳으로 넘쳐흐르는 상황을 단적으로 묘사하고 있다. 노동과 비노동의 경계가 무너지는 위와 같은 현상은 상품 경제에서 서비스 경제 그리고 정보 경제로의 전환이 가속화된 오늘날의 경제 활동에서 일상적으로 목격된다. 이런 상황에서 노동은 무엇을 생산하고 어떤 일을 수행하는가에 대한 논의 중 가장 대표적인 것이 바로

'비물질 노동' 개념이다.

1980년대 이탈리아 자율주의 사상가들에 의해 처음 논의되기 시작한 비물질 노동은 상품 자체가 아닌 상품의 정보적 내용과 문화적 내용을 생산하는 노동을 의미한다.[1] 이때 노동은 더 이상 물건을 '만드는 것'에 국한되지 않고 감정과 정보 그리고 의미를 '전달하는 것'으로 확장되었음을 뜻한다. 1970년대 이후 포스트 포드주의 체제로 진입하면서 벌어진 이와 같은 상황은 퍼트리샤 클러프의 말을 인용하자면, "자본의 축적이 정동의 영역으로 이동한" 시대가 되었음을 보여준다. 감정을 유발하는 광고나, 친밀감을 설계하는 플랫폼의 UI, 소셜 미디어의 좋아요와 댓글 시스템에서 볼 수 있듯, 정동은 이제 더 이상 문화적 부산물이 아닌 가치 창출의 핵심적 자원으로 작동한다. 다시 말해, 인간의 반응, 감정 상태, 집단적 분위기까지도 자본이 포착하고 조직하며 수익을 창출하는 구조가 등장한 것이다.

「정동과 노동」의 저자는 후기 자본주의의 정동적 차원이 노동과 맺는 관계를 포착한 여러 이론적 접근 중 크게

---

[1] 이탈리아 자율주의 사상을 소개하는 빠올로 비르노와 마이클 하트의 편집서에서 마우리치오 랏자라또는 '비물질 노동'이라는 챕터를 통해 해당 개념을 상세히 설명하고 있다(Lazzarato, 1996, p. 136). 국내에서 비물질 노동, 정동 노동을 포함해 신자유주의적인 노동의 형태를 다룬 번역서들은 갈무리 출판사에서 출간한 다음의 책들을 참조. 자율평론, 2005 ; 베라르디, 2012 ; 네그리, 2011 ; 마라찌, 2014 ; 네그리, 2010 ; 비르노, 2004.

네 가지 개념에 주목한다. 정동 노동, 재생산 노동, 감정 노동, 친밀 노동이 그것이다. 이들은 모두 비물질 노동의 하위 범주이자, 신체적이거나 정동적인 관계성 속에서 이루어지는 노동이라는 점에서 정동 노동의 확장적 범주에 속한다. 본문에서 저자가 후기 자본주의 시대에 노동이 지닌 정동적 차원에 대한 지형도를 충실하게 그리고 있는 만큼, 이 글에서는 저자가 주목하는 또 다른 측면, 즉 정동 노동의 복잡하고 양가적인 성격에 대해 소개하고자 한다.

2. 자본주의적 포섭과 자율성의 양가적 긴장

공적 영역과 사적 영역, 감정과 노동, 삶과 일이 끊임없이 얽혀있는 후기 자본주의 시대의 비물질적이고 비가시화된 노동 상황에서 노동자의 자율성, 창의성, 감정, 삶의 양식과 같은 요소들은 이제 노동의 일부이자 자본이 수익을 창출하는 핵심 요인이 되었다. 일례로 구글 같은 빅테크 기업은 '재미있는 회사', '자율과 유연성', '성장 중심의 커리어' 등의 구호를 앞세워 모호한 업무 경계를 자율성이라는 이름으로 포장한다. 즉, 노동자의 자기실현 의지를 자본 생산에 동원하고 있는 것이다. 스타트업 기업들의 야근 문화와 장시간 노동 환경 역시 자기 계발이라는 노동자의 주체적 욕망을 자본주의적 동기 부여 장치로 활용하는 사례이다(Gill, 2002).

비록 고용 노동자는 아니지만 젊은이들에게 가장 각광받는 직종으로 떠오르고 있는 소셜 미디어 인플루언서의 경우를 한번 떠올려 보자. 이들은 자신의 감정, 취향, 일상 그리고 관계 등을 콘텐츠로 전시한다. 이때 자본화되는 것은 바로 '나다움'이다. 이들이 올린 포스트, 댓글, 그리고 팔로워와의 소통은 광고 수익이나 협찬으로 이어진다. 즉, 개인의 자기표현이라는 주체성의 윤리까지 '자기 브랜딩'이라는 명목으로 시장 논리에 편입되고 있는 셈이다(Hearn, 2008).

케이팝 팬덤의 경우 팬들은 아이돌을 향한 자신들의 사랑과 헌신, 그리고 자선활동 같은 윤리적 실천을 통해 아이돌을 지지하고 키워낸다. 팬들이 하는 자발적 번역, 투표, 소셜 미디어 트렌딩, 이벤트 기획은 인지도 상승이나 플랫폼 데이터 등을 통해 실제적인 산업적 가치를 생산해낸다. 팬의 감정과 관계성으로 만들어진 팬덤 노동은 자율적 실천이자 동시에 자본이 수탈하는 무급 정동 노동이라는 측면에 대해서 비판적 논의가 이루어지기도 한다.[2]

---

2. 무급노동으로 이루어지는 팬덤 내부의 집합적인 담론적·정동적 실천 및 감정 노동에 대한 내용은 다음의 글들을 참조하시오. 이지행, 2019 ; 이지행, 2023 ; 이지행, 2020 ; 이지행 외, 2024 ; 이동연 외, 2023 ; 류진희 외, 2022 ; 이준형·강신규, 2022 ; 강보라·서지희·김선희, 2018.

위의 사례에서 알 수 있듯 정동 노동이 단지 자본주의적 축적의 수단에 불과한 것이라면, 그것은 노동에 얽힌 개인의 주체성에 대한 후기 자본주의의 완벽한 수탈과 포섭을 의미할 것이다. 그러나 하트와 네그리는 『제국』(2001), 『다중』(2005), 『공통체』(2011) 등의 저작을 통해, 정동 노동이 지닌 양가적 특성을 지속적으로 강조해 왔다. 이들에게 정동 노동은 자본의 착취를 가능하게 하는 주요한 노동 형태임과 동시에, 자본을 넘어서 새로운 사회적 관계를 조직할 수 있는 생산양식의 토대이기도 하다(Hardt & Negri, 2004, p. 147). 다시 말해, 노동은 자본에 내재된 채 경계를 넘나드는 긴장과 가능성의 장소라는 것이다.

이러한 이론적 틀은 팬덤의 무급 정동 노동을 이해하는 데 결정적인 통찰을 제공한다. 팬들은 아이돌을 향한 애정, 헌신, 윤리적 책임감이라는 정동적 실천을 수행하며, 그 과정에서 번역, 아카이빙, 투표, 캠페인 조직 등 복합적인 형태의 노동을 자발적으로 수행한다. 이처럼 팬덤은 명백히 자본주의적 가치생산 체계에 편입되어 있으며, 그 감정과 시간이 수익화되고 통계화되며, 종종 무임금으로 수탈된다. 그러나 이 모든 것이 단순히 포섭으로만 환원되지 않는다. 팬덤은 정동 노동을 통해 서로 돌보고, 협력하며, 윤리적 감수성을 공유하는 새로운 관계망과 공동체적 실천의 장을 창출한다. 이는 하트와 네그리가 '다중'multitude이라 부른, 자율적이고 창의적인 협력 주체의 형성과 긴밀히 닿아 있다.

『공통체』에서 하트와 네그리는 후기 자본주의적 생산이 더 이상 공장에서의 물리적 노동이 아니라, 언어, 감정, 관계성, 문화 등의 "공통의 것"the common을 통해 이루어진다고 말한다(Hardt & Negri, 2011). 이때의 '공통'은 필연적으로 자본의 착취 대상으로 조직되지만, 동시에 자율적인 삶의 형식들로부터 만들어지는 것이기에, 자본이 전유할 수 없는 집단적 창의성과 혁신의 원천이기도 하다. 팬덤의 실천 역시 이와 유사하게, 자본의 플랫폼을 통해 수행되면서도 플랫폼을 넘는 관계성, 서사, 윤리, 집단적 정체성을 만들어낸다. 이 지점에서 팬덤의 정동 노동은 때로는 자본주의적 축적 논리에 '대항하며' 혹은 그것을 '넘어서며' 출현하는 새로운 사회적 협동과 주체화의 형태로 이해될 수 있다.

3. 페미니즘 관점에서 정동 노동의 재해석 가능성

알토몬테가 분석하는 정동 노동의 양가성은, 팬덤 활동이라는 구체적 문화 실천을 통해 보다 선명하게 드러난다. 이 양가성은 오늘날 노동을 바라보는 방식 자체를 근본적으로 다시 사유하게 만든다. 노동은 더 이상 일터에만 있지 않으며, 일상적인 정동, 관계, 실천, 심지어 사랑 속에서 — 그러나 단지 자본에게 포획당하는 것이 아니라 — 서로를 지지하고 새로운 세계를 구성하는 힘으로서도 존재하는 것이다.

후기 자본주의 시대의 비물질 노동을 크게 네 가지 노동 개념에 중점을 두고 분석한 알토몬테의 논의는, 단지 글로벌 자본주의의 일반화된 노동 양식을 설명하는 데 그치지 않고, 특정한 사회문화적 맥락에서 정동 노동이 어떻게 작동하고 변형되는지를 묻는 질문으로 확장될 수 있다. (비록 글로벌한 현상이기는 하나) 한국 사회 역시 오랜 시간 동안 여성의 노동을 미소, 돌봄, 섬김, 헌신이라는 이름 아래 보이지 않게 조직해 왔다. 이로 인해 정동 노동은 그 자체로 젠더화되고 역사적으로 특수한 계보를 갖는다. 예컨대 임흥순의 다큐멘터리 〈위로공단〉에서 볼 수 있듯 1970년대 '공순이'는 오늘날 콜센터 상담사나 마트 계산대 직원의 모습 속에서 여전히 반복된다. 이 여성 노동자들은 감정을 관리하며 장시간 노동과 웃는 얼굴을 유지해야 한다는 정동적 규율 속에서 생산성과 통제를 동시에 감내하며 일하고 있다. 이는 단지 자본의 효율성을 위한 표준화된 감정 노동으로만 설명되지 않는다. 여성의 몸과 감정이 어떻게 자본주의적 질서와 젠더 이데올로기 속에서 동원되어 왔는지에 대한 깊은 성찰을 요구하는 것이다.[3]

한편, 여성 팬이 주를 이루는 케이팝 팬덤의 친밀 노동 또한 자본의 정동적 포섭이라는 측면에서 설명될 수 있지만, 그것은 공장이나 서비스업과는 다른 비가시적이고 자발적인 애정 실천의 형식이라는 점에서 이질적인 층위를 드러낸다. '사랑의 노동'으로 설명되기도 하는 팬덤의 무급 노동은 감정의 교환, 소속감, 윤리적 실천 등으로 이어지며, 때로는 자율적 공동체의 기반이 되기도 한다. 그러나 친밀 노동을 수행하는 팬덤 내부에는 종종 갈등, 상처, 좌절, 피로감과 같은 부정적 정동이 함께 축적된다.

퀴어 정동 이론은 이러한 부정적 정동을 저항적 정동, 비규범적 존재들의 정치적 감각으로 해석해 왔다. 호세 무뇨스는 '탈동일시'disidentification 개념을 통해 규범적 정체성과의 단절 속에서 새로운 집단적 상상력을 모색했고(Muñoz, 1999), 앤 츠베트코비치는 우울과 트라우마를 공동체의 감정 아카이브로 개념화했다(Cvetkovich, 2003). 또한, 사라 아메드는 분노하는 페미니스트의 감정(킬 조이)을 불편한 진실을 가시화하는 감정의 정치적 수행으로 읽어냈

---

3. 대만 국립정치대학의 대만문학연구소 조교수이자 비교문학 연구자인 첸페이전(陳佩甄)은 논문「산업화의 사이보그 ― 〈가공공장〉과 〈위로공단〉 속 탈정동의 신체들」(2025)에서 산업화 시대 여성 노동자들의 탈정동된 신체성에 주목해 분석하며 이것을 여성 노동자들의 역사적 행동의 표상으로 규정하고 있다. 해당 논문은 젠더·어펙트연구소의 연구총서 6권『대안적 연결체의 테크놀로지』(산지니, 2025)에 수록되어 있다.

다(아메드, 2023). 이런 이론적 계보를 통해 보면, 팬덤의 내부에서 축적되는 부정적 정동은 단지 위기나 해체의 징후로만 간주될 수 없다. 아이돌에 대한 실망, 타 팬덤과의 충돌, 소속사에 대한 반감, 내부 위계에 대한 불만, 또는 소진된 열정과 같은 부정적 정동은 규범화된 감정 수행에 대한 균열로 작용하며, 말해지지 않던 감정의 언어를 요청하고, 표면화되지 않았던 권력 구조를 가시화하며, 나아가 팬덤 내부의 정동적 위계와 젠더화된 분배 방식에 대한 재성찰을 가능하게 한다. 이로부터 발생하는 새로운 관계 맺기나 감정적 언어의 재전유는, 단순히 감정의 해소를 넘어, 정동 노동을 통해 작동해 온 억압적 질서에 대한 비판적 개입으로 기능할 수 있다. 공동성의 윤리와 정치의 재구성이라는 점에서 볼 때 이는 분명한 가치와 잠재성을 지닌다. 특히 여성 팬덤의 경험 속에 자리한 지속적 돌봄의 피로나 가치가 보상되지 않는 감정 노동은 페미니스트 정동 연구가 주목해온 정동의 젠더화된 분배 문제와도 긴밀히 연결된다.

이처럼 정동 노동은 결코 단일한 양식으로 환원될 수 없으며, 산업적 조건, 사회적 감정 규범, 젠더화된 주체성에 따라 서로 다른 층위를 구성한다. 그러므로 노동의 정동적 차원에 대한 논의를 한국사회에 적용할 때, 우리는 정동 노동을 구성하는 사회적 조건들의 복합성에 주목하고 특히 페미니스트 노동 연구가 제기해온 '돌봄, 감정, 친밀성의 젠더화된 분배'라는 질문들을 다시 불러내야 한다. 정동 노동을 단지 새로운 자본주의적 노동 형태로 환원하기보다는, 여성의 노동이 어떻게 역사적 맥락 속에서 구성되고 규범화되어 왔는지를 다시 고찰하는 일, 그리고 그 과정에서 누가 더 많이 감정의 비용을 지불해 왔는지를 묻는 비판적 감수성이 필요하다. 알토몬테의 분석은 바로 그 비판적 감수성을 현재의 정동 자본주의적 맥락에서 다시 활성화할 수 있는 이론적 기점을 제공한다.

:: 참고문헌

강보라·서지희·김선희 (2018). 20대 여성 팬덤의 감정 구조와 문화 실천. 『미디어, 젠더 & 문화』, 33권 1호, 5-50.
네그리, 안토니오 (2010). 『네그리의 제국강의』. (서창현, 역). 서울 : 갈무리.
네그리, 안토니오 (2011). 『다중과 제국』. (정남현·박서현, 역). 서울 : 갈무리.
네그리, 안토니오·들뢰즈, 질·정남영·비르노, 빠올로·랏자라또, 마우리치오·조정환·하트, 마이클·이승준 (2005). 『비물질노동과 다중』. (김상운·서창현·자율평론번역모임, 역). 서울 : 갈무리.
마랏찌, 크리스티안 (2014). 『자본과 정동』. (서창현, 역). 서울 : 갈무리.
베라르디, 프랑코 [비포] (2012). 『노동하는 영혼』. (서창현, 역). 서울 : 갈무리.
비르노, 빠올로 (2004). 『다중』. (김상운, 역). 서울 : 갈무리.
아메드, 사라 (2023). 『감정의 문화정치』. (시우, 역). 서울 : 오월의봄.
이준형·강신규 (2022). 놀둥의 붕괴, 정동의 봉합 : 다시, 〈프로듀스 48〉과 팬덤의 재구성. 『지역과커뮤니케이션』, 26권 2호, 71-106.
이지행 (2019). 『BTS와 아미컬처』. 서울 : 커뮤니케이션북스.
이지행 (2020). 서구미디어의 지배담론에 대한 방탄소년단 글로벌 팬덤의 대항담론적 실천 연구. 『여성문학연구』, 50권, 79-114.
이지행 (2022). 미디어와 팬덤의 담론 전쟁. 류진희·백문임·허윤(편저). 『페미돌로지 — 아이돌+팬덤+산업의 변신』(pp.18-48). 서울 : 빨간소금.
이지행 (2023). 팬덤 실천을 통한 초국적 기억정치에의 개입과 정동의 작동 — 'BTS 원폭 티셔츠 논란'을 중심으로. 『인문콘텐츠』, 69호, 219-245.
이지행 (2024). 케이팝 팬덤의 행동주의와 젠더화된 정동. 동아대학교 젠더·어펙트연구소(편저). 『젠더스피어의 정동지리』(pp. 313-336). 부산 : 산지니.
이지행 (2024). 한류 팬덤, 초국적 팬덤인가 vs. 새로운 문화내셔널리즘인가. 이동연 외(편저). 『한류 — 문화자본과 문화내셔널리즘의 형성』(pp. 238-262). 서울 : 북코리아.
첸페이전 (2025). 산업화의 사이보그. 동아대학교 젠더·어펙트연구소(편저).

『대안적 연결체의 테크놀로지』(pp. 447-480). 부산: 산지니.

Cvetkovich, Ann (2003). *An Archive of Feelings : Trauma, Sexuality, and Lesbian Public Cultures*. Durham : Duke University Press.

Gill, Rosalind (2002). Cool, Creative and Egalitarian? Exploring Gender in Project-Based New Media Work in Euro. Information, *Communication & Society*, 5(1), 70-89. DOI : 10.1080/13691180110117668

Hardt, Michael & Negri, Antonio (2004). *Multitude : War and Democracy in the Age of Empire*. New York : Penguin. [하트, 마이클 · 네그리, 안토니오 (2008). 『다중 — 제국이 지배하는 시대의 전쟁과 민주주의』. (정남영 · 서창현 · 조정환, 역). 서울: 세종서적.]

Hardt, Michael & Negri, Antonio (2011). *Commonwealth*. Cambridge, Massachusetts : Harvard University Press. [네그리, 안토니오 · 하트, 마이클 (2014). 『공통체 — 자본과 국가 너머의 세상』. (정남영 · 윤영광, 역). 서울: 사월의책.]

Hearn, Alison (2008). 'Meat, Mask, Burden' : Probing the Contours of the Branded Self. *Journal of Consumer Culture*, 8(2), 197-217. DOI : 10.1177/1469540508090086

Lazzarato, Maurizio (1996). Immaterial Labor. In P. Virno and M. Hardt (Eds.), *Radical Thought in Italy : A Potential Politics* (pp. 133-147). Minneapolis : University of Minnesota.

Muñoz, José E. (1999). *Disidentifications : Queers of Color and the Performance of Politics*. Minneapolis : University of Minnesota Press.

정동과 인종 흑인성

콜린 P. 애슐리 · 미셸 빌리스

권두현 옮김·해제

우리는 정동과 인종에 대한 논의가 이미 흑인성과 반(反)흑인성을 기반으로 형성되었으며, 따라서 정동 이론이 인종 문제를 다루고자 할 때, 선험적으로 제기해야 할 질문은 흑인 존재론이라는 점을 주장한다. 이를 위해 우리는 먼저 인종을 새로운 담론적 메커니즘을 통해 이론화하는 정동 이론의 다양한 작업들, 대인적·감정적 정동을 이론화하는 연구들, 그리고 인종, 정동, 어셈블리지를 생명정치적 관점에서 분석하는 연구들을 검토한다. 이어서, 정동을 역량으로 이해하는 들뢰즈적 유산을 심층적으로 탐구하면서, 아프로-비관주의와 흑인 낙관주의 — 즉, 흑인 존재론 — 이 인종화된 역량의 물질화, 가치, 생산에 대한 사유를 확장할 수 있는 생산적 토대를 제공한다고 주장한다. 특히, 흑인성의 정동적 역량을 중심으로 논의한다. 이 연구는 정동 이론이 더 이상 인종을 배제하거나 초월할 수 없으며, 보편적이면서도 은폐되거나 표지화된 포스트휴머니즘을 향한 시도 역시 이러한 한계를 넘어서야 함을 강조하는 중요한 방향성을 제시한다.

아프로-비관주의적 상상 속에서 흑인성이 병원체(pathogen)가 아니라는 점은 분명하다. 그럼에도 불구하고 이를 병원체로 해석하는 시각이 존재한다는 사실은 놀랍기도 하고, 동시에 전혀 놀랍지 않기도 하다. 아니다, 흑인성이 병원체가 아니라, 세계가 병원체다. 여기서 말하는 세계는 지구(Earth)가 아니라 세계(world)이며, 어쩌면 세계라는 가능성과 그것을 향한 욕망 자체일지도 모른다. (Sexton, 2011, p. 31)

서론: 인종? 그리고 정동

정동은 정동하고 정동되는 역량으로 정의되는데(Clough, 2007), 이러한 정의는 정동 개념이 형체를 규정하기 어렵고 다소 다루기 까다롭다는 측면을 드러낸다. 정동 이론의 계보와 활용 방식을 인종 연구[1]와의 교차점에서 사유하는 것, 또는 보다 구체적으로 '흑인성과 정동'이라는 특정한 '위치성'을 탐색하는 것은 결코 쉬운 과정이 아니다. 이 작업은 정동과 인종의 관계를 지도화하는 과정에서 하나의 위상학적 난제로 작용한다.

---

1. '인종 연구' 자체는 다양한 학문 분야에서 수행되고 있는 인종에 관한 포괄적이고 총체적인 연구를 설명하기 위한 하나의 발견적 도구로 이해되어야 한다. 이는 비단 비판적 인종 이론, 비판적 민족 연구, 초국적 페미니즘 등을 포함할 뿐만 아니라, 이들을 넘어서 학제 간으로 이루어지는 광범위한 연구를 포괄한다.

우리가 정동과 흑인성이라는 특정한 위치성에서 이 논의를 시작하려는 것은, 인종 형성에 대한 보다 넓은 질문을 모호하게 하거나 인종 연구 분야 전체를 간과하려는 시도가 아니다. 오히려, 우리는 흑인성과 역량에 대한 이러한 이해가, 정동과 인종의 관계 속에서 정동의 잠재력을 대표하는 개념으로 작동할 수 있다는 점을 확신하며 주장한다. 이러한 접근을 통해, 우리는 "인종"이라는 개념이 발견법적 장치로서(사회적 구성을 이해하는 도구로) 활용되는 방식뿐만 아니라, 사회적 계층화의 "상위 범주"로 기능하는 방식을 비판적으로 검토할 수 있다. 여기서 자세히 설명하는 정동과 인종이 교차하는 가능성의 공간은, 기존에 설정된 인종의 위치를 문제 삼으며, "인종"이 주체성과 규율을 이해하는 데 필수적일 수 있지만, 통제control 사회에 대한 분석에서는 해체되거나 와해된다는 점을 시사한다(Deleuze, 1992). 통제 사회에서는 인종의 문제를 보다 적절하게 이해하기 위해 정동과 어셈블리지 이론을 참조해야 하며, 이러한 이론 속에서 인종적 위계와 구성은 특정한 인종화된 역량보다 본질적으로 우위에 있지 않다. 그러나 이것이 인종을 비물질적이거나 비존재론적인 범주로 완전히 부정하는 것은 아니며, 우리는 이러한 부정이 신유물론 사유에서 흔히 전제되는 가정이 된다고 주장한다(Ashley & Billies, 2017). 우리는 인종과 정동이 교차하는 지점에서 전개된 이론의 계보를 추적하며, 정동 연구뿐만 아니라 우리가 '흑인 존재론자'Black Ontologists라고 지칭하는 학자들의 중요한 연구가, '인종'과 정동의 교차점에서 가장 생성적인generative 잠재력을 제공한다는 점을 강조하고자 한다. 이러한 연구들은 점점 더 주체성의 문제에서 존재론의 문제로 이동하면서도, 인종에 대한 생산적 논의를 유지하며, 인종 생산의 정동적 역량을 간과하지 않는 방향으로 나아가고 있다. 나아가, 이론에서 흑인성이 중심적인 위치를 차지하면서도 끊임없이 배제되어 온 사실은, 우리가 주장하듯 흑인성이 필연적으로 세계와 인간을 형성하는 요소인 만큼, 이론이 스스로의 반흑인성과 씨름해야 할 책임을 더욱 부각시킨다.

인종 연구 분야는 대체로 인종을 정체성 층위에서, 혹은 구조 층위에서 ― 그리고 그 두 층위의 관계 속에서 ― 사유하는 방식에 의해 제한되어 왔다. 이 두 층위 사이에서 이루어지는 연구들은 종종 과정, 행위, 되기의 문제에 관심을 가지지만, 사회 세계를 이해하는 이러한 이분법적 방식 바깥이나 그 아래, 혹은 **선험적 차원**에서 과정을 사유하는 질문을 제기하는 데 어려움을 겪는다. 인종 사회학 프레임워크 내에서 정동 이론을 활용할 필요가 있다는 제임스 토머스(Thomas, 2014)의 주장도 이와 유사하다. 그가 지적한 사회학의 한계는, 사회학이 "인종과 인종주의의 생산에서 문화의 역할을 환원적으로 설명하고, 인종적 타자의 정치적 정체성을 본질화하는 방식"(p. 72)에서 뚜렷하게 드러난다. 그는 대신, 정동이 정체성 정치의 함정을 피하는 경로가 될 수 있으며, 문화와 담론의 활용 방식을 재고하는 데 유용한 개념이라는 점을 강조하며, 인종을 정동적 관점에서 이해할 것을 주장한다. 토머스(2014)는 당연하게도 인종의 '느껴짐'feltness에 집중하면서, "인종 연구자들은 '매개의 양태, 실천, 그리고 행위자성을 다중화할 필요가 있다'"는 점을 강조한다(Lawrence Grossberg, 2010, p. 189, Thomas, 2014, p. 78에서 재인용). 그러나 우리는 토머스가 구성주의적 설명에서 문화적·담론적 매개의 문제를 구해내고자 하지만, 정동 층위에서 생산에 대한 존재론적 이해를 완전히 수용하지는 않는다고 본다. 그의 설명에서 중요한 존재론적 고려가 나타나기는 하지만, 그는 여전히 주체성의 특정 함정을 재생산하는 방식의 매개에 초점을 맞추고 있다. 애슐리와 빌리스(Ashely & Billies, 2017)는 이러한 주체성의 함정과, 이를 대신하여 인종적 역량과 정동을 이론화하는 것이 갖는 이점을 탐구한다. 여기에서 주체성을 완전히 폐기하거나 인간 중심의 본질주의적/구성주의적 이분법적 주체로 회귀하는 대신, 주체성을 재고할 가능성이 모색된다. 우리는 인종과 정동을 사유하는 것의 이점이, 존재론 층위에서 인종에 대한 유물론적 설명을 시도함으로써, 이분법적으로 재생산되는 주체 — 즉, 본질주의적이고 구성주의적인 설명에서의 제한적인 형상 — 를 보다 효과적으로 넘어설 수 있게 하는 데 있다고 주장한다.

토머스(2014)는 정체성과 주체성의 문제에 빠져있는 전통적인 인종 연구의 일부 한계를 분명히 드러내지만, 동시에 인종의 문제를 다루는 대부분의 정동 연구에서 일관되게 나타나는 주요 문제 중 하나를 재생산하기도 한다. 토머스(2014)는 결국 많은 비판적 사상가들이 시도하는 것처럼 '인종을 초월하려' 한다. 정동 이론은 주로 반反정체성주의적anti-identitarian/반反주체성주의적anti-subjectivity 입장에 제한되어 있으며, 이를 초월하려는 과정에서 오히려 인종의 논의를 회피해 왔다. 이러한 전환은 여러 측면에서, 포스트모던 사상의 언어적 전환이 초래한 결과로서, 물질세계를 매개하는 방식으로 언어와 담론에 과도하게 의존했던 경향에 대한 반작용이라 볼 수 있다. 그러나 정동의 존재론적 전제들은 구성주의/본질주의 이분법을 거부할 수 있는 가능성을 제공하며, 이를 통해 '단순한 정체성'으로 치부되어 '초월해야 할 대상'이라고 성급하게 간주되어 버리는 특정한 인종적 과정들에 대해 실제로 새로운 통찰을 제시할 수 있다.

이 글에서 우리는 인종을 초월하려는 욕망 자체를 초월하고자 시도하며, '흑인 존재론'Black Ontology이라 부르는 흑인 연구의 사유 경로를 따라가고, 그것과 함께하면서 정동적 흑인성을 지도화하고자 한다. 이 글의 전반부에서는 정동 이론의 틀과 인종 및 정동의 틀을 다루며, 우리가 탐색하는 연구 지형을 개괄한다. 우리에게 '흑인 존재론'은 아프로-비관주의Afro-Pessimism와 흑인 낙관주의Black Optimism 사이의 모순 — 혹은, 재러드 섹스턴(Sexton, 2011)이 지적하듯, 모순이면서도 모순이 아닌 상태 — 속에서 가장 잘 이해될 수 있다. 우리는 이러한 마찰의 공간 속에서 흑인성, 존재론, 그리고 정동을 탐색할 수 있으며, 이를 통해 인종적 주체성의 막다른 길을 피하고, 대신 흑인성을 정동적 역량으로서의 생성과 생산의 과정으로 조명할 수 있다고 주장한다.

어떤 정동 이론인가? '느껴짐'이 아니라 역량

인종과 정동에 관한 연구를 논할 때, 정동을 이해할 수 있는 다층적이고 다양한 틀을 반드시 인정해야 한다. 우리가 역량과 과정에 집중하는 것은 정동 연구의 매우 특정한 패러다임 속에서 이루어진다. 멜리사 그레그와 그레고리 시그워스(Gregg & Seigworth, 2010)는 정동 이론의 기초적 연구에서 다양한 정동 이론의 패러다임을 구분하여 제시한다. 그들은 인문학에서 정동 이론의 두 가지 주요 흐름을 지적한다. 첫 번째는 실반 톰킨스의 차별적 정동differential affects과 관련된 흐름이고, 두 번째는 들뢰즈/스피노자의 신체적 역량을 다룬 에톨로지에서 기원하는 흐름이다. 우리의 이론적 영역 지도화는 주로 들뢰즈적 전통을 따르며, 그 전통 안에서 우리는 사회적 세계를 형성하는 물질적 생산의 과정과 이를 "거주하는" 다양한 범주의 '신체들'에 대한 이해에서 정치적이고 이론적인 잠재력을 풍부하게 발견할 수 있다. 따라서 우리의 정동적 지향은 정동이 기술/구조/권력 시스템과 결합하여 그것들을 형성하며, 또한 그것들을 생산하는 방식으로 이해하고자 하는 신유물론적 과정철학에 관련된다. 이러한 [정동적] 지향은 물질적 세계 자체를 재고함에 따라 무엇이 '생산적'으로 또는 생산성으로 간주되어야 하는지에 대한 보다 광범위하고 섬세한 이해를 가능하게 한다. 따라서 이러한 [정동적] 지향은 문화, 정보, 계산적 요소, 그리고 신체에 대한 재활성화된 이해를 가능하게 한다. 우리가 참고하는 전통은 인간 신체(및 그들의 주체성)에 대한 주요 관심에서 벗어나, "정동의 흐름 속에서 상호작용하거나 공동 참여할 수 있는 잠재력에 의해 정의된" 신체들, 무기물, 비인간들에 대한 접근이다(Gregg & Seigworth, 2010, p. 2). 이러한 접근은 엘리자베스 그로츠(Grosz, 1994, 2005), 브라이언 마수미(Massumi, 2002, 2010), 퍼트리샤 클러프(Clough, 2007, 2009), 자스비르 푸아르(Puar, 2007), 그리고 마이클 하트와 안토니오 네그리(Hardt & Negri, 2000)의 연구에서 잘 드러난다.

우리는 역량 중심 연구의 중요성을 강조하는 한편, 인종과 정동의 이론적 공간에서 감정과 '느껴짐'에 관한 인종 및 정동 연구 또한 중요한 의미를 지닌다는 점을 함께 지적하고자 한다. 프란츠 파농, 흑인성, 공포를 주제로 한 사라 아메드(Ahmed, 2004)의 연구와 호세 무뇨스(Muñoz, 2006)의 '갈색이 된 느낌'feeling brown에 관한 연구는 이 중요한 연구의 몇 가지 예시이다. 이 학자들의 작업은 정동이 감정이라는 개념을 넘어서는 곳에서 이루어지지만, 개별 인간의 신체와 주체의 속성 또는 경험에 얽매여 있는 경우가 많다. 예를 들어 무뇨스(2006)의 연구는 개인주의적 우울증 치료에서 출발하여, 소수자 신체에서 비롯되며 그 신체에서 발산되는 '우울한 위치성'depressive positionality을 강조한다. 이 '갈색이 된 느낌'은 소수자적 신체를 정동적으로 활성화시키며, 상실과 죄책감의 영역을 통해 비규범적인 소속감을 생성한다. 이것은 소수자적 신체들에게 이 우울한 위치에서 발산되는 것을 파괴하거나 거부하려는 욕망에 저항하는 일종의 관용/회복력을 부여한다. [우울한 위치] 대신, 이 '갈색이 된 느낌'은 정동적인 형태의 희망에 대한 잠재력, 즉 역량을 재현한다. 이러한 작업은 인종이라는 인간적 주체에서 출발한다는 점에 기반을 두고 있다. 하지만 여전히 충분히 탐구되지 않은 것은 인종적 역량 자체와 그것이 만들어내는 결과들로, 이는 인간 신체 내부와 그 사이에만 존재하는 것이 아니라, 외부, 아래, 그리고 그 너머에도 존재한다. 이 '감정적 분야'의 학자들은 '인종적 되기'에 대한 아이디어를 탐구하지만, 이러한 되기를 인간 신체나 어셈블리지의 구성 요소의 역량으로 보기보다는 주로 그 속성으로 탐구한다. 아직 충분히 이론화되지 않은 질문은 '인종이 무엇을 하는가?'이다. 그 역량이란 무엇인가? 이러한 이론화에서 인종은 여전히 매개적인 힘으로 작용한다.

우리는 인종적 역량과 정동에 관한 이 중요한 연구의 미래 방향이 생명정치적 이론화로 나아가는 연구에서 더 잘 발견될 것이라고 믿는다. 이러한 연구는 사이버네틱스와 생명공학에서 살아있는 것과 죽은 것의 구분을 허물고, 전염을 인구 형성과 결합시키는 방식으로 전개될 수 있다. 현재 이 작업의 대부분은 '느껴짐'과 감정을 넘어서는 연구로, 인종에 대한 다양한 생산적 설명을 진지하게 다룬다. 이는 종종 정동의 기술로서 인종을 이해하려는 시도이다. 인종이 무엇을 할 수 있는지에 대한 질문을 가장 효과적으로 다루는 연구는 맑스주의적이고 유물론적인 관점에서 인종의 생산적 역량을 검토한다. 우리는 이러한 연구가 인구 층위에서 생명정치적으로 분석되는 것이 가장 적합하다고 주장한다. 이러한 이론가들 가운데 다수는 인종을 어셈블리지assemblages를 통해, 그리고 어셈블리지로서 생산된 사건으로 유용하게 사유한다. 예를 들어, 미칼리노스 젬빌라스(Zembylas, 2015)는 인종을 교실 안에서 공간을 조직하고 창출하는 정동의 기술로 사유한다. 동시에 그는 감정을 인간 상호관계 속 인종화에서, 그리고 그 과정을 통해 순환하는 초과의 것으로 사유하는 아메드의 관점을 따르지만, 공간의 질서를 형성하는 데 기여할 수 있는 수많은 힘을 놓치고 있다. 여기에는 인종적 역량을 통해 공간 자체가 어떻게 물질화되는지도 포함된다. 그의 작업에서, 공간과 주체는 서로 미끄러져 들어가며, 인종적 상호작용에서 (인간) 신체의 질서는 인종적 공간의 질서를 구성하는 의미 그 자체로 받아들여진다. 데릭 훅(Hook, 2005) 역시 인종을 정동적 기술로 다루는데, 이는 인종차별적 감정과 민족주의적 분노를 생산하는 교환 가치로 기능한다. 인구 층위에서, 이 화폐는 특정 인구를 '접착하는' 역할을 하며, 배제된 인구를 형성한다. 훅은 정동 이론을 사용하여 인종을 존재론화하는 이론가 대열에 합류하지만, 그는 종종 애착의 생산과 '초담론적'extra-discursive 주체 형성에 지나치게 의존하며, 그 결과 다시 주체를 중심에 놓게 된다. 이 주체로의 손쉬운 회귀는 제이슨 림(Lim, 2010)의 연구에서도 발견되는데, 그는 인종을 정동의 기술로 이해하면서 기억과 인종에 대해 논의한다. 정동에 대한 그의 분석적 해석은 인종적 생산성에 대한 이해를 불러일으키지만, 림(2010)의 분석은 제시된 증거 면에서 부족함을 보인다. 제이슨 림의 자기민족지적 방법은 그 자신을 주체들의 인종적 인식을 매개하는 미검토된 출처로 만들고, 이를 통해 그는 인종을 재현의 영역 한가운데에서 재생산한다. 훅과 림은 다른 많은 이들의 정동 연구처럼 주로 상호작용 관계에 집중하며, 정동의 차원에서 인종적 역량의 잠재력을 온전히 발휘하도록 하는 데 한계가 있다.

사건, 인구, 어셈블리지로서의 인종

인종을 신체화된 물질적 사건으로 보는 아룬 살다냐(Saldanha, 2006), 푸아르(2007), 그리고 클러프(2007, 2009)의 이론은 인종을 인식론적 질문에서 완전히 떼어내어, 그것을 되기라는 신유물론적이고 들뢰즈적인 존재론의 영역에 위치시킨다. 살다냐(2006)는 인종을 정동 연구의 '점성'으로 특징지으며, 인종이 신체들, 공간, 역사 등과 서로 결합하게 만드는 능력을 지닌다고 지적한다. 그의 유물론적 비판은 표현형phenotype의 잠재적 역량을 주장하며, 그 생물학적 물질성이 공간과 시간에 따라 달라지고, 인종의 사건에 참여하면서 나타난다고 말한다. 그가 수행하는 인종의 재존재론화는 본질적 존재론이 아니라 생성적 존재론으로, 이는 표현형의 의미가 아니라 그것이 무엇을 할 수 있는가에 주목한다. 그로츠의 논의를 바탕으로, 그는 표현형의 반인종주의적 잠재력을 예견하며, 비백인 인종들 사이의 점성이 생산적으로 변하는 '천 개의 작은 인종들'의 확산을 제시한다.

인종을 유목적이고 불순한 것으로 이론화하면서도 인종을 얼굴, 혈통, 식별자로 언급한 그의 수많은 다른 언급들은 살다냐가 인종 자체에 대한 이론을 충분히 다루지 못했다는 것을 의미한다. 그는 그 빈틈을 질 들뢰즈와 펠릭스 과타리의 얼굴(인종)을 개인적 선택으로 긍정적으로 평가하는 문제적인 방식으로 채우며, 시인 랭보가 자신의 프랑스 국적을 부인하고 스스로를 흑인으로 주장하는 예를 인용한다(Saldanha, 2006, pp. 14~16). 그렇게 함으로써, 인종 — 특히 흑인성 — 은 누구에게나 주어질 수 있는 탈정치적 보편성이 된다. 여기서 문제는 인종에 대한 식민지 자본주의적 욕망 — 잠재적으로 생산적인 아이디어 — 과 흑인이 되고자 하는 개인적인 백인의 욕망을 동일시하는 데 있다. 우리는 이것이 인종적 역량에 대한 제한된 이해에서 비롯된 문제라는 주장을 이어가겠다.

살다냐는 인종이 인종차별에 의해 억제되지 않고 "진정한 방식"으로 나타날 잠재력을 가지고 있다고 주장하지만(Saldanha, 2006, p. 21), 인종차별이라는 기계에 대해서는 충분히 이론화하지 못한다. 림과 젬빌라스는 그와 함께 '잠재력의 기쁨'이라고 불릴 수 있는 반인종주의 정치에 대해 논의하지만, 그런 다양한 확산이 일어나기 전·중·후에 인종차별의 어셈블리지들이 어떻게 인종을 영토화하는지에 대해서는 이론화하지 못했다. 클러프(2007, 2009)와 푸아르(2007)는 관계 형성, 행위, 생산의 문제를 생명정치적 층위에서 생각함으로써 더욱 확장시킨다. 이 접근은 인종과 정동의 문제를 주체성과 규율의 문제에서 가장 멀리 떼어놓고, 통제 사회(Deleuze, 1992)의 작동과 해방의 문제를 밝혀내는 데 도움을 준다.

퍼트리샤 클러프가 크레이그 윌스와 함께 "정치적 브랜딩"(Clough & Willse, 2010)에 대해 논의한 작업에서, 인종은 환원 불가능하며 존재론적이다. 그것은 '기억술 통제'mnemonic control, 즉 "자신이 실제로 겪지 않은 경험이나 자신이 갖고 있지 않은 기억에 대한 신체적 또는 정동적 감각을 생성하는 기억의 생성"을 통해 작동한다(pp. 47~48). 통제는 개인을 규율하기보다는, 생명 역량의 변조를 향해 "특성, 특징, 또는 부분들의 집합으로 통계적으로 조직되고 조작된" 인구를 생성한다(p. 51). 이 생명정치적 과정은 인종 차이를 계산함으로써 발생하며, 이 차이는 "인종적 확률로서" 가치를 지닐 잠재력을 가지고 있으며, "사변적, 정보적, 그리고 정동적 경제"에서 "데이터로 순환"된다(pp.

48, 50). 따라서 인종주의를 통한 인구의 조작은 생명 역량, 생명력의 조작이며, 감각, 정동, 그리고 신체적 효과를 생성한다. 이들은 개별적 층위에서뿐만 아니라, 더 중요한 것은 정치적 브랜딩을 통해 인구 층위에서 느껴진다(p. 51). 정동과 정치적 브랜딩에 관한 이 연구는 인종을 신체 내 또는 신체 간의 주체적이거나 심지어 관계적인 존재로서 다루는 것을 분명히 넘어선다.

푸아르(2007)의 9·11 이후 인종, 퀴어성, 국가 안보 간의 새로운 관계 분석에서 핵심적인 사안은 "생명 최적화에 얽매이지 않으면서도 죽음에 직접적으로 관여하는 생명정치"에 대한 이해이다(p. 35). 아쉴 음벰베의 죽음정치 necropolitics 이론을 바탕으로, 그녀는 정보와 신체의 생명-죽음정치적 관리가 '삶'이 보장된 백인 퀴어 인구(동성 결혼, 가족 형성 등)의 생산에 핵심적이라고 주장한다. 그러나 이러한 과정은 인종적 경계를 설정함으로써, 백인 퀴어 인구가 '삶'으로 예정되는 반면, 유색 퀴어 인구는 점진적인 쇠약과 죽음으로 향하도록 구성되는 데 의존한다(pp. xii, xiii). 의미심장하게도, 그녀는 인종의 점성이 신체, 공간, 섹슈얼리티, 감각, 분위기 등과 같은 것들이 끈적이게 되어 응집체로 뭉쳐지는 수단으로 작용하는 이 과정을 설명한다(p. 190). 그렇다면 인종화되고, 젠더화되며, 성별화된 애국자와 테러리스트 인구의 순환은 자본과 통치의 힘이 "욕망의 생산"을 실행함으로써 안전한 국가를 창출하는 기능을 한다(p. 210). 이는 비개인적인, 활성화된 욕망으로, 작업을 하고 생산하는 기계적 어셈블리지의 요소들을 결합시킨다.

그녀의 비판적 물질성은 터번을 쓴 남성이라는 형상을 분석한다. 터번은 비유기적인 신체 부위로서, 인종화된 퀴어 인구들 사이에서 생명과 죽음의 새로운 잠재력을 창출하고 관리하는 역할을 하는 테러리스트 어셈블리지이다. 그녀는 표적화된 주체성의 인정을 제쳐두고, 퀴어, 갈색 인종, 테러리스트 위협을 순환시키는 드라마틱한 힘에 주목한다. 이어서 백인 게이 애국자들과 일탈적 갈색 테러리스트 인구, 그리고 그들의 신체, 데이터, 의견, 지리적 분포 등이 이후 변조되고 규격화될 수 있는 대상으로 제시된다.

인종에 대한 많은 정동 이론가들의 접근은 인종을 '초월하려' 하거나, 그렇게 함으로써 인종을 충분히 이론화하지 못하거나, 자신들이 피하고자 했던 규범적인 주체로 다시 돌아가는 결과를 낳는다. 인종을 정동의 기술로 다루는 다른 이들은 종종, 모든 것을 어셈블리지 속에서 순환하는 '되기'로 파악하는 지나치게 과정 중심적인 접근을 보이곤 한다(이것은 인종을 주체화하거나 재본질화하는 것에 대한 두려움과 관련이 있을 수 있다). 인구 층위에서 고려될 때조차, "되기"가 되기의 대상이나 물질화로서 측정되는 경우는 드물다. 이는 정동이 제공하는 역량과 생산(가치, 시간, 공간, 그리고 존재/범람)의 더 넓은 범위에 대한 이해를 제한하며, 인종의 실제 물질성은 충분히 이론화되지 않은 채 남아 있게 된다. 정동 이론의 대부분을 관통하는 들뢰즈의 질문은 "하나의 신체는 무엇을 할 수 있는가?"이다. 하지만 정동 이론가들은 "하나의 흑인 신체는 무엇을 할 수 있는가?"라는 질문을 하지 않는다. 그뿐만 아니라, "흑인성은 무엇을 할 수 있는가?"라는 질문으로 인종의 생산성을 이끄는 역량을 강조하지도 않는다.

정동 이론의 인종 회피적 경향은 종종 보편화되는 '인종 만들기'를 재생산하며, 그것의 산물이기도 하다. 다시 말해, 인종이 단지 재현적일 뿐이라는 프레임은 인종 만들기의 생산적 과정의 일부이며, 특히 백인성을 보편성으로 여기는 것이다. 결과적으로 이는 역량으로서의 흑인성이 되기의 물질화라는 사실을 이론화하는 작업을 방해한다. 우리는 대신 흑인성과 정동을 강조한다. 왜냐하면 그렇게 함으로써 주체성, 본질주의, 담론, 인식론 등을 벗어난 정동적 역량으로서 흑인성을 이론화할 수 있기 때문이다. 흑인성의 정동적 역량은 특히 잉여 가치를 생산하는 힘으로 인식되는 것이 중요하다(Ashley & Billies, 2017). 흑인 존재론자들이 설명한 바와 같이, 인종은 존재론적이다. 즉, 단순히 개인들 간의 지각을 매개하는 힘이나 사회 계층 간의 분리를 넘어서, 인구의 생산과 규격화를 지원하는 점성적 힘으로서 존재한다. 그러한 객체들이 인구, 공간, 분위기, 위협의 차원에서 나타나는 그 순간을 붙잡는 것이 중요하다. 왜냐하면 그 생산물들은 가치로 충만해지기 때문이다. 흑인성은 고유한 가치를 지니며, 그 잉여 가치는 중요한 의미를 갖는다. 또한, 이는 정해진 기원 없이anoriginary 지속적으로 생성되고 재순환되는 흑인성을 만들어낸다 (Ashley & Billies, 2017).

따라서 우리는 흑인성에 대한 이론을 세우는 '인종학자' 그룹의 연구로 눈을 돌린다. 그들의 연구로 정동 이론을 대체하거나 혹은 그 반대로 하려는 것이 아니라, 정동 이론이 자신을 특정한 문제들 — 이 연구자들 중 다수가 물질적material이라고 간주하는 문제들 — 의 외부로 설정함으로써 스스로 한계를 생산하는 지점을 드러내기 위함이다.

아프로-비관주의와 흑인 낙관주의의 흑인 존재론

이 방향에서의 존재론적 작업의 대부분은 최근 두 가지 흑인 사상 패러다임, 즉 아프로-비관주의와 흑인 낙관주의로 틀 지어졌지만, 이러한 깔끔한 구분에는 완전히 부합하지 않는다(이 캠프에 포함된 여러 학자들이 종종 이를 거부한다). 하지만 이러한 틀은 우리가 정동 이론과 더 직접적으로 대화해야 한다고 주장하는 이 '흑인 존재론자들'의 통찰을 설명할 수 있게 해준다.

흑인성과 반흑인성은 인간의 (지속적이고 과학적이며 철학적인) 탄생, 곧 세계의 탄생에서 널리 인용되어 왔다(Fanon, 1952/1967 ; Wilderson, 2010, 2014 ; Wynter, 2003). 이 흑인 존재론 분야에는 캐서린 맥키트릭(McKittrick, 2006), 프레드 모튼(Moten, 2007, 2008a, 2008b), 프레드 모튼과 스테파노 하니(Moten & Harney, 2011), 재러드 섹스턴(2011), 알렉산더 웨헬리예(Weheliye, 2014), 프랭크 윌더슨(Wilderson, 2010), 실비아 윈터(Wynter, 2003), 프란츠 파농(1952/1967), 올랜도 패터슨(Patterson, 1982), 세드릭 로빈슨(Robinson, 1983)의 고전 작품과 호텐스 스필러스(Spillers, 1987, 1996), 사이디야 하트먼(Hartman, 1997, 2006)의 방대한 작업이 포함된다. 아프로-비관주의와 흑인 낙관주의 간의 대화는 이 작업이 정동 이론 내에 속한다는 우리의 신념을 강조한다. 이 대화를 단순화하고 종종 환원주의적인 방식으로 프레이밍할 때, 아프로-비관주의(Wilderson, 2010)는 존재론적 흑인성의 완전한 불가능성 — 혹은 흑인성을 순수한 사회적 죽음으로 보는 개념 — 을 나타내는 것으로 생각되며, 해방의 잠재력은 바로 흑인성의 영역 외부에 있다고 여겨진다. 반면, 흑인 낙관주의(Moten, 2008a)는 흑인성을 지속적인 변형과 탈주의 존재론을 통해 항상 해방적이라 보고, 흑인성을 그런 방식으로 위치 짓는 것으로 이해된다. 두 이론 모두 위에 언급된 학자들, 예를 들어 하트먼과 패터슨의 작업에 대한 다양한 이해를 바탕으로 하지만, 이를 서로 다른 이론적 장소로 이끈다. 그러나 우리는 아프로-비관주의와 흑인 낙관주의가 동전의 양면일 수 있다는 섹스턴의 지적에서 출발하여, 이 두 이론이 함께 흑인 존재론의 더 넓은 영역을 가리키며 흑인성의 생산적 역량에 대한 통찰로 이어진다고 주장한다. 섹스턴이 아프로-비관주의와 흑인 낙관주의 사이의 긴장을 구성하는 방식은 일련의 질문들에서 시작되는데, 우리가 보기에 이 질문들은 흑인성을 세계/인간을 만들어내는 역량으로 중심화한다.

> 존재 자체의 사유에 문제를 제기하는 존재의 형태는 무엇인가? 더 정확하게 말하자면, 자신의 인간성이 근본적으로 그리고 정의상 의문에 부쳐지는 인간 존재는 무엇인가? 인간 존재 자체가 과연 존재하는지에 대한 의문을 제기하는 인간 존재는 무엇인가? 아니면, 인간 존재에 대한 질문의 생성적 힘, 역사적 기회, 본질적인 부산물이 되는 존재는 무엇인가? 문제의 존재는 무엇인가? (Sexton, 2011, pp. 6~7)

그는 이러한 질문들에 대해, 아프로-비관주의 내에서

의 사회적 죽음과 흑인 낙관주의 내에서의 사회적 삶을 대립적인 것으로 보지 않고, 이를 통합적으로 살펴보면서 답을 시작한다. 그는 윌더슨(2010)의 '치안 권력'에 대한 입장을 영원한 노예 상태의 조건으로 이해하지만, 또한 모튼의 "흑인의 사회적 삶이 어떻게 빼앗겨 가는지"에 대한 이해가 궁극적으로 "그 치안 권력을 존재하게 만드는 것"(p. 36)이라는 점을 발견하며, 이는 필연적으로 반흑인성의 영속성에 대한 이해임을 발견한다. 따라서 사회적 죽음 속에서의 사회적 삶은 "흑인성의 비정통적인 자율 활동의 논리적이고 존재론적인 우선성"을 재확인한다(p. 36).

섹스턴의 주장은, 우리에게 아프로-비관주의와 흑인 낙관주의가 모두 흑인성을 생산적 역량으로 자리매김하려 한다는 점을 분명히 보여준다. 곧 흑인성은 근본적으로 자기 자신을 초과하는 것이기도 하다. 모튼(2003)의 용어를 빌리자면, 흑인성의 "즉흥적 내재성"improvisational immanence이 그것이 반흑인성의 물질이 되면서도 끊임없이 벗어나게 만드는 힘이며, 그것은 또한 세계를 창조하는 것이다. 섹스턴은 흑인성의 "환원 불가능한 우선성"irreducible precedence(p. 36)이 순수한 탈출성과 사회적 죽음을 활성화시키는 동시에, 흑인성의 불가능한 주체적 존재성을 만들어낸다고 이해한다. 이러한 통찰은 우리가 세드릭 로빈슨의 '흑인 맑스주의', 올랜도 패터슨의 '사회적 죽음', 프란츠 파농의 '블랙 팩트'Black Fact를 다시 살펴보고, 인종과 계급에 대한 전형적인 질문(그리고 젠더, 섹슈얼리티, 비/장애, 시민권 여부 등 다양한 사회적 구성주의적 질문)을 재고하도록 하며, 흑인성을 생산적 역량이자 저항적(변혁적) 잠재력으로서의 아이디어로 끌어올릴 수 있게 한다. 이렇게 함으로써 우리는 존재, 물질성, 그리고 사회적 변화에 대한 새로운 통찰을 얻을 수 있다.

웨헬리예(2014)의 『육신의 권리』2에서의 여정은 육체의 차원에서 인종적 어셈블리지들을 이론화하는 것으로, 이는 호텐스 스필러스와 실비아 윈터의 많은 작업에 의존한다. 우리는 이들이 정동과 흑인성에 관한 질문에서 매우 중요한 역할을 한다고 생각한다. 그러나 또한 우리가 인종과 정동에 관한 질문을 탐구하는 데 있어 중요하게 여기는 것은 이론의 계보에 대한 웨헬리예의 개입적 주장이다. 웨헬리예(2014)는 생명정치와 벌거벗은 삶이라는 개념이 반-정체성주의적 입장에서 작동한다고 본다. 이 개념들은 자신들을 "인종이나 젠더와 같은 환원주의적인 또는 본질주의적인 정치적 정체성으로부터 오염되지 않았고

---

2. * 『육신의 권리』(*Habeas Viscus*)는 라틴어 Habeas Corpus(신체 보유권)의 법적 수사를 전복적으로 패러디한 제목으로, viscus는 법적으로 보호받지 못한 채 잉여적이고 물질적인 상태로 남겨진 육체, 곧 내장으로서의 신체를 가리킨다.

그것들에 앞선다"고 전제한다(p. 7). 이는 정동 이론이 '프리휴먼'prehuman 3의 이해를 통해 보편주의를 추구하며 반흑인 관계의 생산을 다시 확립한다는 우리의 발견과 일치한다. 이러한 생산을 우회하려는 시도 속에서, 웨헬리예는 "근대 정치의 지배 영역 안에서 인종의 위치, 혹은 인종화된 어셈블리지를 개념화하는 대안적 방식들"에 주목한다. 여기서 "육신의 권리"는 "폭력적 정치 지배가 어떻게 육체적 잉여를 활성화하며, 어떻게 그 잉여가 동시에 그러한 잔혹성을 지탱하면서도 훼손하는지를 시사한다"(pp. 1~2). 웨헬리예(2014)는 '인종화 어셈블리지'를 일련의 '사회정치적 과정'으로 보지만, 우리는 흑인 육체가 '육체적 잉여'의 생산적 역량으로 작용하는 방식에 주목한다.

따라서 육체는 인간의 갑옷에서 전정기관으로 작동하며, 동시에 비인간화의 도구이자 다른 존재 방식으로의 관계적 입구로 작동한다. … 일탈은 아니지만 배제되지 않고,

---

3. * 여기서 '프리휴먼'(prehuman)은 문자 그대로 '인간 이전'을 뜻하는 것이 아니라, 정동 이론과 흑인성 연구에서 근대적 '인간'(Man)의 범주가 성립하기 위해 끊임없이 소모·배제되어온 흑인성을 지시한다. 흔히 포스트휴먼(posthuman)이 '인간 이후'라기보다 '인간 너머'의 조건을 사유하듯이, 프리휴먼 또한 단순한 '인간 이전'이라기보다 '인간'이라는 표상의 존재론적 조건 너머를 가리키는 개념으로 이해될 수 있다. 따라서 단순 번역어인 '인간 이전'보다는, 개념적 특수성을 살리기 위해 '프리휴먼'으로 음역하였다.

존재의 중심은 아니지만 그럼에도 불구하고 그것을 구성하는 육체는 '영혼을 천천히 태우는 저 에테르, 저 똥'이다. (Weheliye, 2014, p. 44)

이 에테르, 이 역량은 본질적으로 정동의 문제이며, 인종을 단순히 재현적이거나 이데올로기적인 것으로 다루지 않는다. 또한, 그것은 아프로-비관주의와 흑인 낙관주의의 위치성을 이해할 수 있는 생산적 역량으로 나타난다.

우리는 또한 윌더슨(2010)의 작업에서 흑인성의 정동적 역량에 대한 새로운 아이디어를 발견하며, 그의 존재론과 흑인성에 대한 명확한 관심을 확인할 수 있다. 그의 아프로-비관주의 주장의 근본에는 '인간'이 흑인성의 생산적 역량 없이 의미가 없다는 이해가 깔려 있다. 흑인성이 인간을 존재하게 만든다는 것이다. 윌더슨(2010)은 "백인성은 기생적이다. 왜냐하면 그것은 자신의 주체적 역량을 기념비적으로 만들기 때문이다. … 이는 흑인성의 무능력이라는 황무지에 비례하여 존재한다"고 주장한다(p. 45). 그는 실질적으로 흑인들이 존재론적 존재성이 없으며, "니그로(검둥이) 없이는 역량 자체도 일관되지 않는다"고 주장한다(p. 45). 우리는 이것이 흑인 (비)주체성에 대한 형성적 이해이며, 흑인성을 인간의 신체 외부의 역량으로 이론화할 수 있는 여지를 만들어준다고 주장한다. 이러한 맥락에서 윌더슨의 작업은 실제로 흑인성을 **역량으로서** 설명한다. 그는 역량을 "가능성이 자체적으로 전개될 수 있는 일종의 시설이나 매트릭스"라고 정의하는데(p. 45), 우리는 이것이 정동적 역량에 대한 이해라고 주장한다. 이것은 '생산적인 인간'과 인간의 물질세계와의 관계에 대한 고전적 맑스주의의 가정을 비판하는 중요한 논점으로 이어진다. 흑인성은 일부 신체가 대체 가능성fungibility을 지닌 존재로서 본질적으로 '신체 이전의 물질'pre-body matter이며, 노동자이자 동시에 생산되며/생산하는 객체로 작용함을 보여준다. 또한, 이는 근대성 속에서 생산성에 대한 질문과 관련하여 특정한 기원에 얽매이지 않는anoriginary 존재로 자리한다. 이것이 바로 흑인성과 역량에 대한 윌더슨의 주장, 사회적 죽음에 대한 현대적 개념, 그리고 사이디야 하트먼의 노예제의 사후 세계에 대한 통찰이다. 흑인성은 정동적이다 — 흑인성은 세상을 창조해 온 생산적 역량이며, 지속적으로 세상을 창조해 나간다. 그것은 인간man을 만들어냈다. 그것은 보편적 인간the human을 만들어냈다.

"인간"man에 대한 이러한 존재론적 질문과 그가 인간으로서 (혹은 그렇지 않게) 생산되는 다양한 힘들은 실비아 윈터에 의해 반복되며, 우리는 그녀가 흑인성을 생산적 역량으로 이론화했다고 주장한다. 윈터의 작업은 담론과 재현의 영역에서 광범위하게 펼쳐지지만, 그녀의 더 큰 관심사는 분명히 존재론적이며, 담론을 매개로 한 구성주의적 설명의 외부에 있다. 윈터(2003)는 "이제 새로운 '타자성의 공간'으로 투영된 컬러 라인4은 '존재론적 실체의 초인간적으로 결정된 차이를 재기호화'하기 위해 작동한다"고 썼다(p. 316). 웨헬리예(2014)는 윈터가 신경생물학을 사용하여 "인종화가 어떻게 마스터 코드5로 작용하는지" 설명한다고 지적한다. 이는 "인종이 존재론적^{ontogenic} 육체에 고정되었을 때" 발생한다(pp. 27~28). 우리의 정동적 해석에 따르면, 윈터의 작업에서 이 코드는 윈터의 인간에 대한 설명적 장르를 생산하는 역할을 한다. 이러한 장르들은 인종화된 코드들의 생산성을 통해 인구 층위에서 물질화된다.

프레드 모튼과 스테파노 하니(2011)의 작업은 또한 흑인성의 정해진 기원 없는 추진력으로서의 잠재력을 인식하는데, 그 형태 중 하나는 '도피'^{flight}의 형태로, 끊임없는 탈주의 '양식'으로 나타난다(p. 355). 모튼과 하니의 비기원적 추진력에 대한 해석에서, 애슐리와 빌리스(2017)는 이 "흑인성의 역량이 도피성에서 치안을 유발하고, 동시에 부

---

4. * 컬러 라인(color line)은 W. E. B. 두보이스가 『흑인의 영혼』(*The Souls of Black Folk*, 1903)에서 제시한 개념으로, 사회 전반에서 인종적 구분선을 형성하는 경계를 뜻한다.
5. * 마스터 코드(master code)는 실비아 윈터가 사용한 개념으로, 특정한 담론(여기서는 신경생물학적 인종화)이 인류를 규정하는 지배적·기초적 코드로 작동하는 방식을 지칭한다.

채와 생성적 부의 조건을 창출한다"고 주장한다(p. 76). 그들에게 중요한 것은 이 "흑인성의 탈주성은 정보적 흑인성으로서 코드화된 가치가 재현 체제와 봉쇄 공간에서 저항하거나(혹은 그 외부/이전에) 나타나기 때문에 실현된다"는 점이며(p. 76), 이는 흑인성을 정동적 생산으로 이끈다.

이것들은 흑인성에 관한 작업의 몇 가지 예에 불과하며, 궁극적으로는 인간과 세계가 흑인성에 대해 지고 있는 빚을 인정하는 방식으로 새로운 물질론, 존재론, 생산, 정동에 관한 질문과 이론을 불러일으킨다고 보아야 한다. 이러한 작업의 정동적 경로, 즉 정동적 가정을 따라 흐르는 사유의 발산은 더 많은 정동 이론가들이 반드시 참여해야 할 중요한 지점이다. 우리에게 사회적 죽음에 대한 재참여는 분명히 정동적 참여이다. 정동 이론적 작업은 흑인성의 특정 존재론적 특성을 거부해서는 안 된다. 이러한 흑인 존재론적 통찰은 범주적/분석적 인종 연구에 대한 비판을 밝히고, 이론적이고 해방적인 잠재력으로 나아가는 새로운 방향을 제시한다.

세계는 파괴되어야만 한다

월더슨, 하트먼, 파농, 에메 세제르에게 흑인 해방의 가능성은 세계가 파괴되어야 한다는 것을 의미하며, 그 파괴의 중심에는 인간이 있다. (Ball, 2014, 윌더슨과의 인터뷰를 참조하라.) 이것이 바로 해방에 관한 질문을 다루는 이론가들이 더 이상 인간의 착취를 전제로 한 유물론에 참여할 수 없는 이유이며, 동시에 인간이 무엇인지에 대한 존재론적 질문에는 응답하지 않는 이유이다. 흑인 연구 내에서 흑인성에 의해 생성된 흑인 존재, 흑인 객체, 흑인 역량으로서 세계에 들어오는 존재들이 점점 더 인간의 지위에 대한 존재론적 가정을 허물기 위한 중심에 있다는 것은 중요한 의미를 지닌다. 정동 이론의 포스트휴먼적 성격은, 인간 개념과 관련하여 흑인성의 문제를 고려하지 않는다면 중대한 결핍에 직면할 것이다. 특히 흑인성이 그 자체로 '프리휴먼'이라면 더욱 그렇다. 클러프와 윌스(2010)는 "미래의 통치는 정동적 잠재력을 조작하는 방법을 계속해서 사용할 것"이라고 상기시킨다(p. 60). 마찬가지로, 하니와 모튼의 부채와 통치에 관한 작업은 흑인성의 정동적 역량을 진지하게 받아들일 것을 요구하는 정치적 지침이다.

정동적 흑인성을 진지하게 받아들이는 것은 '정동과 인종'이라는 개념을 질문하는 것이며, 특정 인종적 생산과 그들의 고유한(복합적이고, 확장되며, 역사적이고, 미래지향적인) 역량에 집중하는 모델을 제시하는 것이다. 흑인성이 인간에 대한 철학을 형성하는 데 사용된 독특한 방식은 서구 사상과 세계 형성에 근본적인 역할을 해온 죽음을 향한 역량의 파괴적인 결과물 중 하나에 불과하다. 흑인성과 역량에 대해 생각하는 것은 흑인의 역량, 즉 흑인 신체나 흑인 공간, 흑인 인구가 하는 일 — 더 구체적으로 말하면 흑인성이 생산하는 것 — 에 대한 창발적인 사유를 가능하게 한다. 이는 본질주의와 구성주의, 정체성과 구조라는 이분법적 구조 속에 갇히지 않고 이루어지는 사유이다. 이는 우리가 정동 이론의 존재론적 가정 중 일부를 온전히 수용할 수 있게 해주며, 궁극적으로 정동 연구가 마땅히 나아가야 할 방향을 제시한다. 즉, 정동 이론이 자신의 이론적 역사를 되돌아보고, 보편성을 추구하며 인간 주체로부터 거리를 두려는 과정에서 흑인성을 배제했는지, 혹은 흑인성·인종·민족성을 주로 인간 상호작용의 문제로 한정함으로써 그 자체로 갇히게 되었는지를 인정하는 과정이다. 이를 통해 정동 연구는 흑인성을 비롯한 특정 인종적 및 민족적 형성의 정동적 역량을 최대한 이해할 수 있는 가능성을 확장한다.

그리고 만약 이 글에 대한 반응이 '왜 _____ (다른 인종을 기입하시오)이 아니라 흑인성이냐'라고 한다면, 그것이 바로 이 글의 핵심이다. 이는 우리가 인종을 어떻게 활용하는지에 대한 비판의 일부이며, 우리가 정동 이론에서 가치를 찾는 이유이기도 하다.

:: 참고문헌

Ahmed, Sara (2004). Affective Economies. *Social Text*, 22(2(79)), 114-139. https://doi.org/10.1215/01642472-22-2_79-117

Ashley, Colin Patrick & Billies, Michelle (2017) The Affective Capacity of Blackness. *Subjectivity*, 10(1), 63-88. https://doi.org/10.1057/s41286-016-0017-3

Ball, Jared (2014, October 1) Irreconcilable Anti-Blackness and Police Violence with Dr. Frank Wilderson. *IMiXWHATiLiKE.org*. Retrieved from : https://imixwhatilike.org/2014/10/01/frankwildersonandantiblackness-2/

Clough, Patricia (2007). Introduction. In Patricia Clough & Jean Halley (Eds.), *The affective turn : Theorizing the social* (pp. 1-33). Durham, NC : Duke University Press.

Clough, Patricia (2009). The New Empiricism : Affect and Sociological Method. *European Journal of Social Theory*, 12(1), 43-61. https://doi.org/10.1177/1368431008099643

Clough, Patricia & Willse, Craig (2010). Gendered Security/National Security : Political Branding and Population Racism. *Social Text*, 28(4(105)), 45-63. https://doi.org/10.1215/01642472-2010-010

Clough, Patricia ; Goldberg, Greg ; Schiff, Rachel ; Weeks, Aaron & Willse, Craig (2007). Notes Toward a Theory of Affect-itself. *Ephemera : Theory of Politics Organization*, 7(1), 60-77. Recovered from : http://www.ephemerajournal.org/sites/default/files/7-1cloughetal.pdf

Deleuze, Gilles (1992). Postscript on the Societies of Control. *October*, 59(Winter), 3-7. Retrieved from http://www.jstor.org/stable/778828

Fanon, Frantz (1952/1967). *Black Skin, White Masks*. New York : Grove Press, Inc. [파농, 프란츠 (2022). 『검은 피부, 하얀 가면』. (노서경, 역, 여인석, 감수). 서울 : 문학동네.]

Gregg, Melissa. & Seigworth, Gregory (Eds.) (2010). *The Affect Theory Reader*.

Durham, NC : Duke University Press. [그레그, 멜리사·시그워스, 그레고리 (편저) (2015). 『정동 이론』. (최성희·김지영·박혜정, 역). 서울: 갈무리].

Grosz, Elizabeth (1994). *Volatile Bodies : Toward a Corporeal Feminism (Theories of Representation and Difference)*. Bloomington, IN : Indiana University Press. [그로스, 엘리자베스 (2019). 『몸 페미니즘을 향해』. (임옥희·채세진, 역). 서울: 꿈꾼문고.]

Grosz, Elizabeth (2005). Bergson, Deleuze and the Becoming of Unbecoming. *Parallax*, 11(2), 4-13. https://doi.org/10.1080/13534640500058434

Hardt, Michael & Negri, Antonio (2000). *Empire*. Cambridge, MA : Harvard University Press. [네그리, 안토니오·하트 마이클 (2001). 『제국』. (윤수종, 역). 서울: 이학사.]

Hartman, Saidiya (1997). *Scenes of Subjection : Terror, Slavery, and Self-Making in Nineteenth-Century America*. New York : Oxford University Press.

Hartman, Saidiya (2007). *Lose Your Mother*. New York : Farrar, Straus and Giroux.

Hook, Derek (2005). Affecting Whiteness. *International Journal of Critical Psychology*, 16, 74-99. Retrieved from : http://eprints.lse.ac.uk/956/1/Affecting.pdf

Lim, Jason (2010). Immanent Politics : Thinking Race and Ethnicity through Affect and Machinism. *Environment and Planning A*, 42(10), 2393-2409. https://doi.org/10.1068/a42234

Massumi, Brian (2002). *Parables for the Virtual*. Durham, NC : Duke University Press. [마수미, 브라이언 (2011). 『가상계: 운동, 정동, 감각의 아쌍블라주』. (조성훈, 역). 서울: 갈무리.]

Massumi, Brian (2010). The Future Birth of the Affective Fact. In Melissa Gregg & Gregory Seigworth (Eds.), *The Affect Theory Reader*, (pp. 52-70). Durham, NC : Duke University Press. [마수미, 브라이언 (2015). 2 정동적 사실의 미래적 탄생: 위협의 정치적 존재론. 그레그, 멜리사·시그워스, 그레고리 (편저). 『정동 이론』. (최성희·김지영·박혜정, 역). (pp. 96-125). 서울: 갈무리.]

McKittrick, Katherine (2006). *Demonic Grounds*. Minneapolis, MN : University of Minnesota Press.

Moten, Fred (2003). *In the Break : The Aesthetics of the Black Radical Tradition*. Minneapolis : University of Minnesota Press.

Moten, Fred (2007, October 19) "Black Optimism/Black Operation." Anxiety,

Urgency, Outrage, Hope ... A Conference on Political Feeling. University of Chicago. Retrieved from https://lucian.uchicago.edu/blogs/politicalfeeling/files/2007/12/moten-blackoptimism.doc

Moten, Fred (2008a). The Case of Blackness. *Criticism*, 50(2), 177-218. https://doi.org/10.1353/crt.0.0062

Moten, Fred (2008b). Black Op. *PMLA*, 123(5), 1743-1747. https://doi.org/10.1632/pmla.2008.123.5.1743

Moten, Fred & Harney, Stefano (2011). Blackness and Governance. In Patricia Ticineto Clough & Willse, Craig (Eds.), *Beyond Biopolitics : Essays on the Governance of Life and Death*, (pp. 351-362). Durham, NC : Duke University Press.

Muñoz, Jose (2006). Feeling Brown, Feeling Down : Latina Affect, the Performativity of Race, and the Depressive Position. *Signs*, 31(3), 675-688. https://doi.org/10.1086/499080

Patterson, Orlando (1985). *Slavery and Social Death : A Comparative Study*. Cambridge, MA : Harvard University Press. [패터슨, 올랜도 (2025). 『노예제와 사회적 죽음』. (김혁·류상윤, 역). 서울 : 이학사.]

Puar, Jasbir (2007). *Terrorist Assemblages : Homonationalism in Queer Times*. Durham : Duke University Press.

Robinson, Cedric (1983). *Black Marxism : The Making of the Black Radical Tradition*. Chapel Hill, NC : U. North Carolina Press.

Saldanha, Arun (2006). Reontologising Race : The Machinic Geography of Phenotype. *Environment and Planning D : Society and Space*, 24(1), 9-24. https://doi.org/10.1068/d61j

Sexton, Jared (2011) The Social Life of Social Death : On Afro-Pessimism and Black Optimism. *In Tensions*, 5. Retrieved from http://www.yorku.ca/intent/issue5/articles/pdfs/jaredsextonarticle.pdf

Spillers, Hortense (1987). Mama's Baby, Papa's Maybe : An American Grammar Book. *Diacritics*, 17(2), 65-81. https://doi.org/10.2307/464747

Spillers, Hortense (1996). All the Things You Could Be Now, If Sigmund Freud's Wife Was Your Mother : Psychoanalysis and Race. *boundary 2*, 23(3), 75-141. https://doi.org/10.2307/303639

Thomas, James M. (2013). Affect and the Sociology of Race: A Program for Critical Inquiry. *Ethnicities*, 14(1), 72-90. https://doi.org/10.1177/1468796813497003

Weheliye, Alexander (2014). *Habeas Viscus*. Durham, NC : Duke University Press.

Wilderson III, Frank B. (2010). *Red, White & Black : Cinema and the Structure of U.S. Antagonisms*. Durham, NC : Duke University Press.

Wynter, Sylvia (2003) Unsettling the Coloniality of Being/Power/Truth/Freedom : Towards the Human, After Man, Its Overrepresentation — An Argument. *CR : The New Centennial Review*, 3(3), 257-337. https://doi.org/10.1353/ncr.2004.0015

Zembylas, Michalinos (2015) Rethinking Race and Racism as Technologies of Affect : Theorizing the Implications for Anti-Racist Politics and Practice in Education. *Race Ethnicity and Education*, 18(2), 145-162. https://doi.org/10.1080/13613324.2014.946492

:: 옮긴이 해제

정동 개념의 전환과 흑인성의 이론화
정동적 역량, 인종적 위계, 그리고 느낌의 정치적 배치

1. 정동 개념의 실천적 전환 : '느껴짐'에서 '역량'으로

정동은 오랫동안 '느껴지는 것'으로 이해되어 왔다. 즉 감정emotion과 유사한 차원에서, 개인의 내면적 경험이나 반응으로 간주되어 온 것이다. 그러나 콜린 패트릭 애슐리와 미셸 빌리스는 이 글에서, 정동을 '느껴짐'feltness이 아니라 '역량'capacity으로 사유할 것을 강력하게 주장한다. 이들은 퍼트리샤 클러프의 정의를 빌려, 정동을 "정동하고 정동되는 힘", 곧 상호작용 속에서 발생하고 조절되는 신체적·물질적 힘의 흐름으로 이해한다. 여기서 말하는 역량이란 단지 감정을 겪는 주체의 경험이 아니라, 존재가 무엇을 할 수 있는가, 즉 어떤 행위와 효과를 산출할 수 있는가에 관한 존재론적·물질론적 개념이다.

애슐리와 빌리스는 이러한 역량 개념을 들뢰즈-스피노자 계보의 정동 이론 전통에서 가져오며, 정동을 인간 중심적 주체로부터 이탈시키는 이론적 전환을 추구한다. 이들은 멜리사 그레그와 그레고리 시그워스가 구분한 두 가지 정동 이론의 흐름 중에서도, 실반 톰킨스의 감정 이론이 아니라 들뢰즈-스피노자-클러프-브라이언 마수미 등으로 이어지는 '에톨로지적-신유물론적 정동 이론'에 위치한다는 점을 명확히 한다.

특히 애슐리와 빌리스는 정동을 "인간 주체 이전pre-human의 물질적 흐름이자, 통제, 배제, 조직, 구성, 생존의 문제와 연결되는 정치적 작동 장치"로 파악한다. 이들은 감정의 주체적 소유나 심리적 표현을 넘어서, 정동을 "사회적 기계, 통계 알고리즘, 생명정치, 정보체계와 결합된 역량적 기술"로 이론화한다. 이러한 정동 이론은 인간 개체의 감정을 중심으로 이해해온 인본주의적 감정 이론과는 전혀 다른 방향을 제시한다.

무엇보다 중요한 것은, 이 새로운 정동 개념이 단순히 철학적 전환이 아니라, 인종화racialization, 계층화stratification, 생명정치적 관리biopolitical management와 같은 사회적 기술과도 직접적으로 맞닿아 있다는 점이다. 즉 정동은 누구에게 어떤 역량이 허용되는가, 어떤 존재가 사회적으로 가치 있고 '정동 가능한' 신체로 간주되는가를 분배하는 방식과 연결된다.

결국 이 글에서 말하는 정동의 전환은, '내면'이나 '공감'의 문제가 아니라 세계를 구성하는 힘의 지도를 새롭게 그리려는 시도이다. 들뢰즈가 말한 "신체는 무엇을 할 수 있는가"라는 질문은, 더 이상 추상적인 잠재성에 관한 물음이 아니다. 그것은 물질적 삶을 분배하는 통치 장치에서, 어떤 신체는 역량을 부여받고, 어떤 신체는 역량을 빼앗긴다는 현실적 질문으로 전환된다.

2. 흑인성의 정동적 역량 : '되기'를 넘어 존재론으로

이러한 관점을 바탕으로 이 글은 정동과 인종이 만나는 방식을 '대인적 정서'나 '재현적 감정'의 수준이 아니라, 사건event, 인구population, 어셈블리지assemblage의 수준에서 분석해야 한다고 주장한다. 이 지점에서 저자들은 아룬 살다냐, 자스비르 푸아르, 퍼트리샤 클러프, 크레이그 윌스를 포함한 여러 학자들의 연구를 검토한다. 예컨대 살다냐는 인종을 '표현형의 점성viscosity'으로 개념화하며, 그것이 신체와 공간, 역사 사이의 끈적한 결합 능력임을 강조한다. 푸아르는 "터번을 쓴 남성"이라는 형상을 '테러리스트 어셈블리지'로 독해하며, 인종이 인간 개체의 속성이 아니라 신체 일부, 이미지, 기호, 위치 등과 결합된 통치 기술이라는 점을 보여준다. 클러프와 윌스는 '정치적 브랜딩'이라는 개념을 통해 인종이 개인의 기억과 무관하게 신체와 인구 층위에서 정동적 반응을 유도하는 장치로 기능한다고 설명한다.

이러한 이론들은 인종을 단지 재현의 범주가 아니라 조직화된 정동 역량의 생산물, 다시 말해 기술적·통계적·생명정치적 관리 체계 안에서 작동하는 물질적 기제로 사유하려는 시도를 보여준다. 애슐리와 빌리스는 이 점에서 인종을 '감정의 대상'이 아니라 행위 능력의 구조를 분배하는 장치, 곧 "정동 역량의 차이로서의 인종화"로 전환해 사유해야 한다고 주장한다.

하지만 이들은 이러한 흐름이 여전히 두 가지 한계를 지닌다고 지적한다. 첫째, 인종을 "되기"becoming로 환원하는 경향. 둘째, 흑인성의 고유한 정동적 역량에 대한 이론화를 회피하거나 축소하는 경향이다. 특히 많은 정동 이론이 '주체성'을 회피하려다 보니, 되기의 흐름 속에서 인종 자체를 탈정치적 흐름으로 납작하게 만들거나, 인종의 '존재론적 물질성'을 충분히 다루지 못한다는 점이야말로 이들이 지적하는 핵심적인 문제다.

이 글은 '되기'의 유동성과 잠재성이 반드시 해방적이거나 생성적이지 않다고 비판한다. 오히려 어떤 존재들은 '되기의 장'에 처음부터 참여조차 하지 못하며, 이 장에 진입할 권리와 위치조차 주어지지 않는다. 이는 바로 정동 역량의 배치 자체가 위계적으로 작동하고 있다는 것을 뜻한다. 흑인성은 이 장의 외부에서 배치되며, 그로 인해 특정한 역량은 아예 가시화되지 않고, 행위의 가능성 자체가 봉쇄된다. 이러한 억제는 단지 정체성의 문제라기보다는 존재가 "무엇을 할 수 있는가"라는 질문에 대한 체계적인 제한이며, 따라서 흑인성을 사유하는 일은 곧 존재론적 분할과 기술적 통치에 대한 분석을 요청하는 일이다.

3. 흑인 존재론의 긴장과 조율 : 아프로-비관주의와 흑인 낙관주의

이에 따라 이 글의 가장 중요한 기여는 흑인성을 존재론적이고 정동적인 역량으로 재이론화하는 것이다. 이때 흑인성은 단지 억압받는 감정의 주체가 아니라, 세계 자체를 생산해 온 인프라이자, 인간이라는 범주를 가능하게 만든 정동적 에너지로 간주된다. 이러한 사유를 펼치기 위해 저자들은 아프로-비관주의와 흑인 낙관주의라는 두 이론적 흐름을 병렬적으로 검토한다.

아프로-비관주의, 대표적으로 프랭크 윌더슨의 사유는, 흑인성을 '사회적 죽음'의 조건 속에 있는 존재로 바라본다. 여기서 사회적 죽음이란 단순한 배제가 아니라, 법적·사회적 인식의 장 밖에 위치한 존재, 곧 인간성의 범주에서 조직적으로 추방된 상태를 의미한다. 윌더슨은 이러한 사회적 죽음이 단지 흑인의 피해 상태가 아니라, 백인성의 주체적 역량이 작동하기 위해 필수적인 배경, 즉 세계를 구성하는 역량의 조건 그 자체라고 주장한다. 요컨대 백인성은 흑인성의 "무능력이라는 황무지"를 전제로 하여 구성되며, 인간이라는 개념은 흑인의 탈인간화를 통해서만 가능해졌다는 것이 아프로-비관주의의 통찰이다.

그러나 이러한 사회적 죽음은 단순한 무기력의 상태가 아니다. 애슐리와 빌리스는 흑인성이 '사회적 죽음'이라는 위치에 고정되는 대신, 그 안에서조차 생성하고 도주하며 생산적인 정동 역량을 드러낼 수 있다고 본다. 이때 등장하는 개념이 바로 "사회적 죽음 안의 사회적 삶"이며, 이는 단순히 생존이 아니라, 인간성의 틀을 전복하는 탈주적 역량으로 작동한다.

반면 흑인 낙관주의, 프레드 모튼을 중심으로 한 흐름은, 흑인성을 단지 부정적 정체성이나 피해의 자리로 환원하지 않고, 탈주의 존재론, 끊임없는 생성의 힘으로 이해한다. 모튼은 흑인성을 '즉흥적 내재성'으로 정의하며, 흑인성이야말로 경계를 교란하고, 통제 장치에 저항하고, 새로운 관계성과 감각을 만들어내는 정동적 생산의 원천이라고 말한다.

이러한 두 입장은 단순히 상반되는 것이 아니다. 애슐리와 빌리스는 아프로-비관주의와 흑인 낙관주의 모두가 흑인성을 '역량'의 언어로 사유하고 있다는 점을 강조한다. 이때 흑인성은 어떤 고정된 존재가 아니라, 끊임없이 세계를 재구성하고, 인간성이라는 허구를 드러내며, 비인간적 존재로의 추락을 통해 인간-되기의 조건을 재배치하는 세계 구성의 힘으로 작동한다.

이러한 관점에서 흑인성은 단지 표상 불가능한 고통이나 창조적 가능성의 상징이 아니라, 그 자체로 세계-만들기world-making와 인간-만들기human-making를 가능하게 하는 비기원적 역량이다. 이때 정동은 단지 관계적 분위기가 아니라, 세계를 구성하고 전복하는 정치적 힘의 장이다.

후반부에서는 이러한 논의를 구체화하기 위해, 알렉산더 G. 웨헬리예의 『육신의 권리』를 참조한다. 웨헬리예는 '육신'viscus을 법적 권리가 부여된 '신체'corpus와 달리, 배제되면서도 통치를 매개하는 잉여적이고 비가시적인 육체로 규정한다. 이때 흑인의 육체는 단지 폭력의 피해자가 아니라, 폭력을 흡수하고, 왜곡하고, 유통시키는 정동적 장소이자 생산적 매개물로 기능한다. 바로 이 지점에서 흑인성은 존재의 경계와 통치의 작동 방식을 드러내는 전복적 에너지로 등장한다.

섹스턴 또한 아프로-비관주의와 흑인 낙관주의를 단

순히 이분법적으로 보지 않고, 흑인성의 모순적 지위 — 곧 세계의 기초이자 그 해체 가능성 — 를 동시에 사유할 수 있는 존재론적 긴장으로 제시한다. 이 긴장은 단지 윤리적 반성의 대상이 아니라, 정동 이론 자체가 마주해야 할 이론적 기저이자 생산적 균열선이다.

4. 정동과 보편 : 백인성의 투명한 기준을 넘어서

이러한 입장을 종합하면, 흑인성은 단순히 하나의 정체성 범주를 넘어, 정동의 가장 억압된 위치이면서도 가장 강력한 생산자, 다시 말해 세계의 외부이자 조건으로 이론화된다. 따라서 저자들은 정동 이론이 이 흑인성을 사유하지 못한다면, 그것은 보편주의와 포스트휴먼 담론이 은폐한 '백인성의 투명한 기준'을 답습하는 셈이 된다고 경고한다.

애슐리와 빌리스는 정동 이론이 지닌 이러한 맹점을 "감정의 보편성이라는 신화"로부터 끌어낸다. 정동은 흔히 모든 존재가 공유하는, 인식 이전의 '사전-정치적'pre-political 힘으로 간주되지만, 이 힘은 실제로 누구에게 허용되는지, 어떤 존재가 '정동할 수 있는 존재'로 가정되는지에 따라 구조화되어 있다. 저자들은 이를 '정동적 규범성'affective normativity이라고 파악하며, 이 보편적 감정 구조는 실상 특정한 신체와 정체성에만 접근 가능하도록 설정된, 규범화된 백인성의 감정 구조임을 드러낸다.

이 지점에서 핵심이 되는 것은 바로 백인성이 '가시화되지 않는 감정 구조의 기준점'으로 작동한다는 사실이다. 다시 말해, 백인성은 감정의 표준이 되면서도 자신은 결코 감정의 '색깔'을 드러내지 않는다. 애슐리와 빌리스는 이러한 정동적 기준선의 무색성을 "투명성으로서의 백인성"이라 명명하며, 이는 단지 피부색의 문제가 아니라, 감각과 감정이 자연스럽게 작동하는 것처럼 보이게 하는 감정적 무규범성의 효과라고 분석한다.

결국 질문은 전환된다. 왜 정동 이론에서 흑인성인가? 왜 다른 인종이 아니라 하필 흑인성인가? 이 질문의 답은 글 전체의 사유 속에 있다. 흑인성은 단지 피해의 상징이 아니라, 세계가 스스로를 은폐해 온 방식 ― 감정의 구조, 존재의 위계, 인간성의 기준선 ― 을 드러내는 인식론적 균열이자 존재론적 전환점이다. 정동이 삶과 죽음, 감정과 정치, 통제와 탈주를 가르는 힘의 구조를 묻는 이론이라면, 흑인성은 그 구조의 가장 강렬한 증후이자 잠재력이다.

정동 이론은 종종 타자성의 윤리로 수렴하거나, 비인간적 사물과의 연결성에 주목하면서도, 백인성의 정동 구조가 '비가시적인 전제'로 깔려 있다는 사실은 비판하지 않은 채 방치해 왔다. 저자들은 이 점을 날카롭게 비판하면서, 흑인성이 그저 하나의 사례가 아니라 정동 이론의 철학적 기초를 흔드는 존재론적 질문임을 강조한다.

이 지점에서 백인성은 단지 피부색의 문제가 아니라, '인간다움'과 '합리성'이라는 이름으로 가시성과 위계를 조율하는 투명한 기준선으로 기능한다. 이러한 백인성은 단지 외부에서 주입된 가치가 아니라, 감정과 정동을 배분하고 구성하는 실천을 통해 끊임없이 재생산되어 왔다. 그리고 이 감정 구조는 곧 한국 사회 안에서 특정한 감각과 표상, 감정의 조건을 '자연스럽다'고 여기는 문화적 기준으로 자리 잡아 왔다.

5. 흑인성을 사유한다는 것 : 존재론에서 정치로

흑인성을 사유한다는 것은 단지 인종 문제를 드러내는 것이 아니다. 그것은 정동의 구조, 존재론의 경계, 그리고 행위의 권리를 재구성하는 정치적 요청이기도 하다. 흑인 정체성은 종종 타자화되고 폭력적으로 재현되어 왔으며, 동시에 미디어, 스포츠, 가족 서사 등 다양한 장치를 통해 '보편성'으로 환원되기도 한다. 이러한 구조는 특정 존재의 정동 역량을 억제하거나 박탈하며, 그 과정에서 형성된 위계는 인간됨의 기준을 선별적으로 구성해 왔다.

텔레비전 미디어에서 흑인 남성 신체가 '렌더링'되는

방식은 이러한 억제와 위계화의 작동을 단적으로 보여준다. 〈뿌리〉의 쿤타 킨테, 〈코스비 쇼〉의 빌 코스비, O. J. 심슨의 머그샷에 이르기까지, 흑인의 신체는 특정한 정동 역량을 지닌 존재로 사유되지 않으며, 대신 매개물 혹은 기호로 기능하면서, 보편주의적 인도주의를 떠받드는 감정의 인프라로 위치 지어진다(권두현, 2025). 이 렌더링은 단순한 미학적·기술적 재현이 아니라, 생명정치적 미메시스로서 기능한다. 즉, 신체는 문화적 기호로 변환됨과 동시에 통치 가능한 생명으로 추출되며, 정치적 역량을 봉쇄하거나 무력화하는 방식으로 작동한다. 여기서 렌더링은 가상화된 대상에게서 역사적 실체를 제거하거나, 혹은 그 대상을 물질로서 분해하고 재가공하는 이중적 작동을 수행한다.

한국 텔레비전 산업 안에서 이러한 렌더링은 '가내적 도덕성'이라는 규범적 정동을 에뮬레이팅[2]하며, 흑인성을

---

1. * 니콜 슈킨의 개념에 따르면, 렌더링(rendering)은 단순한 재현 행위(언어적·회화적·영화적 묘사)와 더불어, 동물 사체를 분해·재활용하는 산업적 행위를 동시에 가리킨다. 이는 곧 표현의 경제와 자원의 경제를 연결하는 생명정치적 테크놀로지다. Shukin, 2009. 인종적 맥락에서 렌더링은 흑인 신체를 '보편적 인간'의 확장을 위한 수단으로 비인간화하면서도, 미디어적 가시화 과정을 통해 폭력적으로 소모·재활용하는 과정을 지칭한다. 따라서 렌더링은 흑인의 역사성과 물질성을 삭제하거나 분해하여, 백인 중심의 미디어 질서를 지탱하는 방식으로 작동한다.
2. 원래는 컴퓨터나 미디어 기술에서, 한 시스템이 다른 시스템을 모방하여

특정한 문화적 역할로 편입시킨다. 이때 에뮬레이팅은 단순한 흉내 내기나 표면적 모방이 아니라, 전혀 다른 사회적·문화적 시스템 내에서 특정한 기능이나 규범을 구현하는 정동적 번역의 기술이다. 다른 기종의 장치에서도 동일한 작동을 실현하게 하는 소프트웨어적 수행 양식으로서, 에뮬레이팅은 오히려 그 이질성을 가림으로써 보편성을 구성한다. 이 렌더링과 에뮬레이팅은 인종과 젠더를 분리하고 결합하면서 '보편적 인간'이라는 허구를 생산해내는 생명정치적 재현 기제로 작동한다.

이러한 구조는 스포츠 미디어에서도 반복된다. 마이클 조던은 단순한 운동선수가 아니라, '인간상'의 갱신으로 작동하는 이미지로 구축되었고, 그의 도약하는 실루엣은 하드 바디[3]의 이상과 백인 중심의 기획을 결합한다. 일본 애니메이션 〈슬램덩크〉의 강백호와 서태웅은 실제 흑

동일하게 작동하도록 하는 기술적 절차를 의미한다. 사회문화적 차원에서는 특정 모델을 단순 복제하는 데 그치지 않고, 그것을 새로운 맥락 속에서 반복·확산하는 모방적 수행을 뜻할 수 있다. 이 과정에서 어떤 규범(예:가족주의, 이성애적 가부장제)이 강화되기도 하고, 다른 경우에는 전혀 다른 사회적 코드가 확산되기도 한다. 따라서 에뮬레이팅은 특정 모델(혹은 코드, 규범)의 사회적·정동적 잠재력을 전파하는 기술적-문화적 장치로 이해할 수 있다.

3. * "하드 바디"(hard body)는 1980년대 레이건 시대 미국에서 영화와 대중문화가 이상화한 근육질·군사적 남성 신체를 가리킨다. 이는 냉전기 군사주의, 백인 남성성, 보수적 가부장제를 정당화하는 상징으로 작동했다.

인 선수들의 몸짓을 트레이싱하면서도 인종적 흔적은 지워진 채 백인화된 이상으로 재현된다(권두현, 2023).

이러한 정동 역량의 삭제는 재현의 문제를 넘어, 산업과 일상의 구조 안에서 몸이 지니는 가능성과 행위성을 선택적으로 제한한다. 운동선수의 몸은 훈련과 평가를 통해 규격화되며, 그 과정에서 설명되지 않는 동작·충동·변형의 순간들이 잉여로 남는다. 이러한 잉여는 통제되지 않는 힘의 표현이며, 기존 구조가 전제하는 질서를 위협하는 순간으로 기능할 수 있다.

이 글이 제기하는 사유는 이제, 한국 사회의 정동적 현실 속에서 살아가는 독자들의 조건과 접속되어야 한다. 흑인 존재론, 정동 역량, 인종화된 통치 장치에 대한 분석은 단지 미국 인종주의의 문제가 아니라, 한국 사회의 감정 구조, 인식 체계, 인간에 대한 정의 방식을 흔드는 사유로 기능할 수 있다. 감정은 단지 내면의 반응이 아니라, 사회적 관계 속에서 분배되고 축적되는 구조다. 이 구조는 식민성과 냉전, 미국 문화와의 마주침 속에서 자리 잡았고, 특정 감정만을 자연스럽다고 여기는 위계를 생산해 왔다.

정동은 대상과 대상 사이를 순환하며 축적된다. 반복될수록 특정 정동은 '말할 필요 없는' 것처럼 작동하며, 그에 따라 어떤 정동은 제도화되고 어떤 정동은 소거된다. 이 위계는 가장 많이 말하면서도 말할 필요가 없는 중심의 규범성을 생산하며, 백인성은 바로 이 투명성의 이름으로 작동한다.

흑인성을 사유한다는 것은 이 정동 구조의 위계를 의심하는 일이며, 정동 역량이 특정한 존재에게만 허용되는 구조를 전환하고, 소거되었던 힘을 다시 배치하는 실천을 요청하는 일이다. 한국 사회에서 흑인성을 사유하는 것은 이주민, 난민, 지방 청년, 비정규직 노동자, 장애인, 성소수자와 같은 존재들이 어떻게 정동 역량의 분배 체계에서 배제되고 있는지를 함께 사유하는 일이다. 정동의 분배 구조는 해체되고 재구성될 수 있으며, 흑인성은 이 전환의 접점에서 가장 날카롭게 투명한 위계를 드러내는 계기로 작동한다. 이 계기는 어떤 세계를 무너뜨리기 위한 것이 아니라, 보편이라 여겨졌던 위계를 의심하고, 균열을 내기 위한 사유와 언어의 훈련으로 향할 수 있다.

:: 참고문헌

권두현 (2023). 초국가적 몸짓산업과 '키네틱 애니매시'의 회절 — 농구 코트 안팎의 몸들과 몸짓의 정동지리. 『대중서사연구』, 29권 3호, 105-142. https://doi.org/10.18856/jpn.2023.29.3.004

권두현 (2025). 렌더링과 에뮬레이팅의 생명정치와 정동지리 — '쿤타 킨테'에서 '빌 코스비'까지. 동아대학교 젠더·어펙트연구소(편저), 『대안적 연결체의 테크놀로지』(pp.187-232). 부산: 산지니.

Shukin, Nicole (2009). *Animal Capital : Rendering Life in Biopolitical Times*. Minneapolis : University of Minnesota Press

정동 이론과 문학·예술: 재현 사이와 재현 너머

산드라 모야노-아리자

윤조원 옮김·해제

이 글은 정동 이론과 문학·예술이 교차하는 지도를 재현의 질문을 다시 검토함으로써 그리고자 한다. 정동 이론은 재현의 문제를 매개의 논쟁으로 전환하며 새로운 활기를 가져다준다. 이는 문학·예술 작품에 관해 두 가지 비평적 경향을 생산했다. 한편으로 학술 연구는 정동을 인지 과정의 과잉으로 간주하며 '재현 사이'에 머문다. 문학·예술 비평을 하거나 인식론적 패러다임을 정교화하고자 할 때, 정동이 어떻게 그러한 과정을 재현하는 데 영향을 끼치는지를 분석하고 확장하고자 하기 때문이다. 다른 한편 이론은 정동을 매개에서의 자율적 실체로 보고 '재현 너머'로 나아가기도 한다. 이때 정동은 인간의 인지를 정동할 뿐 아니라 그를 넘어서는 역량을 가진다. 이러한 관점은 정동을 역량을 지닌 새로운 실체로 여기기에 존재론적 질문을 중시하며, 개념을 따지기보다는 정동이 그 자체로 무엇이며 신체에 무엇을 하는가를 묻는다.

들어가며

문학과 예술은 언제나 감정에 의해 생동하기에 문학·예술 비평이 정동과 언제부터 교차하기 시작했는지를 밝히기는 어렵다. 이에 따라 이 교차의 출발점으로 정동 이론의 기초를 마련한 두 편의 핵심 텍스트를 제시하고자 한다. 1995년에 동시 출간된 이브 세즈윅과 애덤 프랭크의 「사이버네틱 주름에서의 수치」와 브라이언 마수미의 「정동의 자율성」이 그것이다.[1] 따라서 이 글은 정동을 느낌과 구별되는 개념으로 이해하며 이 교차점에 개입한다. 문학·예술 비평에 있어 이러한 구분을 인식하지 않는 작업은 제외했다. 그러므로 이 글은 북미 문학에서 동정심과 감상주의의 역사적 분석과 관련된 방대한 문학 비평은 다루지 않는다(Bell, 2000 ; Hendler, 2001 ; Bown, 2007 ; Ablow, 2008 참조). 정서 비평affective criticism과 독자 반응 이론에 대한 학술적 토론도 마찬가지로 포함하지 않는다(전자는 Thrailkill, 2007 ; Felski, 2015, 후자는 Ablow, 2010 ; Canning & Whiteley, 2017 참조). 또한 정동 이론과 이 교차점에 위치한 문헌들이 대부분 영어로 출간되었기에, 이 글에서 다루는

---

1. 알리 라라와 기아주 엔시소 도밍게즈(Lara & Dominguez, 2013)는 "El giro afectivo"(pp. 103~104)에서 이러한 텍스트들이 어떻게 정동 이론 계보의 시초로 자리하게 되었는지를 다룬다.

작품들은 거의 전적으로 영어권 비평에 속한다.[2]

문학·예술에 대한 정동 이론의 기여, 혹은 정동 이론에 대한 문학·예술의 기여를 말하기 위해서는 재현의 문제와 그 위기를 재고하는 일이 중요하다. 이 문제는 문학·예술을 이론화하는 데, 특히 후기구조주의 및 해체주의 사유에 기반한 이론들에 있어 핵심적이었다. 클레어 콜브룩(Colebrook, 2005)이 짚어냈듯, 근대 철학에서 재현에 대한 인식론적 관심은 주체의 "유한성"의 조건으로 간주되었다(p. 2). 그로써 인간은 지식의 재현적 한계를 사유하기 위해 물자체들things-in-themselves에의 접근을 포기했다(Kant, 1790/1987). 후기구조주의와 해체주의에 입각해 구체적으로 말하자면, 이러한 한계는 "모든 '존재' 형식"(Thomassen, 2017)에 대한 일반적 비판에 체현되어 있다. 다시 말해 존재하는 모든 것은 언어, 의미, 의식, 정체성, 구조 등과 같은 재현 안에서만, 혹은 그를 통해서만 구성될 수 있다는 믿음에 체현되어 있다. 이러한 한계를 인식함으로써 주체는 자기결정과 자율성이라는 자유를 획득할 수 있게 된다(Colebrook, 2005). 그러나 인간 경험은 언제나 매개되기에 "사유 가능한 세계의 정도"(Somers-Hall, 2012, p. 56)를 한정 짓기도 한다.

---

2. 이 교차에 대한 스페인어 문헌은 다음과 같은 글들을 참조하라. Macon, 2014 ; Macon and Solana, 2015 ; Paszkiewicz, 2016.

모리스 블랑쇼는 아마도 이 한계에 대해 가장 깊이 사유한 사상가 중 하나로,『문학의 공간』(Blanchot, 1955/1989 [블랑쇼, 2010])에서 재현의 이 난제를 풀어낸다.

> 여기에 대해 무엇을 말할 수 있을까? 이러한 외부의 내면은 정확히 무엇일까? 릴케가 카프리의 경험을 두고 말하듯이 "무한이 너무도 내밀하게 파고들어 마치 반짝이는 별들이 자신의 가슴에 가벼이 쉬고 있는 듯한" 그곳에서의 우리 안의 펼쳐짐은 정확히 무엇일까? 진정으로 거기에 다가갈 수 있을까? 그런데, 의식이 우리의 운명이기에 우리가 의식을 빠져나갈 수가 없다면, 그리고 의식에 있어서 우리는 결코 공간 속에 존재하지 않고 표상의 마주함 속에 있게 되면서 언제나 움직이고 만들고 소유하기에 분주하다면, 어떤 길을 통하여 거기에 다가갈 수 있을까? (pp. 136~137 [p. 193])

블랑쇼의 이 문단은 스티븐 샤비로(Shaviro, 1990)가 말한 '부재로서의 언어의 진실'을 가리키는 데 그치지 않는다. 이 문단은 "진실로부터 언제나 부재했던 것에 대한 끈질긴 주장이다. 죽음이라는 사건은 언어의 억압된 진실도 아니고, 진실의 동력도 아니다. 오히려 진실이라는 것이 존재하기 위해 언어가 가장 먼저 폐쇄해야만 하는 바로 그것이다"(pp. 18~19).

문학과 예술을 읽고 분석하는 과정에서 이 접근 불가능한 공간을 사유할 때, 재현의 한계는 이중으로 작동한다. 재현으로서의 문학과 예술은 이미 매개된 현실을 다시 비추는 이미지로, 특정한 역사, 사건, 또는 실천을 대표하게 된다. 동시에 결코 실재의 지위를 획득할 수 없는, 구성되고 오역된misstated 재현이기도 하다. 이것이 문학·예술이라는 객체에 있어 재현에 내재된 난제다. 문학·예술은 인간 경험의 불가해한 양상을 해독하기 위해 활용되지만, 주체와의 관계에 있어서는 발견법적heuristic 관점에서 결함을 지닌 삶의 형식으로 격하된다.

정동 이론의 관점에서, 재현 안에 존재하는 접근 불가능한 공간을 존재의 한계 조건으로 보는 후기구조주의와 해체주의의 접근은 논쟁의 지점이 된다. 정동은 재현에 관한 논의를 복잡하게 만들고 그 가능성을 확장한다. 이는 그 사이 공간을 없애면서가 아니라, 오히려 되살리면서 가능해진다. 무엇보다도 정동 이론은 재현의 위기를 매개에 대한 논의로 전환시킨다. 이를 통해 정동 이론은 사이in-between를 단순한 반영으로 이해하는 데 문제를 제기할 뿐 아니라, 매개 자체의 본질 또한 문제화한다. 질 들뢰즈와 펠릭스 과타리는 『철학이란 무엇인가?』(Deuleuze & Guattari, 1991/1996 [들뢰즈·가타리, 1995])에서 정동 개념을 정교화하면서 매개의 이러한 이중 구조를 다음과 같이 강조한 바 있다.

> 정동은 감정feeling이나 감정작용affection이 아니다. 정동affects은 그것을 경험하는 자들의 힘을 벗어난다. 감각, 지각, 정동은 스스로에 의해 가치를 지니며, 모든 체험을 넘어서는 **존재들**이다. 즉, 인간이 부재하더라도 그것은 존재한다고 할 수 있다. 왜냐하면 돌에, 캔버스 위에, 혹은 단어들에 따라 표현된 바 그대로의 인간이란, 그 자체가 지각과 정동으로 이루어진 구성체compound이기 때문이다. 예술 작품은 하나의 감각 존재이며, 다른 그 무엇도 아니다. 그것은 그 스스로 존재한다. (p. 164 [p. 234])[3]

이 구절은 매개로서의 재현에 대해 정동이 드러내는 두 가지 양상을 조명한다. 한편으로 정동이 작용할 때(인간과 비인간) 신체들은 이 정동에 의해 **정동된다**. 정동은 두 가지 객체 사이를(혹은 객체들의 어셈블리지를) 매개하고, 조우를 발생시킨다. 이 조우는 양 끝에 위치한 신체들에 영향을 미친다. 다른 한편으로 정동은 정동하기에, 마수미(Massumi, 2002)의 말을 빌리자면 "자율적" 역량을

---

3. * 한국어판에서는 'affect'를 정서로 번역하였으나, 이 글에서는 정동으로 옮겼다.

가진 존재로서도 출현한다. 이 존재로서의 정동은 양 끝을 연결하는 데 그치지 않고, 해당 조우에서 행위자성을 주장한다. 그렇기에 멜리사 그레그와 그레고리 시그워스(Gregg & Seigworth, 2010 [그레그·시그워스, 2015])는 정동이 "사이"in-between-ness에서 출현하고 "누적되는 곁으로서 머문다"(p. 2 [p. 15])고 주장했다. 정동은 양 끝을 매개한 후 더 이상 존재하지 않는 것이 아니라, 자율적 역량으로서 신체들 사이를 지속적으로 순환한다. 이는 재현의 조건에 직접적인 영향을 미쳤다. 재현의 한계와 재현 그 자체의 본질 모두에 있어서 그러하다. 후기구조주의와 해체주의가 재현의 난제를 맞닥뜨린 동안, 정동 이론은 재현의 공간을 통해 이론을 확장했다. 재현의 본질을 자율적 매개로 여겼을 뿐만 아니라 이렇듯 신체를 정동하는 전前인지적 정동에 대해 반추할 수 있도록 했기 때문이다.

따라서 나는 정동 이론이 문학·예술 비평에 기여한 핵심을 출발점 삼아, 그로부터 벗어난 논의를 시도해 보고자 한다. 나는 이 교차점의 저자들이 정동의 이중 구조를 접한 뒤, 재현을 어떻게 다루었는지에 주목할 것을 제안한다. 내가 보기에 이 이중의 움직임은 두 가지 비평 경향을 낳았다. 먼저 정동 이론은 재현 과정에서 발생하는 간극을 다룰 수 있는 풍부한 이론적 집적을 제공한다. 여기서 정동은 감정으로 이어지는 전인지적 과정을 분석하는 새로운 어휘를 제공한다. 이를 통해 우리는 이러한 과정이 어떻게 문학이나 예술 작품에서 재현되는지를 사유하거나 현재의 인식론적 문제를 재현해 볼 수 있다. 다른 한편, 정동은 매개가 재현의 본질임을 되묻는 자율적 영역으로 출현하기도 했다. 이 영역은 정동을 자율적인 것으로 주목함으로써 정동 자체의 지위뿐 아니라 주체-객체 관계를 문제시하며 매개의 존재론적 지위를 조명한다. 요컨대 재현의 난제를 다룰 때 전자가 '재현 사이'에 선다면, 후자는 '재현 너머'로 향한다.

나는 전자에 속하는, 즉 재현 사이에 머무르는 이론가들이 논하는 정동을 '과잉'으로 정의한다. 이 저자들은 정동이 어찌 되었든 본질적으로 '과잉된' 것으로 이해한다. 여기서 '과잉'이라는 개념을 사용하는 데에는 두 가지 핵심적인 맥락이 있다. 첫째, 이 작업들의 이론은 후기구조주의적이며 해체주의적인 논의의 연속선상4에 위치 지어진다. 과잉은 주체성, 인지, 정의, 그리고 재현을 벗어나는 **바로 그것으로 여겨진다**.5 둘째, 그들은 정동을 과잉된 것

---

4. 일부는 정동 이론이 후기구조주의적 논의에 대한 직접적인 응답이거나, 그것을 확장하고 있다고 검토하기도 했다(Hemmings, 2005 ; Hogan, 2016 참조.)
5. 후기구조주의에서 '과잉'은 주체에 대한 구조주의적 관점에 대항하여 개념화되었다. 과잉은 의미, 담론, 권력관계의 '복수형'으로서 주체를 형성하지만 그로부터 얼마간 벗어나기도 하는 것으로 간주되었다. 이후 데리다는

으로 이해하면서 인지적 과정과 연계짓기 때문에, 분석 시에 언제나 신체, 주체적 과정, 재현적 패러다임을 전경화한다. 정동은 그에 부착되어 있거나 그로부터 출현한다. 이들에게 정동은 의식적이며 재현적인 무언가의 과잉이기에 어찌 되었든 인간이 무엇인지를 계속해서 정의한다는 점에서 유의미하다.

후자에 속하는, 재현 너머를 향해가는 이들은 정동을 '역량'으로 주목한다. 이들의 이론은 정동의 자율적 특성들에 주목하면서 정동 자체의 존재론적 성격을 중심으로 이론을 전개한다. 그들은 정동이 무엇을 의미하는가보다는 정동이 무엇이며 무엇을 하는가를 중시한다. 이와 관련하여 정동을 역량을 지닌 새로운 실체로 주목하면서, 정동이 문학·예술 작품을 인식론적 과정에 의존적인 재현물이 아닌 행위자로서의 역량을 지닌 객체로 간주하게 한다고 본다. 이들은 재현을 넘어섬으로써 언어적, 물질적 매체를 단순한 도구로 보는 패러다임에 문제를 제기하고 인간중심적 패러다임 너머의 정동에 대한 새로운 존재론적 설명을 제안한다.

마지막으로, 이 두 그룹이 정의하는 정동 개념 간에는 얼마간의 중첩이 존재한다. 그럼에도 불구하고 나는 각 그

해당 개념을 『그라마톨로지』(1976)에서 심화시켰다.

룹이 정동을 통해 재현에 접근할 때 공통적으로 전제하는 요소들을 짚는 것이 유의미하다고 본다. 거칠게 말해 전자의 그룹은 세즈윅과 프랭크(1995)가 읽은 실반 톰킨스(1962)에 기반을 두고 있으며, 후자의 그룹은 마수미(1995)가 해석한 들뢰즈와 과타리(1991/1996)에 의존하고 있다. 그러나 전자에 속한 일부 저자들은 스피노자적 정동에 대한 들뢰즈(1990/1992)의 독해에 천착하고 있다. 여전히 재현과 주체의 한계 속에 머물면서 정동의 인식론을 확장하고자 하는 것이다. 이러한 맥락에서 양쪽 그룹 대부분의 저자들이 어느 정도는 스피노자(1677/1985)가 제시한 정동에 대한 기원적 정의에 응답하고 있음은 기억할 필요가 있다. 상기의 인용에서도 보았듯 정동은 관계적인 동시에 역량을 지닌다. 덧붙여 두 번째 그룹은 예술 작품과 그 정동을 주체와 별개로 사유하면서 들뢰즈의 스피노자 독해와는 다른 들뢰즈와 과타리(1991/1996)의 '무인칭적 정동'apersonal affect 개념에 더욱 관여하고 있는 것으로 보인다(Brown & Stenner, 2001 참조).[6] 결국 두 계보로 구분한 이유는 각 그룹이 문학·예술에서의 재현을 각기 다른 방식으로 접근하면서도 그 정동 간에는 공통점이 있음을 강조하기 위함이다.

---

6. 들뢰즈(1990/1992)와 들뢰즈와 과타리(1991/1996)의 정동에 대한 이해가 서로 다름을 지적해준 익명의 리뷰어들에게 감사를 전한다. 덕분에 두 그룹 간의 정동에 대한 정의가 어떻게 다른지를 선명하게 드러낼 수 있었다.

재현 사이 : 과잉으로서의 정동

이 절에서 다루는 논자들은 내가 '재현 사이'에 머무른다고 표현한 방식으로 이 교차점에 접근한다. 이들은 다양한 관점에서 정동을 느낌에 결부되거나 느낌으로 향하는 것으로 이해한다. 이들의 이론은 신체를 전경화하는데, 정동은 신체에 부착되어 있으며 그로부터 출현하기 때문이다. 이 논자들은 정동을 과잉으로 이해하는 과정에서 후기구조주의와 해체주의의 언어론적 전회가 야기한 피로에 응답할 뿐 아니라 그 핵심 현안에 새로운 대안을 제시한다. 예컨대 세즈윅과 프랭크(1995)의 텍스트는 이항 대립 구조를 "재생산하고 대중화"(p. 497) 해온 구조주의 비평의 '발견법적 관습'에 생물학적, 심리학적 방식으로 응답한다. 정동의 과잉은 "배움, 발전, 연속성, 차이화를 가능케"(Sedgwick & Frank, 1995, p. 510)하는 "저항의 장소"(p. 503)를 제공한다.

이 그룹의 논자들은 캐서린 말라부(Malabou, 2012)의 개념을 빌리자면 "후속 세대"다. 이들은 "후손, 상속자, 아들과 딸"인 동시에 "**후속** 자체를 산출하고 … 구성하는"(pp. 20~21) 세대다. 달리 말해 여기 모인 논자들은 이 상속을 다시 산출하고 형성하며 과거 이론의 새로운 가능성을 그린다. 이러한 계보에 가장 선명히 자리하는 학술적 작업은 레이 테라다의 『이론에서의 느낌』(Terada, 2001)이다. 이 저서는 해체주의적 관점에서 '주체의 죽음' 이후 감정을 이론화하고자 한다. 그는 자크 데리다와 폴 드 만의 비주관주의가 주체를 넘어서 감정을 이론화할 수 있는 가능성을 담지하고 있다고 독해한다. 엄밀히 말하자면 테라다가 보기에 감정으로의 전회를 가능하게 하는 조건은 바로 주체와의 결별이다.

이러한 각본에서 과잉으로서의 정동 이론가들은 문학·예술 객체를 재현하는 문제를 다음의 두 가지 관점에서 접근한다. 우선 문학·예술 작품에서의 느낌을 다른 정동적, 인지적 범주register로 살펴볼 수 있도록 하는 렌즈로 정동 이론을 활용하는 문학·예술 비평 하위그룹이 있다. 렌즈로서의 정동 이론은 분석상의 간극을 메우기 위해 느낌과 정동의 분류를 사용하며, 작품에 묘사된 느낌이 언제나 의미를 내포하고 있다고 평가한다. 이 학술 작업은 정동과 감정이 문학 텍스트와 예술에 재현되어 있다고 보고, 보다 전통적인 텍스트 분석 방식 혹은 렌즈에 가까운 접근법을 취한다. 두 번째 하위 그룹은 문학·예술의 재현을 통해 우리의 사회적·정치적 맥락에서 느낌의 역사와 집단적 정동을 추적하고자 한다. 이때 문화학과 사회과학의 여타 학문 분과는 미학 작품을 통해 인식론적 작업에 기여하고 핵심적인 문제를 재현하고자 한다. 따라서 첫째 하위그룹이 작가들이 어떻게 재현하는가에 관심을 기울인다면, 둘째 하위그룹은 재현을 인식론이 가용할 수 있는 것으로 만든다.

정동이라는 렌즈 : 과잉을 설명하기

벤 하이모어(Highmore, 2010)가 말했듯, 문학과 예술은 "(두려움, 애도, 환희 등) '격렬한 열정'과 (굴욕, 수치, 질투, 짜증, 불안, 경멸, 놀람 등) 주류와 비주류의 양상과 감정"(p. 121) 모두를 아우르는 미적 영역이다. 문학 분야의 방대한 연구는 이 영역에 대한 해석적 분석을 확장하기 위해 정동 이론을 이론적 렌즈로 활용한다. 이러한 의미에서 이 관점은 세즈윅과 프랭크(1995)가 정동적 범주를 분석하기 위해 감정 분류 체계를 요청한 것과 궤를 같이한다. 정동 이론은 문학 작품 속 감정과 정동의 고양된 형식을 설명할 수 있는 어휘와 방법론을 문학 비평에 제공해 왔다. 이는 최근 정동 이론의 렌즈를 통한 문학 사조와 작품군에 대한 재평가를 추동하기도 했다(Taylor, 2015 ; Bailey & DiGangi, 2017 ; Figlerowicz, 2017 ; Marculescu & Morand Metivier, 2018 참조). 덧붙여, 정동은 최근 원문 비평의 새로운 방법론에 있어 핵심 요소가 되었다(Anker & Felski, 2017 ; Wehrs & Blake, 2017 참조).

찰스 알티에리의 『환희의 각론 — 정동의 미학』(Altieri,

2003)은 앞서 언급한 테라다(2001)와 함께, 문학과 예술에 재현된 정동과 감정에 대해 논하는 틀을 제공하는 이 교차 영역의 초기 작업에 해당한다. 그는 강한 인지적 감정과는 무관한 정동적 상태에 주목한다. 그에 의하면 문학은 그러한 상태를 통해 고유한 지위를 획득한다.[7] 알티에리(2003)에게 정동은 "이성적 평가나 인지로 보기에는 지나치게 미묘하거나 일시적인, 자기 성찰에 열려있는 상태의 범주"(p. 5)다. 그는 정동과 감정에 대한 반(反)데카르트적 철학 전통을 재고하면서 '표현성'을 설명할 수 있는 재현 이론을 내세운다. 그러면서도 그는 문학 비평의 "예술 작품이 제시하는 특정한 정동적 연루의 양태는 과소평가하고 '의미'를 과대평가하고자 하는 나쁜 경향"(Altieri, 2003, p. 3)에서 탈피하고자 한다.

알티에리(2003)는 문학·예술 작품이 재현하고 촉발하는 심리적 감정의 보다 복잡한 현실을 설명할 수 있는 새로운 "문법 체계"를 개관하고자 한다. 하지만 그의 재현 이론은 소설 속 인물이 표현하는 감정에 국한된다. 또한 그러한 감정과의 동일시가 "우리가 세상을 경험하는 다양한 방법에 깃든 가치를 성찰하는 방식"(p. 5)에 어떠한 영향을

---

[7] 알티에리의 제안은 정동적 가치를 설명하기 위해 반응 이론의 요소를 일부 수용하고 있으나, 나는 그가 정동 이론이 어떠한 재현적 양태를 통해 문학 비평을 풍부하게 한다고 보는지에 주로 집중하여 논하고자 한다.

주는지에 한정된다. 그의 분석은 독자와 등장인물 간 동일시의 순간에 관한 정동적 범주에만 집중한다. 그에게는 "이것이야말로 미학을 실존으로 끌어들인다"(Altieri, 2003, pp. 23~24).

느낌이 주체에 포함된다고 보는 이러한 이해는 최근 문학 비평에서 논쟁의 대상이 되었다(Houser, 2014 ; Smith, 2011 & 2015 ; Vermeulen, 2015 참조). 예컨대 레이철 그린왈드 스미스의 『신자유주의 시대 정동과 미국 문학』(Smith, 2015)은 "정동적 가설"의 개념 혹은 그 "'한 명의 인간'을 소설 속 느낌의 자리로 특권화하기"(Smith, 2011, pp. 425~426)를 거부한다. 스미스는 현대문학에 대한 자신의 논의가 정동과 감정이 '비인칭적'이면서도 '인칭적' 느낌으로 각각 머무는 '최전선'에 있다고 본다.[8] 스미스(2011)에게 문학은 바로 그 전선을 더욱 직접적으로 복잡하게 만드는 예술 형식이다. "문학은 감각을 자극하고 동시에 끊임없이 코드화한다. 미학이 감각적 반응을 일으키는 한 정동적으로 흥미

---

8. * 스미스는 '인칭적 느낌'(personal feeling)과 '비인칭적 느낌'(impersonal feeling)이라는 개념을 제시한다. 그는 인칭적 느낌이 한 사람의 소유로 친숙하게 인식된다면, 비인칭적 느낌은 그러한 기왕의 틀에 맞아떨어지지 않는 복잡성을 상기시킨다고 주장한다. 이때 스미스는 감정이나 정동의 구분을 활용하기보다는 시엔 나이가 제안했듯 그 모든 스펙트럼을 아우르는 역량적인 용어로서 느낌(feeling)이라는 말을 택했다고 밝힌 바 있다. 관련하여서는 다음의 인터뷰를 참조. Manning, 2017.

로울 뿐 아니라, 언어에 기반을 두므로 필연적으로 성문화하기 때문이다."(Smith, 2011, p. 431)

스미스의 연구에서 정동은 오히려 문학 작품이 그 전선에 관여하고 생산하며 전하는 "효과"(Smith, 2015, p. 19)로 이해된다. 결과적으로 이러한 접근은 정동의 "신체적이며 그렇기에 비인칭적인 등록registration의 장소와 그에 대한 사회적·문화적·역사적 해석의 특수성들"(Smith, 2011, p. 429)을 전경화한다. 궁극적으로 그는 정동적 가설에 대한 비평을 통해 문학에 나타난 정동을 독자와 문학 작품 간의 상호작용을 넘어서는 개념으로 이해할 수 있는 단초를 제공한다. 기실 스미스가 문학 비평에 있어 "비인칭적인 등록의 장소"로서의 정동을 주장하는 것은 이후에 다룰 그룹의 입장과 더 잇닿아있다. 그들은 사회정치적 비평에 기여하기 위해 집단적 정동에 대한 분석에 집중하기 때문이다.[9]

집단적 정동 : 사회정치적 비평을 위해 과잉을 포착하기

이 그룹에 속하는 저자들은 신자유주의적 지식 생산에 관여하는 정동의 전의식적 순환을 조명하는 데 있어 정

---

9. 스미스는 자신의 작업이 시엔 나이의 작업에 의해 깊은 영감을 받았다고 밝힌다(Smith, 2015, p. 18). 나이는 집단적 느낌에 관한 절에서 주로 다룰 것이다.

동 이론이 어떻게 새로운 비판을 가능하게 하는지를 탐구한다. 그들은 "우리가 속한 문화를 질문하고 진단하며, 전복하고 재전유하는 수단으로서의 정동 이론의 잠재력"을 믿는다(Figlerowicz, 2012, p. 13). 그들의 작업은 문학과 다른 예술 형식에 대한 퀴어한 접근으로부터 깊은 영향을 받았다. 사실 이 절의 작업들 중 일부는 퀴어 이론, 비판적 인종 이론, 정동 이론, 그리고 문학·문화 연구 간의 더 폭넓은 교차의 일환이라고도 할 수 있다(Cvetkovich, 2003 ; Love, 2007 ; Eng, 2010 ; Chen, 2012 ; 또는 Ahern, 2019 참조). 집단적 정동 이론가들은 정동의 역동을 재현하기 위해 문학에 주목하고, 그 효과를 사회뿐 아니라, 우리가 정동을 이해하기 위해 생산하는 지식과의 연관 속에서 해명하고자 한다.

사라 아메드(Ahmed, 2004)와 시엔 나이(Ngai, 2005)는 후기 자본주의와 신자유주의 맥락에서 최근 감정 정치를 구성해 온 긍정적·부정적 정동에 대한 주요 이론가라고 할 수 있다. 아메드(2004, 2010)는 객체와 주체 간의 정동적 조우가 어떻게 특정한 형태의 '느껴지는 행복'을 강제하는지를 '끈적임'의 개념으로 분석한다. 반면 나이(2005)는 문학에 나타난 부정적 감정에 주목하는데, 이는 보다 일반적인 층위에서 "질투, 짜증, 불안, 멍고^{stuplimity} [10], 편집증, 혐오와

---

10. * 멍고(stuplimity)는 나이가 멍청함(stupidity)과 숭고(sublimity)를 합성

같이 복잡하고 고도로 특수화된 감정들의 미학"(p. 32)을 추적하기 위함이다. 나이는 정동 이론을 통해 문학의 과잉된 부정적 정동에 접근하며 그러한 느낌의 "생동감"이 "텍스트에 대한 독자의 감정적 반응이나 … 느낌에 대한 텍스트 자체의 내적 재현"(p. 30)을 모두 넘어선다고 정의한다. 나이(2005)는 정동이 독자와 텍스트 사이의 것에서 추한 느낌의 사회성에 대한 비평으로 전환되어 가는 이행을 추적한다.

나이가 『어글리 필링스』(2005)에서 다루는 과잉은 그녀가 "톤"을 "고도로 성문화된 느낌에 기초한, 주관적으로 느껴지지 않지만 지속적으로 재생산되고 순환하는 교환 시스템"(pp. 76~77)으로 분석하는 것에 체현되어 있다. 문학 작품 속 무주체적이며 부정적인 정동의 톤이 순환하는 힘은 이러한 정동의 불가해성이 근본적으로 "제도와 집단적 실천이기에 '사회적'이고 … 언어적 기호이자 의미작용이기에 '물질적'"(Ngai, 2005, p. 25)이며 개인적, 집단적 주체를 모두 구성한다는 사실을 증명한다. 그는 근저 『우리의 미학 카테고리 — 우스꽝스러움, 귀여움, 흥미로움』(2012)

하여 제시한 개념이다. 이 개념은 전통적인 숭고의 맥락과는 달리 방대한 인공 시스템의 반복을 마주할 때 지루하면서도 동시에 경이로움을 감각하게 되는 현대 문학·예술의 독특한 미학적 경험을 지칭한다. 관련하여 다음의 글을 참조. Ngai, 2000.

에서 우리의 현대 미학 카테고리를 만드는 일견 더욱 불가해한 정동들을 다룬다. 그러한 카테고리는 명백한 사소함과 불확실한 형식에도 불구하고, 혹은 그러한 특성 때문에 오히려 오늘날의 사회정치적 맥락에서 더욱 '수익성 있는' 미학 범주가 되었다.

이와 유사하게, 텍사스·시카고·뉴욕에 지부를 둔 '공적 느낌 프로젝트'Public Feelings Project에 참여하는 이론가들은 "우연한 조우의 사회학"(Figlerowicz, 2012, p. 3)을 구성하고자 한다. 이를 통해 오늘날 정동이 표적이 되는 방식targeting of affect에 정치적이면서도 비판적으로 응답하고자 한다. 캐슬린 스튜어트(Stewart, 2007), 로런 벌랜트(Berlant, 2011), 앤츠베트코비치(Cvetkovich, 2012)와 같은 이들의 비평적 실천은 "자유주의와 신자유주의를 정동적 차원에서" 분석할 수 있도록 해준다. 이들은 "관용, 다양성, 다문화주의와 같은 어휘가 특정한 정동이나 느낌의 구조와 연결되어 있다고 비판한다. 그럼으로써 역사의 너절한 유산을 부적절하게, 또는 지나치게 편리하게 포장하고 관리한다는 것이다."(Cvetkovich, 2007, p. 465)

정동을 렌즈로 간주하는 접근법과는 현저히 다르게, '공적 느낌 그룹'이 문학·예술을 활용하는 방식은 "미학적으로 매개된 등장인물들에게 무엇이 일어나는지를 현실 사람들에게 일어나는 일과 동일선상에" 두고 보지 않는다. 오히려 그들은 "이러한 작품과 담론에 대한 정동적 각본을 통해 동시대가 놓인 상황에 관한 주장을 파악할 수 있다"(Berlant, 2011, p. 9)고 주장한다. 그러므로 그들은 "정동적 가설"을 다르게 취급하기를 제안한다. 그들은 친밀성을 공공성으로부터11, 개인을 사회로부터 분리하는 경계를 복잡하게 만들고자 한다. 이는 신체로부터 빠져나가는 과잉의 일면이다. 인식론적 과정에 보태기도 하지만 사회 구성에 참여하기도 하며 정동적 발산에 있어 정치의 역할을 강조하기 때문이다.

벌랜트의 『잔인한 낙관』(2011 [2024])은 이러한 사회적, 정치적 분석이 어떻게 사회과학과 인문학에서 정동에 대한 이해를 새롭게 하는지를 보여주는 중요한 예시다. 벌랜트에게 정동은 시간성과 더불어 역사 개념을 문제 삼고 넘어서려는 과잉이다. 그의 비판적 시도는 현재를 휘발적인 동시에 역사적인 역량으로 포착하는 데 전념한다. 벌랜트(2011 [2024])에게 "현재에 대한 지각이 우선 정동적으로 이루어"지며, 그렇기에 "애초에 현재가 하나의 대상이 아니라 매개된 정동이라면, 그것은 또한 감각되면서 계속 수정

---

11. 로런 벌랜트의 "친밀한 공중"(intimate public) 개념은 친밀성과 공공성 간의 경계를 흐리는 좋은 예시다. 구체적인 이론은 『미국 여왕이 워싱턴 시티에 가다: 섹스와 시민권에 대한 에세이』(1997)와 『여성의 불만』(2008)을 참조. 벌랜트와 그린왈드(2012)도 참조할 만하다.

되는 것이고, 시간의 장르이기도 하다. 그 장르의 관습은 연장된 '지금' 안에서 발생하는 여러 상황과 사건을 개인적으로 그리고 공적으로 걸러내는 과정에서 형성된다."(p. 4 [pp. 13~14]) 벌랜트는 이러한 작업을 위해 미학적 객체에 주목하여 "자기감응의 이야기[역사]"를 예증한다. 이는 "역사적·정동적 느낌으로서 유통되는 현재를 파악하기 위한 열쇠로 몸의 적응에 관해 재현된 규범"(Berlant, 2011, p. 20 [벌랜트, 2024, p. 42])을 포착하고자, 즉 재현하고자 한다.

마지막으로 최근 현대 예술 연구에서 유사하게 정동 이론을 통해 집단적 주체성과 관객성의 대안을 탐구하고자 한 하나의 사례를 소개하고자 한다. 크리스티나 알부는 『거울 정동 ― 현대 예술에서의 자아 보기와 타자 관찰』(Albu, 2016)에서 정동의 정치적 역량을 정교화한다.[12] 알부는 현대 참여 예술을 분석하며 "반사 예술 실천이 촉진한 관객 간의 우발적 관계"를 검토하고자 한다. 이러한 관계들은 "우리가 타인과 공유하는 세계가 점차 더 불확실하고 복잡해지고 있음을 응축해 보여준다"(Albu, 2016, p. 4). 개인

---

12. 객체의 자율성과 그 역량에 대한 경우를 다루고 있음에도 불구하고 알부가 이 섹션에서 다루어진 이유는 그가 참여 예술 작품에 대한 재현 비평을 하기 때문이다. 알부의 틀은 다음 절에서 살펴볼 마크 핸슨의 작업에 기반을 두고 있으나, 그는 예술 객체가 정동이 순환하고, 관중들에게 해석할 여지를 남기고, 정치적 변화의 가능성을 펼칠 공간을 만든다고 숙고한다.

주의적이고 관조적인 모더니즘적 예술 관람 방식의 성행과는 대조적으로, 이러한 참여적 작품들은 사회관계에 집중한다. 그것들은 미러링을 통해 "변화를 위한 우리의 열망을 포착해낸다. 다만 개인적이든 사회적이든, 그 실현 가능성은 절묘하게 보장하지 않는다."(Albu, 2016, p. 5)

'공적 느낌 프로젝트'가 정동적 관계의 사회성과 시간성, 그리고 인간-비인간 어셈블리지에 주목했듯, 올라퍼 엘리아슨(Eliasson, 2003), 아니쉬 카푸어(Kappor, 2001), 또는 더그 에이켄(Aitken, 2013)의 작품에 나타난 정동적 상호주체성에 대한 알부의 연구는 장노출[13]을 통해 재현의 공간을 확장시킨다. 장노출을 통해 관객의 시간 감각은 증대되고, "정동적 관계성"(Albu, 2016, p. 261)의 (실현은 아닌) 가능성이 전경화되며 예술 객체와 관객은 "다중 되기"를 거치기 때문이다(p. 173).[14] 알부가 연구에서 참조하기도 하는

---

13. * 장노출(prolonged mirror intervals of exposure)은 통상적으로 카메라 용어이지만 여기서는 이에 그치지 않고, 언급된 작가들의 사례와 같이 거울 설치 등을 통해 관람객의 참여를 가능하게 하는 예술 기법을 아울러 일컫는 역어로 채택했다. 이는 알부의 논의에서 실제 장노출 촬영이 장시간의 변화를 결과물로 담아내듯, 그 과정에서 두드러지는 상이한 시공간적 감각을 조명하는 비유로도 기능하고 있다. 알부의 저서 제목인 "거울 정동"(Mirror Affect)과 앞선 단락의 '미러링'(mirroring)과 같은 비평 용어 역시 유사한 맥락에서 이해해볼 수 있다.

14. 다음의 장을 참조. 「거울의 시간대 — 타자와의 연장된 조우」(Albu, 2016, pp. 155~202).

마크 핸슨(Hansen, 2006)이 주장했듯, 뉴미디어 예술은 "프레임을 장소에 대한 '객관적' 조건에서 장소, 공간, 신체를 아우르는 과정으로, 블랙박스화된[15] 정적인 기술에서 역동적이고 신체적인 활동으로 변화시킨다"(p. 209).

이 글의 첫 절은 재현 과정의 사이에 머무르며 교차에 참여하고자 한 다양한 비평적 실천을 이론화하고자 했다. 정동을 렌즈로 삼아 독자와 등장인물 모두의 정동적 경험에 대한 재현을 탐구하고자 한 이들은 정동 이론의 심리적이고 해석적인 외연을 확장시켰다. 반면 집단적 정동 그룹의 경우 문학·예술에서 주체와 객체, 정동과 느낌에 대한 들뢰즈식 어셈블리지의 논리를 활용하여 사회적 삶과 그 지배적 인식론을 형상화하는 정동적 논리를 재현하고자 한다. 얼마간의 차이는 존재하지만, 두 하위그룹 모두 정동의 과잉적 특징을 강조하며, 궁극적으로는 이러한 과정을 인식론적으로 이해하는 데 있어 정동이 어떠한 영향을 미치는지를 분석하고자 한다. 전자가 문학 비평의 독해와 수행 과정에서라면, 후자는 "어떻게 하면 그런대로 가장 잘 살아갈 수 있는지에 대한 패러다임"(Berlant, 2011, p. 3 [벌랜트, 2024, p. 13])을 위한 인식론을 찾는 과정에서 정동을

---

15. * black-boxed. 복잡한 기술의 작동 원리를 알기 어려운, 불투명하고 모호한 사각지대와도 같은 상태를 뜻한다.

살핀다. 그러나 다음 절로 넘어가기 전에 비평을 재현 사이에 위치시키고자 하면 결국 정동의 재현을 생산하게 된다는 사실은 짚어둘 필요가 있다. 이 논자들은 정동이 어떻게 우리의 느낌을 전인지적으로 형성하는지를 밝혀내고자 할 때, 정동의 움직임을 포착하기 위해서 재현을 실천한다.16 다음 절에서 우리는 비평을 재현 너머에 위치시킬 수 있는 가능성을 가늠하는speculate 이론들을 살펴볼 것이다.

재현 너머 : 역량으로서의 정동

우리가 재현의 난제 사이에 머무는 대신 재현 너머를 향함으로써 그 난제를 정면으로 마주하려 한다면, 그러한 도약에 필요한 권한을 둘러싼 질문이 제기될 것이다. 시몬 오설리반(O'Sullivan, 2001)은 예술 이론을 재현적 패러다임을 넘어 사유하고자 하며 다음과 같이 주장한다. "이 정동의 세계, 힘의 우주는 주체성의 스펙터클 없이 바라보는 우리 자신의 세계다. 그러나 이 스펙터클을, 실은 스펙터클이 아니라 주체성의 조건인 그것을, 우리는 어떻게 벗어날 수 있을까?"(O'Sullivan, 2001, p. 128) 이와 유사하게, 퍼트

---

16. 시몬 오설리반(2006)은 들뢰즈의 사유를 체계화하는 것에 대해 같은 논지를 견지한다. 그가 보기에 우리는 들뢰즈 철학에서 방법을 추출함으로써 "그 움직임을 포착"하고 들뢰즈의 사유를 **재현하고자** 한다(p. 3).

리샤 클러프는 다음과 같이 지적한다. "언어를 방법으로, 혹은 의미를 목적으로 삼지 않는 정동-속-주체에 대한 쓰기는 스스로를 찾아 헤맬 뿐이다"(Clough, 2008, p. 140). 이러한 새로운 문제로부터 출발하는 이론적 작업은 내가 재현 너머라고 부른 방식으로 교차에 접근한다.

이 그룹의 논자들은 정동이 어떻게 새로운 핵심 논제에 대한 재현을 재배열하거나 풍부하게 하는가를 질문하지는 않는다. 오히려 정동의 역량이 어떻게 재현의 본질 자체를 바꾸었는지를 묻는다. 이때 매개는 '중간점'middle을 되살리는 출발점으로 설정된다. 그러므로 이 이론가들이 보기에 정동의 역량은 인간 주체성을 재사유하도록 요청하는 담론 너머의 존재론적 움직임을 만든다. 블랑쇼는 진실에 가닿을 수 없는 이유가 바로 진실이 존재하기 위한 조건 자체에 있으며, 그렇기에 우리는 재현의 영역에 머무를 수밖에 없다고 보았다. 반면 이 장에서 다루는 이론가들은 그 불가능성을 현실을 가늠할 권한의 조건으로 간주한다(Shaviro, 2009). 따라서 그들은 정동이 의식, 언어, 혹은 느낌의 재현에 어떠한 영향을 미쳤는지에는 그다지 관심을 기울이지 않는다. 오히려 그들은 이 중간 영역의 출현이 어떻게 재현의 틀 바깥에도 존재하는 주체와 객체에 ― 그리고 객체의 정동에 ― 대해 존재론적 질문을 던지는지에 주목한다.

이 각본에서 나는 존재론적 층위에서 정동의 역량을 탐구하는 과정에서 부상한 두 가지 주제에 따라 이론가들을 나누어 살펴보고자 한다. 한편으로 일군의 이론가들은 정동이 드러내는 재현 너머의 영역에 접근하기 위한 글쓰기의 가능성에 집중해 왔다. 이는 특히 문학·예술 연구 외부의 이론가들에게는 실험적 글쓰기에 대한 관심을 새롭게 불러일으키는 계기로 작용한다. 이들은 글쓰기 행위를 재현하기 위한 메커니즘으로 보기보다는 정동하는, 독립적인 매체로 파악한다. 그렇기에 이들은 이 특정한 매체를 위해 "비재현적"(Thrift, 2007) 현상학을 제안한다. 다른 한편 학자들은 객체와 그 정동을 살필 수 있는 새로운 이론적 틀을 만들고자 하기도 했다. 이들은 객체를 재현물이라는 상태로 이해하기를 거부하고 현실과 역량에 관여하는 독립적인 개체로 보고자 한다. 그들은 객체의 정동할 수 있는 역량을 이론화하고자 하면서 의미작용 너머에 있는 객체에 관한 사변적 접근을 시도한다. 전자가 문학적 메커니즘을 살피며 정동적 전회 이후 인간 주체성의 결과에 대해 재고한다면, 후자는 예술 객체가 스스로 언명할 수 있는 공간을 마련하는 이론을 생산하고자 한다.

역량으로서의 글쓰기

이번 항에서 다루는 이론가들은 재현 너머에서 정동

쓰기writing affect의 방법론과 주체성에 관한 질문을 전경화한다. 정동 이론이 인지 너머의 영역에 접근할 수 있도록 해주고, 기술이 주체성이 그다지 "재현과 긴밀히 연관된 것"은 아니라는 것을 보여주는 상황에서, 클러프(2000)가 주장했듯 비평은 "재현representation에서 표현presentation으로"(p. 286) 도약한다. 정동으로의 전환은 새로운 기술 발전과 함께, 혹은 그것에 의해 가능해진 재현과 주체성에 대한 변화 이후 학계가 글쓰기를 이해하는 방식에 영향을 미쳤다. 엘스페스 프로빈이 주장했듯, "생각하기, 글쓰기, 읽기는 정동하고 정동되는 우리의 역량에 필수적이다"(Probyn, 2010, p. 77). 정동 이론은 객체의 정동과 더욱 긴밀히 공명하고 그것을 질문하면서 글쓰기와 저자성을 재고하는 동력이 되었다. 여기서 정동은, 무언가를 이해 가능하게 만들기 위해 지식을 생산하는 과정에서 자율적 행위자로 작동하는 글쓰기 행위의 역량을 의미한다.

정동적인 것으로서의 글쓰기에 대한 관심이 특히 문학 연구에서 이미 다루어졌다는 사실은 주목할 만하다(Riley, 2005 ; Houen, 2011 ; Frank, 2014 참조).[17] 그러나 이러한 연구

---

17. 여기서 글쓰기와 정동에 대한 관심이 정동과 언어에 대한 정신분석학적 연구에서도 다루어진 바 있다는 사실을 떠올릴 필요가 있다. 이는 정신분석학, 언어, 정동 이론 그리고 트라우마 연구 간의 보다 넓은 교차를 시사한다. 각 분야들은 이론을 발전시키기 위해 문학·예술에 의존하

들은 언어가 어떻게 느낌을 "행하는지" 혹은 "수행하는지"를 재현의 틀 안에서 해석하는 데 머무른다(Hoeun, 2011, p. 228). 이 경우 언어는 그 자체로 우리를 정동할 수 있는 실체로 취급되지만, 이러한 실천은 재현의 틀 속에 머물러 왔다. 이 그룹의 저자들은 언어가 어떻게 느낌을 하는지를 분석하기보다는, 의식으로부터 빠져나가는 바로 그것과 얽히고 연결되고자 하는 매체로서의 글쓰기를 주목한다. 이러한 맥락에서 페미니스트 이론가이자 물리학자인 캐런 버라드(Barad, 2007, 2012)는 물질의 얽힘과 그 의미를 "세계의 생동감"과 "맞닿아있는"(2012, p. 207) 존재 방식으로 이야기한다. 그가 보기에 글쓰기와 물리학 모두 그 사유와 이론에는 물질성이 존재한다. 이는 물질과 지식의 존재-인식론에 가담한다(Barad, 2007). 글쓰기라는 물질은 그 생산과 형성으로 이어지는 관계의 얽힘을 통해 실재성을 획득한다. 버라드의 이론은 글쓰기가 물질화하는 존재론적 가능성에 기반해 있다는 점에서 재현주의를 벗어난다. "존재론적 불확정성, 급진적 개방성, 가능성의 무한함은 물질화의 핵심에 자리한다"(Barad, 2012, p. 214).

필립 바니니(Vannini, 2015)는 나이절 스리프트(Thrift,

기도 한다. 예시로는 Bennett, 2005 ; Ball, 2007 ; Best, 2011 ; Richardson, 2016을 참조.

2007)를 뒤이어 비재현적 방법론이 "인간 너머, 텍스트적인 것 너머, 다감각적 세계"를 위한 "보다 급진적 해법"(p. 3)을 제안하기 위해 다양한 분야에서 출현하고 있다고 주장한다. 바니니가 엮은 선집에 참여한 캐슬린 스튜어트(2015)는 실험적 글쓰기를 비재현적 방법론으로 여긴다. 혹은 "재현적인 것 너머"(p. 19)에 있다고 본다. 그는 글쓰기가 의미를 넘어서 감각적 현상에 개입할 수 있는 관계적 잠재력을 지닌다고 주장한다. 그는 「뉴잉글랜드의 빨강」(2015)[18]이라는 글에서 그 색상의 "구성적 실재들"을 창출한다. 이를 통해 "연결과 차이, 물질과 물자체, 영향 선과 물질 파편의 응고와 확산 간의 연계적인 층위"(p. 21)를 다루고자 한다. 여기서 글쓰기는 특정 객체에 대한 우리의 관계나 이해를 전달하기 위한 매체에 그치지 않는다. 스튜어트와 빨간색 간의 상호작용은 해석학은 물론 전통 현상학의 일방향적 관계와는 거리가 멀다. 스튜어트(2015)의 글쓰기는 "무언가가 엉키고 흩어지는 가운데 분산된 행위자성에 반응하고자 기민하게"(p. 21) 대응한다.

글쓰기에 대한 이러한 새로운 관점은 실재에 접근하는

---

18. * 캐슬린 스튜어트는 이 글에서 뉴잉글랜드의 전통적인 주거 양식에 사용된 색상인 빨간색에 관한 글쓰기를 시도한다. 비재현적 방법론을 탐구하고자 하는 시도인 만큼 역사적 논의와 사적인 에세이를 아우르고 넘나드는 비정형적인 형식을 띈다.

방법의 역량을 문제 삼는다. 그러나 동시에 바로 이러한 방법을 통해서만 실재에 가까이 다가갈 수 있음을 안다. 알리 라라(Lara, 2017)는 이러한 문제의식을 공유하는 저자들이 실험적 글쓰기를 "경험 하부적 차원"infra-empiric level에 접근하기 위한 매체로 활용한다고 주장한 바 있다. 클러프가 고안한 해당 용어는 "전의식적 정동과 내장의 지각과의 새로운 조우를 통해 신체, 물질, 삶을 재사유할 수 있게 해준다"(Clough, 2009, p. 44). 클러프는 근저에서 실험적 작문을 "무의식적 과정을 불러일으키기 위해"(Clough, 2009, p. xxxi) 활용되는 형식으로 반추한다. 그가 보기에 이러한 무의식적 과정은 "사용자 무의식"이라는 것을 창안하도록 돕는데, 이는 "'사적인 것/공적인 것'에서 '개인적인 것/네트워크적인 것'으로 이행하는 맥락에서 주체성과 사회성을 재고"(Clough, 2018, p. ix)하게 한다. 클러프의 범주register는 버라드나 스튜어트의 개념화와 마찬가지로 아이디어를 이해할 수 있게 만드는 역량뿐 아니라 그 아이디어와 접촉하고, 그것과 함께 생성되며 다른 행위자성과 감수성을 경험하는 역량을 실험적 글쓰기에게 위임한다. 이어서 두 번째 그룹을 살필 때 이러한 글쓰기가 제기하는 패러다임과 방법론에 대한 질문이 객체에게 행위자성을 부여하고자 하는 인간의 의지에서 비롯된 것이 아님을 기억할 필요가 있다. 오히려 그 질문은 객체가 인간과 인간중심적인 필수 체계에 촉구하는 긴요함에서 비롯된다. 즉, 인간들이야말로 인간 이외의 실체들이 행하거나 주장하는 것들에 응해야 한다.

사변적speculative 역량들

이번 항에서 다루는 이론가들은 재현 너머를 향하기에, 패러다임에 있어서 항상 사변적 요소를 내포한 이론적 틀을 제안한다(Shaviro, 2009). 이 저자들은 객체의 자율성과 그들이 확립하는 새로운 현상학에 주목하면서 객체가 자율적 존재로서 발휘하는 정동적 역량을 조명한다. 그러므로 재현 사이에 머무른 이론가들과는 달리, 사변적 시도를 하는 이들은 역량과 정동을 객체를 생동하게 하는 힘이라기보다는 객체로부터 발현되는 것으로 본다(Bennett, 2010 참조). 이러한 점에서 이번 항에서 제시된 예시들은 문학보다는 예술에 주목하는 경향을 보인다. 예술 작품의 물질성은 정동의 역량을 설명할 수 있을 뿐 아니라, 이렇듯 정동을 드러내는 기술과도 공명하기 때문이다.[19]

오설리반의 『들뢰즈·과타리와 예술을 만나다』(2006)

---

19. 특히 디지털 예술이 그러하다. 우리가 보게 될 마크 핸슨(2015)의 경우가 대표적이다. 정동과 디지털 예술에 관한 구체적인 설명은 다음과 같은 글들을 참조. Karatzogianni & Kuntsman, 2012 ; Fritsch & Markussen, 2012 ; Kwastek, 2013.

는 예술 이론의 재현 패러다임에 반대하며 들뢰즈와 과타리식 미학으로의 회귀를 제안한다. 즉 "우리를 우리 '자신'의 바깥으로 데려갈 수 있는"(p. 38) 탈영토화하는 힘으로서의 미학으로 돌아가자는 것이다. 오설리반(2006)은 예술이 인간으로부터 독립된 삶을 가진다고 보고, 이를 예술의 "독자성"(O'Sullivan, 2001, p. 125 ; 2006, p. 39)이라고 명명한다. 그리고 "예술의 무의미화하는 잠재력"(p. 38)을 전경화하려는 담론에서 더 나아가 예술에 내재하는 정동 이론을 내세운다. 그에게 "주체성의 스펙터클을 벗어던지는" 일은 그렇기에 그 조우를 재현의 틈새로 이해하는 방식에 이론을 노출시키는 것이다. 이는 관습에서 벗어나 "우리를 세상으로 다시 연결[시키]고, 우리가 속해 있지만 대체로 격리되어 온 비인간 세계로 개방시킨다"(O'Sullivan, 2006, p. 50). 예술의 정동적 층위는 행하며, 생동한다. 예술 객체에 '이름을 붙이는' 행위뿐 아니라, 객체와의 상호작용 속에서도 그러하다. 객체는 이를 통해 "내적 응집력의 원칙"(O'Sullivan, 2006, p. 52)을 다진다. 따라서 예술의 특이성은 우리가 스스로의 경험에 온전히 접근할 수 없는 와중에도 주체로 하여금 커져가는 균열의 잠재력과 더불어 정동적 조우가 물질화되는 것을 보고, 느끼고, 정동되게 하는 데 있다.[20]

미미 셸러(Sheller, 2015)는 최근 오설리반의 제안에 부합하는 비평을 실제로 행한 바 있다. 셸러(2015)는 테리 뤼브 Teri Reub의 청각적 풍경화 같은 간학문적 작품이나 로비드 LoVid와 같은 작가들의 모바일 위치 기반 작품을 검토하며 간학문적 예술에 대한 이해를 선보인다. 이러한 예술은 신체를 "비재현 이론의 상연"(Sheller, 2015, p. 137)에 노출시킨다. 그에 따르면 우리는 몸을 비재현적인 정동 경험 속에 빠뜨리면서 해당 작품과의 조우를 낳는다. 그 조우는 존재론적 층위에 기반한 내재적인 경험이자 새로운 대안적 양태인 "연구-창작"(Sheller, 2015, p. 137)을 창출한다. 우리는 객체를 평가하는 대신 새로운 무언가를 창조할 수 있는 가

---

20. 오설리반(2006)은 예술에 대한 우리의 관계와 예술 그 자체가 언제나 의미화와 무의미화의 영역 사이에 머무를 것이라는 사실을 인식하면서 해당 장을 끝맺는다. 예술이 "의미화하는 물질에 대한 조작을 통해"(p. 66) 작동하기 때문이다. 그러나 오설리반(2006)은 들뢰즈가 예술을, 더 자세하게는 — 그가 베이컨에 대해 공부했듯 — 회화의 정동적 차원을 독해하면서 그것이 "이러한 시스템의 기저에 언제나 이미 존재하는 야생"에 접근하고 탈영토화할 수 있는 가능성을 내포하고 있다고 본다. 오설리반(2006)은 예술이 두 영역 간의 얽힘을 그러한 (비재현적) 균열을 제기하기 위해 이용한다고 다음과 같이 결론 내린다. "그렇다면 우리는 예술이 그 정동적 차원을 탈영토화하는 힘이 실은 '역사'를 통해 생산되어 왔다고 할 수 있을지 모른다. 과거의 형식이나 정동적 어셈블리지의 혼합이나 활용을 통해 말이다. … [예술은] 세계를 이루는 것들을 활용하여 그 너머를 향한다."(p. 67) 들뢰즈 이론의 이러한 측면은 철학적, 미학적 패러다임을 재사유하는 데 있어 계속해서 중심에 놓인다. 예를 들어 존 브랭크만의 책 『무드와 장치 — 정동의 수사학과 시학』(Brenkman, 2020)에서 그가 비유와 비유적인 것, 감각과 감각적인 것을 어떻게 다루는지를 보라.

능성을 가진 새로운 비평적 실천을 택하게 된다. 따라서 셸러에게 연구란 작가의 주체성을 재현하는 작업을 넘어서, 새로운 되기에 관한 것이다.

마지막으로, 정동을 재현 너머에서 이론화한 또 하나의 예시로, 마크 핸슨(2015)이 화이트헤드의 철학을 다시 읽으며 21세기 미디어를 분석한 최근 작업을 들 수 있다. 핸슨(2004, 2006)은 정동 연구와 뉴미디어 연구에서 오랫동안 주요 인물로 여겨져 왔다. 특히 지각 너머로, 혹은 그가 표현했듯 경험의 "지각 하부적 차원"에서 신체에 영향을 미치는 정동의 역량에 관한 미디어 이론에서 그러하다. 그러나 그는 최근 현대 미디어와 데이터 마이닝 및 분석 기술에 대해 논의하면서 정동을 새로운 방식으로 이론화했다. 그는 정동이 신체 지각 바깥에 존재할 뿐 아니라 '세계 감수성'worldly sensibility으로서 인간과 비인간 모두의 경험 과정에도 관여한다고 본다. 그에게 21세기 미디어는 인간 인지 너머에서 이루어지는 경험 과정에 대한 세계 감수성의 확장된 접근이기도 하다. 그러므로 21세기 미디어는 온전한 역량을 내보이는 매체로서 "내재적이거나 구성적인 이중성을 보여준다. 그것은 세계 감수성이라는 영역에 대한 접근 양태이자 기여라는 점에서 동시적이고 이중적으로 작동하기 때문이다."(Hansen, 2015, p. 6)

내가 보기에 핸슨(2015)의 세계 감수성은 주체 경험에 대한 고전 현상학과 재현의 시도를 완전히 재형상화한다. 핸슨(2015)은 주체성을 "다중스케일적 과정을 주관하는 이의 작동"(p. 3)으로 구성되는 개념으로 본다. 그것은 "어떤 경우에는 (신경계 과정처럼) 더 '체화된' 것으로 보이기도 하고 다른 경우에는 (물질적 사건과의 리드미컬한 동기화처럼) '세계된'enworlded 것으로 보인다." 핸슨은 미디어 아티스트 조던 크랜들의 퍼포먼스 작품인 〈모임들〉Gatherings(2011)을 든다. 이 작품은 관객을 "데이터 집약적 환경"(Crandall, Hansen, 2015, p. 251에서 재인용) 속으로 끌어들이며 세계 감수성이라는 지속적인 과정에 있어 인간의 "결정적인 연루"를 보여준다. 그에게 크랜들의 작품은 "21세기 미디어가 야기한 경험의 전파와 인간 중심적 의제로 회귀해야 한다는 지속적인 — 어쩌면 전에 없이 강력한 — 요구 사이의 어떠한 긴장"을 묘사한다(Hansen, 2015, pp. 251~252).

위와 같은 이론가들의 사변적 작업은 이러한 존재론적 전환에 기여한 다른 현대 이론가들과의 지적 연관 속에서만 맥락화될 수 있다. 나는 특히 객체지향 존재론Object-Oriented Ontology, OOO이라는 하위 그룹을 거느리는 사변적 실재론이라는 철학 사조를 염두에 두고 있다. 이 사조는 사변을 학문적 기여를 위한 실천으로 옹호하며 정동이라는 전장을 존재론적인 것으로 정당화한다. 예컨대 스티븐 샤비로(2009, 2015)와 티머시 모턴(Morton, 2013)은 모두 철학적 논의에 본격적으로 참여하기 전에 문학 이론가로서 재현 너머의 방법론을 가늠하기 위해 문학·예술 객체에도 주목했다. 샤비로(2015)의 사변적 실재론은 사변 소설과 SF 장르로부터 영감을 받았다. 해당 문학 장르들은 포스트휴머니즘 비평에서 크게 주목받아 왔음에도 불구하고(Halyes, 1999) 정동 이론에서는 종종 간과되어 왔다. 샤비로(2015)는 문학 객체가 "시험대"(p. 8)이며, 이를 통해 재현 너머의 가능 세계와 서사를 실험할 수 있다고 본다. 반면 모턴(2012a)은 문학 비평을 바라보는 새로운 시선을 제공한다. 텍스트 자체가 독자들의 위치를 사전에 마련한다고 인식한다는 점에서 그러하다. 모턴(2012b)은 미학적 차원을 전경화하는 시와 예술에 객체지향적 접근을 제안한다. 객체지향 존재론에 의하면 그러한 차원만이 접근 가능하기 때문이다(Harman, 2002 ; Morton, 2013). 그것은 어떻게 "인과성 자체가 작동하는지"(p. 206)를 바라보고 분석할 수 있는 하나의 형식이다.

이 글의 후반부는 재현 너머를 가늠하며 이 교차에 참여해온 이론가들을 조망하고자 했다. 이들은 사실상 이 문제계를 서로 다른 방향에서 접근한다. 한편으로는 저자성과 쓰는 주체에, 다른 한편으로는 객체의 물질적 역량에 집중하기 때문이다. 그럼에도 이 글에서 다룬 이론가들은 정동적 전회 이후 문학·예술 객체를 존재론적으로 재사유하려는 비평 및 방법론적 기획에 공통적으로 기여한다. 브라이언 마수미(2015)는 이러한 종류의 비평적 시도를 '내재적 비평'이라고 부른 바 있다. 그것은 "출현의 조건을 능동적으로 변화"시키고 "존재하는 것을 판단하기보다는 되기에 연루된다"(p. 71).[21] 나는 전자의 그룹에서는 버라드의 반재현주의적 존재-인식론, 클러프의 경험 하부 개념, 스튜어트의 구성적 실재를, 후자의 그룹에서는 오설리반의 정동 윤리미학, 셸러의 비재현적 실천 및 연구-창작 개념, 그리고 핸슨의 세계 감수성 이론을 모두 정동을 역량으로 이해하는 존재론적 사유에 기반한 '재현 너머'의 내재적 비평 사례로 본다.

맺으며

이 글에서 나는 재현에 대한 질문을 재검토함으로써, 문학과 예술이 정동 이론과 교차하는 지도를 그리고자 했다. 그것이야말로 해당 분야에 정동이 핵심적으로 기여해

---

21. 마수미는 조엘 맥킴과의 2008년 인터뷰에서 〈감각 실험실〉이 주최한 미학-정치 이벤트를 논하며 '내재적 비평'을 처음으로 언급한다. 〈감각 실험실〉은 에린 매닝이 몬트리얼에서 조직한 간학문적 예술가·학자 그룹이다. 관련해서는 http://senselab.ca/wp2/ 또는 Manning & Massumi, 2014을 참조.

온 바이기 때문이다. 이를 위해 문학·예술 작품과 연관된 비평에 나타난 다음의 두 가지 주요 경향을 추적해 보고자 했다. 한편으로는 재현 사이에 머물며, 정동 이론의 지식 체를 통해 재현의 난제를 확장하고 해결하고자 한다. 다른 한편으로는 재현 너머로 나아가 정동 자체를 가늠하고 매개와 관련한 존재론적 질문을 제기하고자 한다.

도입부에서 지적했듯, 전자는 정동을 과잉으로, 후자는 역량으로 여긴다는 것이 정동이 반드시 둘 중 하나에만 국한된다고 전제하는 것은 아니다. 마수미(2002 [2011])가 말했듯, 무언가가 포착된다면 그것은 "무엇인가가 항상 또다시 빠져나가는" 징조이기도 하다. 또한 그렇기에 "현실화되지 않은 무엇인가가, 즉 어떤 특정한, 기능적으로 정박된 관점으로 동화될 수는 없지만 그것과 분리될 수는 없는 무엇인가가 남아 있다. … 실제로 존재하는, 구조화된 사물들은 자신을 빠져나가는 그것 안에서, 그리고 그것을 통해 살아간다. 그들의 자율은 정동의 자율이다."(p. 35 [p. 68]) 정동은 언제나 다른 무언가의 과잉인 동시에 잠재성을 지닌다는 점에서 자율적이다.

그러므로 이 글은 정동 이론이 보여주는 이중적 움직임에 대한 이해를 도모하고자 했다. 정동 이론은 이러한 이중적 움직임을 문학·예술 비평은 물론, 더 넓게는 비평 및 문화 이론 전반에서 결코 간과할 수 없게 만든다. 정동 이론이 재현에 대한 논의를 매개의 문제로 전환시킨다면, 정동과 다른 분야의 교차점에서 이루어지는 비판적 시도는 언제나 이 양면을 인지하고 "위치"(Haraway, 1989)시키는 작업이 선행된 이후에만 행해질 수 있다. 이는 이 글에서 다루지 못한 다른 예술에도 적용될 것이다. 이러한 교차점은 이미 다양한 분야에서 탐색되어 왔으며, 다음과 같은 연구들에서 그 단초를 찾을 수 있다. 예컨대 음악과 소리sound studies(Goodman, 2010 ; Biddle & Thompson, 2013 ; Kassabian, 2013 ; Thompson, 2017), 연극(Hurley, 2014), 춤과 퍼포먼스(Bleeker, Foley & Nedelkopoulou, 2015 ; Lepecki, 2016 ; Reason & Mølle Lindelof, 2017), 영화 연구(Shaviro, 2010)를 들 수 있다.

이렇듯 정동 이론과 문학·예술의 조우를 그려보는 시도는 이들 분야가 재현을 바라보는 관점을 재사유하는 데 기여할 수 있다. 정동이 문학·예술 비평으로 하여금 그 객체들의 재현적 특성(그리고 그것들의 삶)을 재고하게 만든다면, 문학·예술 객체는 지식의 재현적 한계를 소진하지 않으면서도 자신을 이론화하려는 정동 이론의 역량을 계속해서 심문할 것이다.

:: 참고문헌

Ablow, Rachel (2008). Introduction: Victorian Emotions. *Victorian Studies*, 50(3), 375-377. https://doi.org/10.2979/vic.2008.50.3.375

Ablow, Rachel (Ed.) (2010). *The Feeling of Reading: Affective Experience and Victorian Literature*. Ann Arbor: University of Michigan Press.

Ahern, Stephen (Ed.) (2019). *Affect Theory and Literary Critical Practice: A Feel for the Text*. New York: Palgrave Macmillan.

Ahmed, Sarah (2004). *The Cultural Politics of Emotion*. New York: Routledge. [아메드, 사라 (2023). 『감정의 문화정치』. (시우, 역). 서울: 오월의봄.]

Ahmed, Sarah (2010). *The Promise of Happiness*. Durham, NC: Duke University Press. [아메드, 사라 (2025). 『행복의 약속』. (성정혜·이경란, 역). 서울: 후마니타스.]

Albu, Cristina (2016). *Mirror Affect. Seeing Self, Observing Others in Contemporary Art*. Minneapolis: University of Minnesota Press.

Altieri, Charles (2003). *The Particulars of Rapture. An Aesthetics of Affect*. Ithaca, NY: Cornell University Press.

Anker, Elizabeth & Felski, Rita (Eds.) (2017). *Critique and Post-Critique*. Cambridge, MA: Duke UP.

Bailey, Amanda & DiGangi, Mario (Eds.) (2017). *Affect Theory and Early Modern Texts. Politics, Ecologies, and Form*. New York: Palgrave Macmillan.

Ball, Karyn (Ed.) (2007). *Traumatizing Theory: The Cultural Politics of Affect in and beyond Psychoanalysis*. New York: Other Press.

Barad, Karen (2007). *Meeting the Universe Halfway. Quantum Physics and the Entanglement of Matter and Meaning*. Durham, NC: Duke University Press.

Barad, Karen (2012). On Touching — The Inhuman that Therefore I Am. *differences*, 23(3), 206-223. https://doi.org/10.1215/10407391-1892943

Bell, Michael (2000). *Sentimentalism, Ethics and the Culture of Feeling*. New

York : Palgrave Macmillan.

Bennett, Jane (2010). *Vibrant Matter. A Political Ecology of Things*. Durham, NC : Duke University Press. [베넷, 제인 (2020). 『생동하는 물질』. (문성재, 역). 서울 : 현실문화.]

Bennett, Jill (2005). *Empathic Vision : Affect, Trauma, and Contemporary Art*. Stanford, CA : Stanford University Press.

Berlant, Lauren (1997). *The Queen of America Goes to Washington City : Essays on Sex and Citizenship*. Durham : Duke University Press.

Berlant, Lauren (2008). *The Female Complaint : The Unfinished Business of Sentimentality in American Culture*. Durham : Duke University Press.

Berlant, Lauren (2011). *Cruel Optimism*. Durham, NC : Duke University Press. [벌랜트, 로런 (2024). 『잔인한 낙관』. (박미선 · 윤조원, 역). 서울 : 후마니타스.]

Berlant, Lauren & Greenwald, Jordan (2012). Affect in the End Times : A Conversation with Lauren Berlant. *Qui Parle : Critical Humanities and Social Sciences*, 20(2), 71-89. https://doi.org/10.5250/quiparle.20.2.0071

Best, Susan (2011). *Visualizing Feeling : Affect and the Feminine Avant-garde*. New York : Palgrave Macmillan.

Biddle, Ian & Thompson, Marie (2013). *Sound, Music, Affect : Theorising Sonic Experience*. New York : Bloomsbury Academic & Professional.

Blanchot, Maurice (1955/1989). *The Space of Literature*. (Trans. A. Smock). Nebraska : Nebraska University Press. [블랑쇼, 모리스 (2010). 『문학의 공간』. (이달승, 역). 서울 : 그린비.]

Bleeker, Maaike ; Sherman, Jon Foley & Nedelkopoulou, Eirini (Eds.) (2015). *Performance and Phenomenology. Traditions and Transformation*. New York : Routledge.

Bown, Nicola (Ed.) (2007). Special Issue : Rethinking Victorian Sentimentality. *Interdisciplinary Studies in the Long Nineteenth Century*, 19(4), 187-194. https://doi.org/10.16995/ntn.453

Brenkman, John (2020). *Mood and Trope : The Rhetoric and Poetics of Affect*. Chicago : Chicago University Press.

Brown, Steven & Stenner, Paul (2001). Being Affected : Spinoza and the Psychology of Emotion. *International Journal of Group Tensions*, 30(1), 81-105. https://doi.org/10.1023/A:1026658201222

Canning, Patricia & Whiteley, Sara (Eds.) (2017). Special Issue : Reader Response Research in Stylistics. *Language and Literature*, 26(2), 172-187. https://doi.org/10.1177/0963947017704724

Chen, Mel Y. (2012). *Animacies : Biopolitics, Racial Mattering, and Queer Affect*. Durham, NC : Duke University Press.

Clough, Patricia Ticineto (2000). Comments on Setting Criteria for Experimental Writing. *Qualitative Inquiry*, 6(2), 278-291. https://doi.org/10.1177/107780040000600211

Clough, Patricia Ticineto (2008). (De)Coding the Subject-in-Affect. *Subjectivity*, 23(1), 140-155. https://doi.org/10.1057/sub.2008.16

Clough, Patricia Ticineto (2009). The New Empiricism. Affect and Sociological Method. *European Journal of Social Theory*, 12(1), 43-61. https://doi.org/10.1177/1368431008099643

Clough, Patricia Ticineto (2018). *The User Unconscious*. Minneapolis : University of Minnesota Press.

Colebrook, Claire (2005). *Philosophy and Post-structuralist Theory*. Edinburgh : Edinburgh University Press.

Cvetkovich, Ann (2003). *An Archive of Feelings : Trauma, Sexuality, and Lesbian Public Culture*. Durham, NC : Duke University Press.

Cvetkovich, Ann (2007). Public Feelings. *South Atlantic Quarterly*, 106(3), 459-468. https://doi.org/10.1215/00382876-2007-004

Cvetkovich, Ann (2012). *Depression : A Public Feeling*. Durham, NC : Duke University Press. [츠베트코비치, 앤 (2025).『우울 — 공적 감정』. (박미선 · 오수원, 역). 서울 : 마티.]

Deleuze, Gilles (1990/1992). *Expressionism in Philosophy*. New York : Zone Books.

Deleuze, Gilles & Guattari, Félix (1991/1996). *What is Philosophy?* (Trans. H. Tomlinson & G. Burchell). New York : Columbia University Press. [들뢰즈, 질 · 가타리, 펠릭스 (1995).『철학이란 무엇인가』. (이정임 · 윤정임, 역). 서울 : 현대미학사.]

Derrida, Jacques (1976). *Of Grammatology*. (Trans. Gayatri Chakravorty Spivak). Baltimore : Johns Hopkins University Press. [데리다, 자크 (2004).『그라마톨로지에 대하여』. (김웅권, 역). 서울 : 동문선 ; 데리다, 자크 (2010).『그라마톨

로지』. (김성도, 역). 서울 : 민음사.]

Eng, David L. (2010). *The Feeling of Kinship : Queer Liberalism and the Racialization of Intimacy*. Durham, NC : Duke University Press.

Felski, Rita (2015). *The Limits of Critique*. Chicago, IL : University of Chicago Press

Figlerowicz, Magdalena (2012). Affect Theory Dossier : An Introduction. *Qui Parle : Critical Humanities and Social Sciences*, 20(2), 3-18. https://doi.org/10.5250/quiparle.20.2.0003

Figlerowicz, Magdalena (2017). *Spaces of Feeling : Affect and Awareness in Modernist Literature*. Ithaca, NY : Cornell University Press.

Frank, Adam (2014). *Transferential Poetics. From Poe to Warhol*. New York : The American Literatures Initiative.

Fritsch, Jonas & Markussen, Thomas (Eds.) (2012). Exploring Affect in Interaction Design, Interaction-based Art and Digital Art. *The Fibreculture Journal. Digital Media + Networks + Transdisciplinary Critique*, 21, 1-18.

Goodman, Steve (2010). *Sonic Warfare : Sound, Affect and the Ecology of Fear*. Cambridge, MA : MIT Press.

Gregg, Melissa & Seigworth, Gregory (Eds.) (2010). *The Affect Theory Reader*. Durham : Duke University Press. [그레그, 멜리사 · 시그워스, 그레고리 (편저) (2015). 『정동 이론』. (최성희 · 김지영 · 박혜정, 역). 서울 : 갈무리.]

Hansen, Mark B. N. (2004). *New Philosophy for New Media*. Cambridge, MA : MIT Press.

Hansen, Mark B. N. (2006). *Bodies in Code : Interfaces with Digital Media*. New York : Routledge.

Hansen, Mark B. N. (2015). *Feed-forward : On the Future of Twenty-first-century Media*. Chicago : University of Chicago Press.

Haraway, Donna (1989). Situated Knowledges : The Science Question in Feminism and the Privilege of Partial Perspective. *Feminist Studies*, 14(3), 575-599. https://doi.org/10.2307/3178066

Harman, Graham (2002). *Tool-being : Heidegger and the Metaphysics of Objects*. Chicago : Open Court.

Hayles, Katherine (1999). *How We Became Posthuman. Virtual Bodies in Cybernetics, Literature, and Informatics*. Chicago : The University of Chicago Press. [헤

일스, 캐서린 (2013). 『우리는 어떻게 포스트휴먼이 되었는가』. (허진, 역). 서울 : 열린책들.]

Hemmings, Clare (2005). Invoking Affect. Cultural Theory and the Ontological Turn. *Cultural Studies*, 19(5), 548-567. https://doi.org/10.1080/09502380500365473

Hendler, Glenn (2001). *Public Sentiments : Structures of Feeling in Nineteenth-Century American Literature*. Chapel Hill : The University of North Carolina Press.

Highmore, Ben (2010). Bitter after Taste : Affect, Food, and Social Aesthetics. In Melissa Gregg & Gregory Seigworth (Eds.), *The Affect Theory Reader* (pp. 118-137). Durham : Duke University Press. [하이모어, 벤 (2015). 5 뒷맛이 씁쓸한 — 정동과 음식, 그리고 사회 미학. 그레그, 멜리사 · 시그워스, 그레고리 (편저). 『정동 이론』. (최성희 · 김지영 · 박혜정, 역).(pp. 206-233). 서울 : 갈무리.]

Hogan, Patrick C. (2016). Affect Studies and Literary Criticism. *Oxford Research Encyclopedia of Literature*. https://doi.org/10.1093/acrefore/9780190201098.013.105

Houen, Alex (Ed.) (2011). Introduction : Affecting Words. *Textual Practice*, 25(2), 215-232. https://doi.org/10.1080/0950236x.2011.552288

Houser, Heather (2014). *Ecosickness in Contemporary US Fiction : Environment and Affect*. New York : Columbia University Press.

Hurley, Erin (Ed.) (2014). *Theatres of Affect*. Toronto : Playwrights Canada Press, 2014.

Kant, Immanuel (1790/1987). *Critique of Judgement*. Trans. Werner Pluhar. Cambridge : Hackett Publishing Company. [칸트, 임마누엘 (2017). 『판단력비판』. (이석윤, 역). 서울 : 박영사. (원전 출간 2005년) ; 칸트, 임마누엘 (2009). 『판단력비판』. (백종현, 역). 서울 : 아카넷.]

Karatzogianni, Athina & Kuntsman, Adi (2012). *Digital Cultures and the Politics of Emotion : Feelings, Affect and Technological Change*. London : Palgrave Macmillan.

Kassabian, Anahid (2013). *Ubiquitous Listening : Affect, Attention, and Distributed Subjectivity*. Berkeley : University of California Press

Kwastek, Katja (2013). *Aesthetics of Interaction in Digital Art*. Massachusetts :

MIT Press.

Lara, Ali (2017). Wine's Time : Duration, Attunement, and Diffraction. *Subjectivity*, 10(1), 104-122. https://doi.org/10.1057/s41286-016-0016-4

Lara, Ali & Enciso Domínguez, Giazú (2013). El giro afectivo. *Athenea Digital*, 13(3), 101-119. https://doi.org/10.5565/rev/athenead/v13n3.1060

Lepecki, André (2016). *Singularities : Dance in the Age of Performance*. New York : Routledge.

Love, Heather (2007). *Feeling Backward : Loss and the Politics of Queer History*. Cambridge MA : Harvard University Press.

Macón, Cecilia (2014). Género, afectos y política : Lauren Berlant y la irrupción de un dilema. *Debate Feminista*, 25(49), 163-186. https://doi.org/10.1016/s0188-9478(16)30009-3

Macón, Cecilia & Solana, Mariela (2015). *Pretérito indefinido : afectos y emociones en las aproximaciones al pasado*. Buenos Aires : Título.

Malabou, Catherine (2012). Following Generation. *Qui Parle : Critical Humanities and Social Sciences*, 20(2), 19-33. https://doi.org/10.5250/quiparle.20.2.0019

Manning, Erin & Massumi, Brian (2014). *Thought in the Act. Passages in the Ecology of Experience*. Minneapolis : University of Minnesota Press.

Manning, Nicholas. (2017). Why Study Unknowable Intensities? On Contemporary Affect Theory, With an Interview With Rachel Greenwald Smith. *Revue française d'études américaines*, 151(2), 140-150. https://doi.org/10.3917/rfea.151.0140

Marculescu, Andreea & Morand Métivier, Charles-Louis (Eds.) (2018). *Affective and Emotional Economies in Medieval and Early Modern Europe*. New York : Palgrave Macmillan.

Massumi, Brian (1995). The Autonomy of Affect. *Cultural Critique*, 31, 83-109. https://doi.org/10.2307/1354446

Massumi, Brian (2002). *Parables for the Virtual. Affect, Movement, Sensation*. Durham, NC : Duke University Press. [마수미, 브라이언 (2011). 『가상계』. (조성훈, 역). 서울 : 갈무리.]

Massumi, Brian (2015). *Politics of Affect*. Cambridge, UK : Polity. [마수미, 브라이언 (2018). 『정동정치』. (조성훈, 역). 서울 : 갈무리.]

McKim, Joel (2008, August 15). 'Of Microperception and Micropolitics' An Interview with Brian Massumi. *INFLeXions*, 3. [맥킴, 조엘 (2018). 2장 미시지각과 미시정치학. 조엘 맥킴과의 인터뷰.『정동정치』. (조성훈, 역). (pp. 81-131). 서울: 갈무리.]

Morton, Timothy (2012a). From Modernity to the Anthropocene : Ecology and Art in the Age of Asymmetry. *International Social Science Journal*, 63(207-208), 39-51. https://doi.org/10.1111/issj.12014

Morton, Timothy (2012b). An Object-Oriented Defense of Poetry. *New Literary History*, 43(2), 205-224. https://doi.org/10.1353/nlh.2012.0018

Morton, Timothy (2013). *Realist Magic : Objects, Ontology, Causality*. Ann Arbor : Open Humanities Press. [모턴, 티모시 (2023).『실재론적 마술』. (안호성, 역). 서울: 갈무리.]

Ngai, Sianne (2000). Stuplimity : Shock and Boredom in Twentieth-Century Aesthetics. *Postmodern Culture* 10(2), https://doi.org/10.1353/pmc.2000.0013

Ngai, Sianne (2005). *Ugly Feelings*. Cambridge, MA : Harvard University Press.

Ngai, Sianne (2012). *Our Aesthetic Categories. Zany, Cute, Interesting*. Cambridge, MA : Harvard University Press.

O'Sullivan, Simon (2001). The Aesthetics of Affect. Thinking Art beyond Representation. *Angelaki*. Routledge, 6(3), 125-135. https://doi.org/10.1080/09697250120087987

O'Sullivan, Simon (2006). *Art Encounters Deleuze and Guattari. Thought Beyond Representation*. New York : Palgrave Macmillan.

Paszkiewicz, Katarzyna (Ed.) (2016). Pensar el afecto desde la cultura y el arte. Thinking about Affect in Culture and Art. *452ºF Revista de teoría de la literatura y literatura comparada*, 14, 3-6.

Probyn, Elspeth (2010). Writing Shame. In Melissa Gregg and Gregory Seigworth (Eds.), *The Affect Theory Reader* (pp. 71-90). Durham : Duke University Press. [프로빈, 엘스페스 (2015). 3 수치의 쓰기. 그레그, 멜리사 · 시그워스, 그레고리 (편저).『정동 이론』. (최성희 · 김지영 · 박혜정, 역). (pp. 126-159). 서울: 갈무리.]

Reason, Matthew & Mølle Lindelof, Anja (2017). *Experiencing Liveness in Contemporary Performance : Interdisciplinary Perspectives*. New York : Routledge.

Richardson, Michael (2016). *Gestures of Testimony. Torture, Trauma, and Affect in*

Literature. New York : Bloomsbury Academic.

Riley, Denise (2005). *Impersonal Passions. Language as Affect*. Durham, NC : Duke University Press.

Sedgwick, Eve & Frank, Adam (1995). Shame in the Cybernetic Fold. Reading Silvan Tomkins. *Critical Inquiry*, 21(2), 496-522. https://doi.org/10.1086/448761

Shaviro, Steven (1990). *Passion & Excess : Blanchot, Bataille, and Literary Theory*. Tallahassee : Florida State University Press.

Shaviro, Steven (2009). *Without Criteria : Kant, Whitehead, Deleuze, and Aesthetics*. Cambridge, MA : MIT Press. [샤비로, 스티븐 (2024). 『기준 없이』. (이문교, 역). 서울 : 갈무리.]

Shaviro, Steven (2010). *Post Cinematic Affect*. Ropley : John Hunt Publishing.

Shaviro, Steven (2015). *Discognition*. London : Repeater Books. [샤비로, 스티븐 (2022). 『탈인지』. (안호성, 역). 서울 : 갈무리.]

Sheller, Mimi (2015). Vital Methodologies. Live Methods, Mobile Art, and Research-Creation. In Phillip Vannini, (Ed.), *Non-Representational Methodologies. Re-Envisioning Research* (pp. 130-144), New York : Routledge. [바니니, 필립 (편저) (2023). 8 생기적 방법론 — 살아있는 방법, 모바일 아트, 그리고 연구-창작. 『비재현적 방법론 — 연구를 재상상하기』. (김진영 외, 역). 전남 : 전남대학교출판부.]

Spinoza, Baruch (1677/1985). *The Collected Works of Spinoza*. Ed. and trans. Edwin Curley. (Vol. 1). Princeton : Princeton University Press.

Smith, Rachel Greenwald (2011). Postmodernism and the Affective Turn. *Twentieth-Century Literature*, 57(3, 4), 423-446. https://doi.org/10.1215/ 0041462x-2011-4008

Smith, Rachel Greenwald (2015). *Affect and American Literature in the Age of Neoliberalism*. Cambridge, MA : Cambridge University Press.

Somers-Hall, Henry (2012). *Hegel, Deleuze, and the Critique of Representation. Dialectics of Negation and Diference*. Albany : State University of New York.

Stewart, Kathleen (2007). *Ordinary Affects*. Durham, NC : Duke University Press. [스튜어트, 캐슬린 (2022). 『투명한 힘』. (신해경, 역). 서울 : 밤의책.]

Stewart, Kathleen (2015). New England Red. In Phillip Vannini (Ed.), *Non-Representational Methodologies. Re-Envisioning Research*. New York : Routledge. [바니니, 필립 (편저) (2023). 2 뉴잉글랜드의 빨강. 『비재현적 방법론 — 연구를

재상상하기』. (김진영 외, 역). 전남 : 전남대학교출판부.]
Taylor, Julie (Ed.) (2015). *Modernism and Affect*. Edinburgh : Edinburgh University Press.
Terada, Rei (2001). *Feeling in Theory. Emotion after the "Death of the Subject."* Cambridge, Mass. : Harvard University Press.
Thrailkill, Jane F. (2007). *Affecting Fictions : Mind, Body, and Emotion in American Literary Realism*. Cambridge, Mass. : Harvard University Press.
Thompson, Marie (2017). *Beyond Unwanted Sound : Noise, Affect and Aesthetic Moralism*. New York : Bloomsbury.
Thomassen, Lasse (2017). Poststructuralism and Representation. *Political Studies Association*, 15(4), 539-550. https://doi.org/10.1177/ 1478929917712932
Thrift, Nigel (2007). *Non-representational Theory. Space, Politics, Affect*. New York : Routledge.
Tomkins, Silvan S. (1962). *Affect, Imagery, Consciousness*. New York : Springer Pub.
Vannini, Phillip (Ed.) (2015). *Non-Representational Methodologies. Re-Envisioning Research*. New York : Routledge. [바니니, 필립 (편저) (2023). 『비재현적 방법론 — 연구를 재상상하기』. (김진영 외, 역). 전남 : 전남대학교출판부.]
Vermeulen, Pieter (2015). *Contemporary Literature and the End of the Novel : Creature, Affect, Form*. New York : Palgrave Macmillan.
Wehrs, Donald R. & Blake, Thomas (Eds.) (2017). *The Palgrave Handbook of Affect Studies and Textual Criticism*. New York : Palgrave Macmillan.

:: 옮긴이 해제

'매개'하는 지도 그리기

1. 재현에서 매개로

산드라 모야노-아리자는 철학과 디지털 기술의 교차를 탐구하는 인문학자로, 신자유주의 시대 낭만적 사랑이 어떻게 데이팅 어플과 같은 디지털 기술을 통해 재구성되는지를 비판적으로 연구한 논문 『알고리즘 시대의 사랑 ― 21세기 낭만은 어떻게 조직되는가』로 2024년 미국 뉴욕시립대학교CUNY에서 퍼트리샤 클러프의 지도 아래 영문학 박사학위를 받았다. 동시대 매체를 주목하는 그의 관심사는 정동 이론부터 사변 철학, 신유물론 및 포스트휴머니즘, 페미니즘, 그리고 미디어 이론을 아우른다.

모야노가 2020년에 발표한 소논문인 「정동 이론과 문학·예술 ― 재현 사이와 재현 너머」가 정동 이론과 문학·예술의 교차를 매개mediation라는 핵심 개념으로 그리는 이유는 그러한 맥락 속에서 이해할 수 있다. 매개는 정동이론뿐 아니라 미디어 연구의 근본적 화두이기 때문이다. 대표적으로 모야노가 서두에서 하나의 시작점으로 삼는 브라이언 마수미는 이항대립적 구조를 유지시키는 문화이론의 이데올로기와 달리 정동은 즉자적인 이행 그 자체로서 이분법 너머를 사유할 수 있게 하는 매개적 방법론이라고 명명한 바 있다. 한편 정동은 뉴미디어 시대에 매체의 본질을 재조명하기 위한 도구로도 기능한다. 리사 블랙먼은 「정동과 매개」라는 글에서 매개를 정동적 과정으로 주목하며 매체가 무엇을 하는가를 질문한다. 여기서 매개는 선형적 시간성에 기반한 단면적인 포착에 가까운 전통적 재현과는 다른 역동성을 담지하는 개념으로 발견된다(Blackman, 2018).

물론 정동은 매개 그 자체로 환원되어서는 안 된다. 멜리사 그레그와 그레고리 시그워스가 말했듯 정동은 "혼탁하고 매개되지 않은 관계됨에서 나타나는 것"(그레그·시그워스, 2015, p. 20)으로, "문턱", "긴장", "혼합", "흐릿함"에 대한 이론적 탐색을 가능케 한다. 그러므로 정동은 내면/외면, 주체/객체의 경계를 무화하는, '무매개적'인 것이다(김미정, 2017, p. 268). 따라서 정확히 말하자면 정동은 이항을 상정하지 않는 관계적 시각을 제공한다고 할 수 있다.

모야노는 이러한 지적 토대 위에서 정동과 문학·예술

의 교차로를 파악하는 데 있어 매개를 핵심적인 이정표로 설정하고, 그로부터 지도를 그리고자 한다. 동시에 이는 디지털 예술까지 아우르는 동시대적 시각을 견지하며 재현이라는 문학·예술의 근본적 문제를 다시 질문하는 일이다. 모야노가 정동이 재현의 난제를 새로운 가능성으로 가정하는 일이 모리스 블랑쇼식의 "사이 공간을 없애면서가 아니라, 오히려 되살리면서 가능해진다"고 주장한 것은 이와 궤를 같이한다. 그가 보기에 정동 이론은 후기구조주의와 해체주의식 유한성의 막다른 골목에서 문제의식을 새로 벼릴 수 있도록 해준다. 요컨대 정동을 통해 재현의 한계는 시작점으로 변모한다.

2. 정동의 이중 구조

모야노는 그렇듯 질문을 바꾸어 던지는 과정에서 스피노자식 정동의 이중 구조를 활용하는데, 그의 지도를 더욱 잘 받아들이기 위해서는 먼저 그러한 방법론의 효과를 파악하는 것이 중요하다. 모야노가 정동의 이중적 움직임을 논의의 틀로 차용하는 이유는 세 가지 측면으로 나누어 이해해 볼 수 있다. 먼저, 정동이라는 용어를 사용함으로써 논의의 대상을 한정 짓기 위함이다. 모야노는 정동적 전회 이후 느낌feeling 또는 감정emotion을 정동affect과 구분하는 경우에 국한하여 연구 동향을 검토한다. 이때 모야노는 상대적으로 느낌과 감정을 엄격하게 구분하고 있지는 않은 것으로 보인다. 그의 태도는 소모적 논의를 경계하고자 한다는 점에서 레이 테라다나 레이철 그린왈드 스미스가 느낌이라는 포괄적 용어를 선호하는 이유와 유사하게 읽힌다. 이는 정동에 있어서도 마찬가지다. 정동은 언제나 명확하게 정의될 수 없으며 바로 그러한 불분명함을 통해서만 정의될 수 있는 개념인 만큼, 그는 정동이 무엇인지만을 논하기보다는 "그 자체로 무엇"인지를 묻는 방식으로 명확한 논의의 경계를 설정하는 데에 우선적으로 관심을 둔다.

그러나 모야노의 결단은 범주를 설정하는 일차적인 의미에서 더 나아간다. 모야노는 이러한 방향 설정을 통해 '정동이 무엇을 하는가'라는 질문에 생산적으로 기여한다. 모야노가 "이 교차점의 저자들이 정동의 이중 구조를 접한 뒤, 재현을 어떻게 다루었는지에 주목할 것을 제안"하는 방식이 이에 해당한다. 즉 그는 정동을 인식론적 도구로 삼았을 때 논자들이 문학·예술에서 재현의 문제를 어떻게 새롭게 접근했는가를 메타적으로 분석하는 방식을 택한다. 이는 정동을 둘러싼 필연적인 관점 차이에 과도하게 천착하는 대신 그것이 발생시키는 지식 생산 차원의 문제를 효과적으로 역설하게 해준다.

마지막으로, 모야노는 정동의 과잉과 역량이라는 개념을 기준으로 삼음으로써 지도를 그리는 하나의 실질적인 방식을 명료하게 제시해준다. 재현 사이와 재현 너머로 각각 재개념화되기는 하지만, 정동 이론에서는 드물게도 통용되고 있는 개념을 활용하고 있기에 이는 기존 논의를 톺아보는 일에 가깝다. 그러나 모야노는 이러한 구분이 편의상의 것에 불과할 뿐 아니라 그러한 작업들조차 상호교차한다는 사실 또한 재차 밝힌다. 나아가 궁극적으로는 바로 그러한 불가분성에 입각한 이 지도 자체가 정동 이론과 문학·예술 각각에 대한 이해를 심화시킬 수 있도록 한다. 다른 분야와 마찬가지로 문학·예술 연구로서의 정동 연구 또한 언제나 정동을 재현할 수밖에 없다는 점에서 실패를 내포하기 때문이다.

3. 매개하는 지도

이처럼 모야노는 동시대 매체 연구자로서 매개를 문학·예술과 정동 이론의 핵심으로 간주하고, 정동의 이중 구조를 빌려 교차점에 놓인 영미권 선행 연구를 재독하고 개괄한다는 점에서 유용한 지도를 제공한다. 정동 이론의 관점에서 재현을 매개로 논하는 모야노의 지도 그리기는 그 자체로도 매개로서의 재현을 행하는 정동 연구라는 점에서 유의미하다.

정동은 그 이론적 특수성으로 인해 명확한 정의나 방법론이 부재하기에, 그와 교차하는 문학·예술 연구의 다종다양한 갈래들을 총체적으로 파악하는 일은 불가능할 뿐 아니라 부적절하다. 그리고 이는 그러한 조건 속에서 쓰인 모야노의 지도를 먼저 접한 후 본 해제를 작성하는 역자의 곤란과도 직결된다. 역자로서 한국 내의 연구 지형을 가늠해 소개하는 것이 마땅하나, 정확히 그러한 시도야말로 무의미하기 때문이다. 예컨대 전통적인 미메시스 개념으로부터 정동 연구 방법론을 길어 올리는 문학 연구, 역사적 시각에서 신체와 감정에 주목하는 문화 비평, 정동 이론을 차용하는 미디어 예술 연구는 학제 간 편차가 클 뿐 아니라 실제 개별 연구의 층위도 모두 다르기에, 한 연구자가 이를 아울러 제시하고자 한다면 단순 열거에 그치기 쉽다.

이를 모야노가 '재현의 난제'라고 거듭 지칭하는 익숙한 질문에 비유하자면 결국 다음과 같다. '재현 불가능한 방법론을 가진 이론의 연구사 검토는, 지도 그리기는 어떻게 재현 가능한가?' 모야노의 작업은 바로 이러한 질문 앞에서 재현 자체를 정동의 관점에서 되묻는 데에서부터 출발한다는 점에서 주목을 요한다. 다시 말해, 그는 재현이 무엇을 하는가를 재사유함으로써 정동적 전회 이후의 연

구들을 '매개'한다.[1]

그가 보기에 정동 이론은 재현의 본질을 자율적인 매개로 보도록 요청하면서, 즉 기왕에 한계로 담론화되었던 지점을 가능성으로 재해석하면서 그로부터 다시 논의의 장을 가능케 한다. 글의 전반부와 후반부를 구성하는 재현 사이와 너머, 과잉과 역량이라는 이중의 수사학은 그로부터 비롯한다. 정동이 신체 간 조우를 발생시키고 매개하는 힘으로서 재현을 가능케 할 때, 그것은 그 사이에 머무는 인식론적 과잉인 동시에 그 너머에서 이미 역량을 지닌 존재론적 실체이기 때문이다.

그렇기에 모야노의 글은 문학·예술 연구와 정동 이론의 교차 속에서 작업하고자 하는 이들에게 정동적 재현 혹은 매개하는 쓰기의 한 사례라고 할 수 있다. 이에 본 해제는 본문의 내용을 간략하게나마 검토하며 역자의 부족함으로 인해 생겼을지 모를 문턱을 낮추고 진입로를 추가로 마련하는 방식으로 역할을 다하고자 한다.

---

1. 이러한 매개의 과정에서 모야노는 정동 이론을 둘러싼 견해차보다는 공통된 전제에 집중하며 정동적 전회 담론을 수용하는 전략적인 경향을 보인다. 따라서 이 글은 기본적으로 퍼트리샤 클러프의 논의의 연장선상에 있다. 그러나 이러한 도식과 관련해서는 알리 라라의 글에서 상세히 소개되고 있는 정동적 전회를 둘러싼 논쟁도 함께 참조될 필요가 있다.

4. 재현 사이

이 글의 전반부는 문학·예술 작품work을 주로 재현물의 관점에서 파악하고, 정동을 그것이 이미 재현된 방식을 설명하기 위한 렌즈로 활용하거나 집단적 정동을 포착하기 위한 재현 도구로 본다. 이 경우는 후기구조주의, 해체주의의 연장선상에서 작가가 어떻게 정동을 재현하는지, 혹은 재현을 인식론적으로 가용할 수 있는 것으로 삼을 수 있는지에 관심을 둔다. 그렇기에 등장인물 혹은 독자라는 개별 주체를 넘어서 그 사이의, 혹은 집단적 정동을 논하고자 하는 방향성이 공통적으로 나타난다.

1절 1항 '정동이라는 렌즈'의 후반부에 찰스 알티에리의 한계를 보충하는 연구로서 거론되는 레이철 그린왈드 스미스의 '인칭적/비인칭적 정동' 개념은 이를 잘 보여준다. 스미스는 레이 타라다가 이론사에서 '표현적 가설'expressive hypothesis이라는 개념을 통해 감정과 주체성은 불가분의 관계에 놓여있지 않다고 지적한 것과 유사하게, 문학사적 관점에서 '정동적 가설'affective hypothesis이 존재함을 분명히 하며 정동은 오롯이 개인적인 것이라는 통념을 비판하고자 한다(Smith, 2011, pp. 423~446). 이러한 시도는 감정 또는 정동은 항상 주체로서의 인간을 조건으로 가진다는 대전제를 해체하고자 한다.

1절 2항 '집단적 정동'에서 집단적 정동을 탐구하는 대표 사례인 '공적 느낌 프로젝트' 또한 유사한 맥락에서 소개되고 있다. 이들의 작업은 문학 작품의 생산과 수용을 넘어서 지식 생산의 차원까지 아울러 논한다. 사라 아메드, 로런 벌랜트, 앤 츠베트코비치와 같은 학자들의 작업은 최근 한국에도 번역되기 시작하여 함께 살펴볼 수도 있을 것이다. 한편 동시대의 관객 참여형 예술 작품을 분석하는 크리스티나 알부의 연구가 보론 격으로 소개되고 있다는 사실은 특기할 만하다. 동시대 미술까지 가로질러 재현의 문제를 사유한다는 점에서 모야노의 글 또한 그 자체로도 역동적인 렌즈를 생산하고 있기 때문이다. 그렇기에 그가 마지막에 당부하듯 이러한 작업이 "결국 정동의 **재현**을 생산"한다는, 즉 "정동의 움직임을 포착하기 위해서 재현을 실천"한다는 사실은 유념할 필요가 있다. 이러한 생산성이야말로 정동과 재현의 교차에 놓인 핵심일 것이기 때문이다.

5. 재현 너머

이 글의 후반부는 기왕의 패러다임을 넘어서기 위해 작품을 독립적인 객체^{object}로 보고, 글쓰기 자체를 정동적인 역량을 지닌 매개 과정으로 논하거나 사변^{speculation}의 장으로 간주한다. 모야노는 이 경향이 짙은 연구들이 전반적으로 재현의 실천과 그 효과보다는 그것을 가능하게 한 정동의 역량 자체에 주목하며 존재론으로 이행한다고 파악한다. 그리하여 주체성과 재현의 조건에 내재한 유한성과 불가능성 너머로 객체의 존재를 적극적으로 가늠speculate한다.

2절 1항 '역량으로서의 글쓰기'는 그러므로 정동적인 것으로서의 글쓰기writing as affective를 의미한다. 재현 바깥의, 비재현적[2] 글쓰기의 가능성을 재고하고자 하는 이러한 시도는 전자의 경우처럼 결국 재현의 사이에 머물며 그 실천으로 이어지는, 정동에 '대한' 쓰기와는 구분된다. 이 논자들은 정동을 쓴다writing affect. 이들은 주체성의 물질적 결과로서의 글쓰기를 들여다보고자 한다. 캐런 버라드의 얽힘이 시사하듯, 글쓰기는 그 연결의 과정을 고스란히 간직한 매체로 실재한다. 캐슬린 스튜어트가 「뉴잉글랜드의 빨강」에서 뉴잉글랜드의 빨강에 '대해' 쓰지 않음으로써 시도한 것과 같은 실험적 글쓰기는 그를 지시하고자 한다. 그러나 이 과정은 인간이 객체에게 행위자성을 부여하는 것이 아니라, 역으로 이루어지는 것에 가깝다.

2절 2항 '사변적 역량들'에서 사변이라는 역어는 사변

---

2. 비재현 이론에 관한 한국의 논의로는 정학성, 2023, pp. 51~89 참조.

적 실재론과의 연관성을 보다 직접적으로 드러내기 위해 채택되었다. 모야노는 디지털 예술의 물질성을 기반으로 비인간 객체가 발산하는 역량에 주목한 미미 셸러와 마크 핸슨의 작업을 사변적 실재론과 함께 배치한다. 사변적 실재론자들은 종종 문학을 경유해 칸트식 상관주의와 주관주의를 거부하고 실재를 감각하고자 해 왔기 때문이다. 글 말미에서 모야노는 이렇듯 재현 너머에서 정동의 사변적 역량을 존재론적으로 가늠하고자 하는 시도를 마수미가 말한 '내재적 비평'과 연결 짓는다. 글쓰기의 과정과 그 산물인 객체를 되묻고 상상하는 일련의 작업은 내부에서 다시 행하는 미시 정치로 평가된다.

6. 정동의 자리로부터

그러나 모야노가 밝히고 있듯, 이 글에서 소개된 내재적 비평의 작업들이 철저히 영미권 논의 지형에 기반해 있다는 사실은 다시 한번 기억할 필요가 있다. 모야노의 시각 역시 미국식 학제와 정동 이론이라는 특수한 위치에서 형성된 인식론적 산물이다. 그러므로 모야노의 지도를 한국에서의 정동과 문학·예술을 둘러싼 지형을 살피기 위한 또 다른 시작점으로 삼기 위해서는, 과잉과 역량이라는 정동의 양면적 위치를 따져 묻는 작업이 언제나 먼저 동반되어야 한다는 당부를 유념해야 할 것이다. 그리고 그 과정에는 모야노가 미처 다루지 못한 다양한 예술 분야의 정동 연구 사례를 끝에서나마 소개하고 있듯, 보다 넓은 미학적 사례가 포함될 수도 있을 것이다. 중요한 것은 각 정동의 자리를 기억하며 '매개'하는 일이다.

::참고문헌

김미정 (2017). '기억-정동' 전쟁의 시대와 문학적 항쟁 — 한강의 『소년이 온다』(2014)가 놓인 자리. 『인문학연구』, 54권, 249-278.
그레그, 멜리사·시그워스, 그레고리 편저 (2015). 『정동 이론』. (최성희·김지영·박혜정, 역). 서울: 갈무리.
정학성 (2023). 비재현적 접근법에 대한 소고 — 비재현 이론과 방법론, 주체성, 매체에 관하여. 『공간과 사회』, 33권 2호, 51-89.
Blackman, Lisa (2018). Affect and Mediation. In Röttger-Rössler, B. & Slaby, J. (Eds.), *Affect in Relation: Families, Places, Technologies* (pp. 221-240). London and New York: Routledge.
Smith, Rachel Greenwald (2011). Postmodernism and the Affective Turn. *Twentieth Century Literature*, 57(3/4), 423-446.

가라앉음, 퇴보성, 기계됨을 느끼기: 퀴어 이론과 정동적 전회

리우 웬

정다연 옮김·해제

퀴어 이론과 정동적 전회의 만남은 세 가지 갈래의 정동적인 학문을 만들어 냈다. 퀴어 부정성, 퀴어 시간성, 그리고 기계적 몸으로서의 퀴어다. 이들은 특히 역사적 발전과 성 정체성에 대한 후기구조주의적 비판에 몰두했던 기존 담론과 결을 달리한다는 점에서 서로 뚜렷하게 구별되면서도 연결되어 있다. 각 갈래는 퀴어 이론과 정동 이론 양쪽에 각기 다른 분석적인 도전과 잠재성을 제시했다. 이 글은 이들을 **각각** 가라앉음을 느끼기, 퇴보성을 느끼기, 기계됨을 느끼기**로 명명한다.** 이 세 유형의 학문은 퀴어 몸이 정동되도록 하는 다양한 형식의 사회성과 강도의 수준을 묘사한다. 또한 문화적 과정을 더 깊게 이해하도록 하고, 시간적인 차원에서 인식론을 전환하며, 유럽-미국 중심적 경험에 공간적 특권을 부여하는 기존 관점에서 벗어나 성적 존재론을 확장함으로써, 퀴어 이론에 세 가지 고유한 방식으로 기여한다.

들어가며

퀴어 이론과 정동 이론은 모두 언어적 전회와 문화적 전회를 넘어, 정체성·신체·물질에 대한 경계와 정의, 접근 방식을 바꾸고 교란하는, 야심에 찬 패러다임 전환을 시도한다. 퀴어 이론은 1990년대 학자들과 활동가에 의해 생겨나, 자유주의 운동의 정체성 근본주의 개념에 입각한 정치에 저항하고 그 연구의 대상의 범위를 영토화하는 것을 거부한다. 「퀴어 이론은 우리에게 X에 대해 무엇을 가르치는가?」라는 서두의 사설에서 로런 벌랜트와 마이클 워너는 간단명료하고 강하게 "퀴어 이론을 고정된 무언가 a thing로 생각하는 것은 무의미하다"고 말한다(Berlant & Warner, 1995, p. 343). 섹스, 젠더, 섹슈얼리티의 규범적 모델에 대한 비판이 확산되면서 형성된 퀴어 이론은 다른 "공중publics의 생성"을 열망한다(Berlant & Warner, 1995, p. 344).[1] 이러한 공중

---

1. * 로런 벌랜트와 마이클 워너의 말을 빌리자면, 이 공중은 "섹스와 친밀성을 일관되면서도 교정적이지 않은 방식으로 감당할 수 있고, 자신의 특권과 곤경의 차이를 이해할 수 있다. 이들의 추상적 공간은 살 수 있고, 기억될 수 있고, 추구될 수 있는 곳이다. 여기에서 **공중**이라고 함은 스스로를 퀴어로 정체화한 이들을 가리키지 않는다. 퀴어라는 이름 또한 게이, 레즈비언, 바이섹슈얼, 트랜스젠더를 포괄하는 것이 아니다. 퀴어 공중은 각기 다른 시간에 소속에 대한 다른 이해를 가능하게 한다. 이 소속은 정체성이나 역사의 표현이기보다는 염원의 문제다"(Berlant & Warner, 1995, p. 344). 'Publics'는 '공론장'으로 번역되기도 하지만, 이 글에서는 특정한 이

은 섹스와 친밀성의 문제를 탐구하고 다양한 권력 장을 가로지르며 개인이 체현하는 특권과 곤경에 대해서 다르게 사유하는 이들이다. 퀴어 이론은 정체성 근본주의identitarianism와 규범성에 반대하는 데 이론적·정치적·인식론적으로 전념한다. 이로써 "섹슈얼리티"에만 연구의 초점을 맞추는 것을 넘어, 인종·민족·젠더·계급·국적·장애 그리고 최근에는 인간과 비인간이라는 다양한 분석적 범주를 탐구하여, 정상화normalization의 체제를 공고히 하는 사회적 차별의 교차적 결과에 집중할 수 있게 한다.

푸코에 대한 후기구조주의적 비평에 뿌리를 두고, 유색인종 페미니스트의 기여에 힘입어 "퀴어적 전회"(Hall & Jagose, 2012)는, "여성"이나 "동성애자"처럼 제도적으로 고정된 정체성이나, 신체에 대한 생물학적 결정론 개념에 지속적으로 도전한다. 그뿐만 아니라 다양한 공공영역(대중문화, 과학, 의학, 종교, 공공 정책 등)에 개입하며 물신화한 정상성에 문제를 일으키고 정치와 소속에 대한 대안적인 가능성을 만들어 내는 반토대주의적antifoundational 지식 생산을 독려한다. 특히 퀴어 이론과 심리학자 실반 톰킨스의 정동 이론을 잇는, 이브 세즈윅과 애덤 프랭크의 작

해관계를 공유하는 이들의 집합이라는 의미에서 공중(公衆)을 번역어로 택했다. 다만, 이들이 형성하는 담론적인 층위를 강조할 때는 공적인 것 등으로 맥락에 따라 번역하였다.

업(Sedgwick & Frank, 1995 ; Sedgwick, 2003)에 의해 주도되어, 퀴어 정동은 처음의 해체적이고 언어 중심의 반본질주의 antiessentialism 작업에서 벗어나 신체적인 것과 생물학과의 더 명백하게 관계 맺는 방향으로 전환했다. 초기 퀴어 이론 형성에 있어 세즈윅이 '편집증적 비평'이라고 명명한 것이 지닌 한정된 이론적·정치적 가능성을 인식하며 퀴어 정동은, 정상성과 비정상성, 관계성과 반사회성, 공적인 것과 친밀한 것, 수치심과 긍지, 억압과 자유에 대한 이분법적 사고를 넘어선 에로틱한 삶을 개념화한다(예: Berlant & Warner, 1998 ; Grosz, 1994 ; Sedgwick, 2003). 퀴어함에 대한 약속은 학문 간 경계를 넘어 끊임없이 변이하고, 그 자체의 가정들을 바꾸거나 끊임없이 약화하고, 확고한 제도들과 사회적 삶을 가로질러 변화를 유도하고 촉발한다. 이를 통해 과거 주변화되었던 느낌, 감정, 친밀함, 감상성에 대한 이론적 논의를 되살리는 정동 이론의 생산적인 갈래들이 생성되었다.

퀴어 정동의 세 갈래

퀴어 이론과 "정동적 전회"(Clough & Halley, 2007)의 만남은, 특히 트라우마를 가진 특정한 성적인 주체로서의 게이나 레즈비언에 주목해 연구했던 기존의 논의에서 벗어나 서로 뚜렷하게 구별되면서도 연관된, 퀴어 부정성, 퀴어 시간성, 그리고 기계적 몸으로서의 퀴어라는 세 가지 갈래의 정동적인 학문을 만들어 냈다. 각 갈래는 퀴어함과 정동 사이에 새로운 관계를 만들었고, 이는 각 학문의 장에 각기 다른 분석적인 도전과 잠재성을 제시했다. 이 글은 이를 각각 **가라앉음을 느끼기**feeling down, **퇴보성을 느끼기**feeling backward 2, **기계됨을 느끼기**feeling machinic로 명명한다. 퀴어와 정동 이론이 맺는 이 세 유형의 관계는 퀴어 몸이 정동되도록 하는 다양한 형식의 사회성과 정동적 강도의 수준을 묘사한다. 물론 퀴어 정동의 확산은 이들 세 갈래에 국한되지 않는다. 이 세 관계에 집중하는 것은, 퀴어와 정동이라는 두 학문적 장이 지난 10년간 연결되었던 초기의 매듭을 밝히고 이 만남이 문화적, 인식론적, 존재론적 영역에 미친 영향을 중심으로 조망하는 일종의 로드맵을 제시하기 위함이다. 특히 이 틀은 퀴어 이론의 후기구조주의와 정동 연구 사이의 논쟁적인 관계의 뒤얽힘을 풀기 위한 것이다. 클레어 헤밍스(Hemmings, 2005)의 비판적인 통찰을 따라, 이 글이 제안하는 퀴어 정동 분석의 잠재성은 후기구조주의적 문화 해석을 전면적으로 무용하거나 비

---

2. * 이 글에서 '퇴보성'이라는 표현은 단순한 시대착오나 낙오가 아니라, 근대주의적 진보 서사에 대한 이론적 저항이자, 퀴어 고통과 소외의 기억을 전략적으로 재소환하는 정동적 실천을 가리킨다.

정치적인 것으로 간주하며 거부하는 데 있지 않다. 오히려 정동이 퀴어 문화 비평 위에서 어떻게 몸의 다중적 역량을 이론화하게 되었는지를 탐구하는 데에 있다.

퀴어 부정성은 점점 더 문제가 되고 있는 국가와 주류 게이·레즈비언 정치의 유착에 이의를 제기하고 퀴어 신체와 부정적 정동 사이에 대안적 형식의 관계를 형성하려고 시도한다(예 : Ahmed, 2004/2014 ; Sedgwick, 2003). 반면 퀴어 시간성은 퀴어 되기$^{queer\ becoming}$를 재고하며, 푸코적인 해체론, 정신분석학, 그리고 급진적 유색 여성 페미니즘의 지적인 지형도를 통해 섹슈얼리티를 시간적 성좌^{星座}의 장으로 구성한다(예 : Edelman, 2004 ; Love, 2007 ; Muñoz, 2009). (퀴어 부정성과 퀴어 시간성이라는) 두 갈래 모두 문화적 비평이라는 접근법을 취하면서 자유주의적인 사적 감정의 프레임 안에서 자주 인식되지 못하는 느낌, 감각^{sensations}, 그리고 표현을 가시화한다. 또한 부정적이고 퇴보적인 전회라는 분석적 관점을 통해서 성적 정체성의 단선적인 모델과 이성애 규범적인 미래주의에 의문을 제기한다. 여기에서 퀴어 정동은 퀴어 신체를 원형적인 백인 자유주의 주체성에서 기인하는 근대적 성의 역사와 개인적인 성적 정체성을 넘어서는 행위자 되기와 재구성 가능성으로 해석한다.

게다가 세 번째 갈래의 퀴어 연구는 들뢰즈의 '몸의 다공성과 침투 가능성' 이론을 지향하며(Deleuze & Guattari, 1983) 퀴어 신체를 독특하고 단독적이며 유기적인 독립체로 개념화하려는 집착을 거부할 필요성을 강조한다. 정치적인 주제로서의 퀴어함은 전통적으로 퀴어 신체의 고통을 인간화하는 전략에 기대어 왔지만, 자스비르 푸아르(Puar, 2017)와 같은 세 번째 갈래의 연구자들은 근대적 섹슈얼리티 담론을 통해서 서양 인간 형상을 보편화하고 정상화한 결과를 문제시한다. 정동은 생산적인 틀로서 작동하여, 인구 관리의 층위에서 권력을 추적하며 생물정보학적bio-informatic이며 기술적인 "통제 사회"(Massumi 2015, p. 16 [마수미, 2018, p. 42])의 기계적인 어셈블리지 안에 퀴어 분석을 다시 배치한다.

퀴어 정동의 세 갈래 모두 몸과 느낌의 비인지적인 힘이 주변화된 주체들의 사회적이고 정치적인 삶을 어떻게 형성하고 의미화하는지를 보여준다. 정동과의 교차는 퀴어 이론에 세 가지 주요한 방식으로 기여했다. 각각 (1) 정동이 어떻게 순환하고 퀴어 몸에 달라붙으면서 문화적 과정에 대한 퀴어 이론의 이해를 심화시키는지를 살피는 방법으로서 **가라앉음을 느끼기**, (2) 퀴어 이론의 역량을 시간적인 범주에서 확장하는 인식론적 반영으로서의 **퇴보성을 느끼기**, 그리고 (3) 퀴어함을 인간 형상 너머의 존재론적 전회로 이끌고 그럼으로써 유럽-미국적 경험을 공간적으로 특권화하는 것을 지양하는 어셈블리지의 이론으로서의 기계됨을 느끼기다. 종합적으로 퀴어 정동은 부정적 정동과의 달라붙음, 시간적으로 퀴어 역사를 과거로 확장하는 것, 개인화되고 유기적인 주체에서 벗어나, 인간과 비인간을 넘어선 인구적 배열로 이행하는 과정을 통해 대안적이고 다수적인 되기를 향하는 몸의 역량을 강조한다.

가라앉음을 느끼기 : 부정적 정동의 순환과 달라붙음

1990년대 초반부터 퀴어 이론가와 활동가들은 주류 LGBTQ 운동과 국가 규제 사이의 연결이 강해지는 것을 비판해 왔다. 특히 미국의 혐오범죄 입법화, 차별금지 정책, 그리고 이후 이어진 동성결혼 합법화는 "진보"의 문제적 방향성을 보여주었다. 이러한 '진보'는 국가가 섹슈얼리티를 어떻게 정상화와 통제의 작동 기제로 활용했는지를 보여주며, 퀴어 이론화와 비평의 근간이 되었다. 정동 이론과 관계 맺으며 퀴어 연구자들은 자긍심, 안전, 행복의 개념에 대해 의문을 제기할 수 있게 되었다. 사실 이러한 개념은 진보적인 정치나 사회적 변화에 의한 결과라기보다 주류 LGBTQ 운동이 신자유주의 자본과 맺은 문제적 동맹의 결과이기 때문이다. 페미니즘, 퀴어, 탈식민주의 비평 전통을 계승하며, 가라앉음을 느끼기라는 틀로 향하는 정동적 전회는 반드시 새로운 이론적 패러다임은 아니다. 하지만, 이는 페미니즘적 분석 방법인 "개인적인 것이 정치적인 것이다"의 연속이자, 정상성과 비정상성, 억압과 해방, 지식과 무지의 이분법에 개입하는 후기구조주의적 개입의 연장선상에 있다(Ahmed, 2004/2014 [아메드, 2023] ; Cvetkovich, 2003, 2012 ; Hemmings, 2005 ; Pedwell & Whitehead, 2012).

'공적 느낌 프로젝트'Public Feeling Project의 이론적 배경에서 중요한 학자 중 한 명인 앤 츠베트코비치(Cvetkovich, 2012)는 일상생활에서 느낌이 어떻게 순환하며, 구조적 배치가 특정 정동을 "공적"으로 드러내고 다른 정동은 은폐하는 조건을 어떻게 제공하는지에 주목하면서 퀴어 정동적 역량을 강조한다. '공적 느낌 프로젝트'의 연구자들은 감정 노동에 대한 페미니즘 분석과 신체화하고 수행하는 몸의 역량에 특히 주의를 기울인다. 이들은 정동적 전회 이전부터 페미니즘 이론이 신체와 물질에 깊이 관여해 왔다고 주장한다(Hemmings, 2005 ; Khanna, 2012 ; Pedwell & Whitehead, 2012). 몇몇 페미니즘과 퀴어 연구자들이 정동으로의 전회를 후기구조주의적 분석으로부터의 완전한 분리로 보고 이를 수용하는 것에 조심스러운 데 반해, 톰킨스의 정동 이론에 대한 세즈윅(2003)의 해석은 후기구조주의와 유물론, 둘 모두와의 관계를 찾는 것이 퀴어 이론의 향후 발전을 위해서 필요하다고 주장한다. 그에 의하면 퀴어 이론은 생물학, 물질성, 가늠의 자유freedom in speculation에 반대하는 비평적 편집증에 사로잡히고 제한되었다. 후기 구조주의와 유물론적 접근을 결합하면서 **가라앉음을 느끼기** 갈래의 퀴어 연구는 부정적 정동의 유용성에 초점을 맞춘다. 이 연구는 공적 느낌의 재사회화를 다루며, 후기구조주의의 편집증적 비평으로부터 거리를 둔다. 이 일군의 연구들은 정동을 유기적 주체가 생산한 대상이 아니라, 권력이 느껴지는 표면과 회로로 이해한다. 퀴어 부정성과 정동의 논쟁적인 관계는 결과적으로 반성적이고 회복적인 퀴어 이론의 이론적 참조 틀로 연결되며, 퀴어함이 어떻게 형성되고 수행되는지의 문화적 과정뿐 아니라, 젠더와 섹슈얼리티의 범주를 넘어서서 대중을 정동할 역량에 대한 더 깊고 넓은 분석을 제공한다.

편집증적 역사

세즈윅(2003)은 자신의 중요한 에세이 「편집증적 읽기와 회복적 읽기」에서 퀴어 이론이 에이즈 위기 이래로 구조적으로 편집증적 정동과 결부되어 있었다고 주장한다. 퀴어 섹슈얼리티와 퀴어 신체에 대해 미국 정부가 주도한 허위 정보의 유포로 인한 국가에 대한 불신은 1980년대 중반 이래로 퀴어 이론적 실천에서 **의심의 해석학**hermeneutics of suspicion이라는 특정한 전통과 "반동성애 혐오 이론의 특권적인 **대상**"으로서의 편집증을 조장했다(Sedgwick, 2003, p. 126). 동성애 혐오에 의한 상처라는 특유한 서사는 에이즈 위기, 상실의 여파, 죽음, 그리고 정부에 대한 습관적인 의심에서 비롯되었다. 세즈윅은 이 서사가 편집증과 퀴어함 사이의 과잉 결정된 관계를 형성했고 대안적인 비판적 실천들을 생성하는 퀴어함의 가늠 역량speculative capacity을 제한했다고 지적한다.

퀴어 이론이 견뎌온 이러한 편집증적 입장은 푸코의 권력 이론을 부정적인 것이 아니라 생산적인 것으로만 불완전하게 활용한 데서도 기인한다. 세즈윅에게 푸코의 섹슈얼리티 이론이 제공하는 일종의 "망상적 약속"delirious promise은, 프로이트의 "억압 가설"(Sedgwick, 2009, p. 9) 외에도 그가 금지 혹은 억압 대 자유 혹은 해방이라는 이분법적인 틀 밖에서 섹슈얼리티를 이해하는 방법을 발견했다는 점이다. 한편으로 세즈윅은 후기구조주의 전통의 이론적 가능성을 전면적으로 거부하지는 않지만, 푸코적인 퀴어 지식 생산 경향에 대해서는 우려를 표한다. 이러한 후기 구조주의적 편집증의 형식은 텍스트 저변의 "숨겨진" 억압적 권력을 드러내는 것을 기다리고 결국 퀴어 연구 실천 안에서 섹슈얼리티와의 순전히 부정적인 관계를 고착화한다. 세즈윅은 억압의 숨겨진 흔적을 드러내는 반복적인 연극적 효과와 억압과 해방 사이의 이분법적인 변환에서 벗어나는 방법을 찾으며 훨씬 더 자유로운 관계를 허용하는 톰킨스의 정동 이론(1962 ; 1963)에 주목한다. "모든 정동은 어떠한 '대상'이라도 가질 수 있다"(Tomkins, 1962, p. 190)는 톰킨스의 잘 알려진 정동의 정의는 특정한 대상과 목적을 취하는 프로이트의 충동 개념과 결별한다. 일반적으로 긍정적인 정동으로 이해되는 기쁨이나 흥도 고통스러운 사건에서 체험될 수 있고 수치심이나 공포 같은 부정적 정동도 즐거운 활동을 향하여 투자될 수 있다.

톰킨스가 정동의 체계를 의도적으로 반(反)이성애중심적인 의제로 발전시키지 않았다고 할지라도, 세즈윅이 특히 수치심 개념을 중심으로 톰킨스의 작업을 독해한 것은 퀴어 이론화의 다른 가능성들을 열었다. 이러한 독해는 퀴어 주체의 구성에서 당연시되었던 성적 수치심과 "내면화된 동성애 혐오" 간의 이론적 유착에 균열을 일으켰다(Liu, 2017 ; Sedgwick, 2003 참고). 수치심이 주류 심리학에서 흔히 유리disengagement나 정신적 고통의 신호로서 반드시 극복되어야 하는 것으로 해석되었다(예 : Herek, Chopp & Strohl, 2007 ; Meyer, 2003). 그에 반해 톰킨스는 수치심이 관심이나 즐거움이 존재해야만 느껴진다고 주장한다. 이는 수치심이 관심이 줄어드는 상황에서 작동할 뿐, 관심이 없거나 반대되는 상태에서는 작동하지 않는다는 것을 의미한다. 이렇게 톰킨스의 이론은 금지와 활성화의 이분법적인 변환이 아닌 방식으로 수치심을 다루고, 이는 억압 가설과 그것에 대한 비판을 둘러싼 단락 회로적 지식 생산에서 벗어날 수 있게 한다. 세즈윅이 톰킨스를 통해 제공하는 퀴어 정동의 회복적 읽기는, 뜻밖의 가능성을 기꺼이 수용하고, 과거에 편집증적 불안이 제한했던 미래의 잠재성들을 여는, 지식 생산을 향해 가늠하는 움직임이다. 즉, 이러한 회복적 실천은 프로이트적 동성애 혐오 중심적인 퀴어 상처 서사에서 벗어나 "다양한 정동, 열망, 그리고 위험들"(Sedgwick, 2003, p. 150)로 움직여 퀴어함을 이론화하는 다른 길들을 제공할 수 있게 한다.

퀴어 불편함

클레어 헤밍스(2005)는 특히 세즈윅(2003), 질 들뢰즈(1997), 브라이언 마수미(2002)의 주장과 관련하여 정동의 자율성을 강조하는 정동적 전회에 대해 자세히 따져 묻는다. 그녀는 "오직 특정한 주체들에게만 정동은 열린 방식으로 달라붙는 것으로 생각될 수 있다. 다른 이들은 정동과 과도하게 연관되어 있어서 그들 자신이 정동적 전이의 대상이다."라고 주장한다(Hemmings, 2005, p. 561). 예를 들어, 젠더화되고 성애화되고 인종화된 신체는 흔히 타인의 수치, 역겨움, 공포 등을 실어 나르고, 그 주체의 정체성을 결정짓는 특정한 정동적 관계에 고정된다. 헤밍스는 정동 이론에 관하여 신중함을 보이는데, 이는 정동 이론이 페미니즘 이론이 다루어 온 정체성, 재현, 사회적 범주의 복잡성에서 벗어나 주체를 탈중심화하기 때문이다.

그러나 사회적이고 경험적인 것에 대한 페미니즘적 관여는 정동 이론과 사실상 상충되지 않는다. 톰킨스와 세즈윅에 따르면 정동의 방향성은 다중적이고 어떤 대상에 이를 투자하는 것은 언제나 정치적인 관계로 고려되어야 한다. 정동의 방향성과 유동성이 주체마다 다르게 작동한다는 점에 주목하는 관점은 사라 아메드의 작업(2004/2014)과 밀접히 연결된다. 아메드는 퀴어함이 이성애 규범적인 기관들의 사회적 배치와 정동적 과정 안에서 순환되는 것을 검토한다. 이때 정동적 과정은 어떤 정동이 불균형하게 어떠한 주체와 몸에는 달라붙고 다른 주체와 몸에는 달라붙지 않는 방식을 결정한다. 아메드는 정동을 대상의 근본적인 속성으로 인해 유발되는 것으로 이해하기보다, 정동과 대상 간의 관계 방향을 뒤집으며, 느낌이 "우리와 대상이 만나는 접촉의 '형태'를 따른다"(Ahmed, 2004/2014, p. 5 [아메드, 2023, p. 33])고 주장한다. 아메드의 작업에서 중심적인 것은 "개인적인 것이 정치적인 것이다"라는 페미니즘의 이해를 확장하여, 사적인 것과 정치적인 것을 규정하는 경계가 이미 결정된 것이 아니라 문화적 영역에서의 정동의 순환이 낳은 효과로서 구성된다고 보는 점이다.

정동이 사회적 배치를 어떻게 형성하는지에 대한 이러한 관심과 함께 아메드는 이성애 규범성이 이성애 헤게모니와 지배의 구조로서만 작동하는 것이 아니라 공적 편안함에 대한 이성애적 느낌을 보존하는 정동의 구조로서도 작동한다고 주장한다. 이러한 공적 편안함은 선별된 몸들만 "[이성애 규범의] 모습이 이미 반영된"(Ahmed, 2004/2014, p. 148 [아메드, 2023, p. 319]) 공간으로 들어올 수 있도록 허용함으로써 지켜진다. 즉, 일상생활에서의 루틴과 강제적 이성애는 특정한 살과 애착의 패턴인 반복되는 신체적 행위가 되며 이는 상호작용의 표면을 형성하고 편안함과 불편함, 소속됨과 소외됨의 느낌을 생산한다. 불편함과 고통의 퀴어 느낌은 성적 정체성 자체에서 기원하는 것이 아니다. 이는 퀴어 주체가 일상적인 상호작용 속에서 그들의 몸이 이성애 규범적 공간과 마주칠 때, 그 공간을 받아들이고 유지하도록 강제되는 상투적이고 반복적인 노동에서 발생한다.

그러나 불편함은 단순히 부정성이나 상처의 기호가 아니라 오히려 새로운 형태의 사회성과 열림이다. 아메드에 따르면 퀴어 주체들이 가지는 이성애 규범적 이상에 대한 조건부 애착 속 불편함은 생산적인 것이자 **"규범을 다르게 살아내는 일에 대한 문제"**(Ahmed, 2004/2014, p. 155 [아메드, 2023, p. 333]. 강조는 원문)일 수 있다. 퀴어 불편함은 욕망, 친밀감, 그리고 심지어 가족이라는 대상을 붙잡고 재가공하여 공적 영역에서 새로운 인상을 만들고, 공간들에서 대안적 애착의 양식을 창조한다. 퀴어 신체가 대안적인 애착의 형식들을 탐색하는 것처럼 그들은 "다른 몸에게 자신을 여는 즐거움을 통해 여러 공간에서 '모인다'"(Ahmed, 2004/2014, p. 165 [아메드, 2023, p. 355]). 퀴어 즐거움$^{\text{queer pleasure}}$ 3은 규범성과 비규범성의 이항 대립 속에 존재하지 않는다. 그것은 세즈윅이 톰킨스를 경유해 언급했던 것과 유사하게 정동의 부정적 달라붙음을 견뎌내며 솟아오르는 정동이며, 이는 더 깊은 관여와 새로운 형식의 사회성을 만들 수 있는 잠재성을 지닌다.

게이 수치심

부정적 정동에 개입함으로써 퀴어 이론은 상처를 입히는 것으로서의 퀴어 주체성과 섹슈얼리티의 관계를 재구성할 뿐만 아니라, 수치심과의 순전한 부정적 관계 위에 구성된 심리-정치적 퀴어 주체를 교란한다. "게이 수치

---

3. *"pleasure"의 경우, 명백하게 정신분석학의 맥락 안에서 쓰일 경우 '쾌락'으로 번역하였지만, 사라 아메드가 사용하는 'pleasure'는 이미 출판된 시우의 『감정의 문화정치』를 참고하여 '즐거움'으로 번역하였다. 시우는 이 부분에서 'enjoyment'는 기쁨으로, 'pleasure'는 즐거움으로 번역했다.

심"gay shame 담론은 수치심이 퀴어 정체성의 탈병리화와 역사적 집합성collectivity을 형성하기 위한 힘을 생성한다는 세즈윅의 생각을 이어간다. "게이 자긍심"gay pride의 수사 아래 갈수록 더 신자유주의화하는 퀴어 정체성과 개인화되고 동화주의적인 정치학을 거부하며, "게이 수치심"은 이론적이면서 동시에 사회적인 운동으로 부상했다. 특히 데이비드 핼퍼린과 발레리 트라웁(Halperin & Traub, 2009)이 편집한 연구 모음집 『게이 수치심』은 LGBTQ 인권의 진보적 서사를 복잡하게 만드는 역사적 연구의 방법이자 이성애 규범적 남성성을 패러디하는 퀴어 수행성의 원천으로서 수치심의 유용성을 탐구한다. 이 모음집은 게이 남성 헬스장 문화, BDSM 실천, 퀴어한 유년 시절 서사, 그리고 극장의 연극적 공간 속 게이 인생 아카이브에 수치심이 넘쳐나는 것을 조명한다. 게이 자긍심이라는 편협한 이미지와 "긍정의 의무로부터의 면제"에 끼워 맞추는 것 대신에, 이러한 수치스러운 아카이브를 인정하고 기꺼이 수용하는 것은 "고무적으로 긍정적"일 수 있다(Halperin & Traub, 2009, p. 11~12). 수치심은 사실 자긍심의 반대말이 아니라, 애초에 사회운동이 자긍심을 선언하게끔 추동하는 원동력이다. 따라서 수치심은 거부해야 할 대상이 아니다. 대신에 이는 퀴어 정체성을 구성하는 요소로서 검토되어야 한다.

비록 게이 수치심이 퀴어 주체성의 정상화에 개입하는 새로운 형태의 집합성을 구성하게 되었지만, 비평가들은 이 주제가 주로 백인 게이 남성에 의해 채택된 것이라고 지적한다. 이를 통해 그들의 젠더화된 굴욕의 경험을 우선시하고, 공적 시선을 언제나 이미 "수치스러운" 것으로 인식되는 유색 인종 퀴어들의 몸으로 돌리게 했다는 것이다(Halberstam, 2005 ; Perez, 2005). 아메드(2004/2014)가 주장하듯, 정동이 특정한 유형의 몸에 달라붙는 방식은 언제나 정치적이다. 정동의 방향성과 순환을 추적하는 것은 주체가 어떻게 활성화되는지뿐 아니라, 누구의 위험을 대가로 주체성이 체현되는지를 드러낸다. 캐서린 존슨(Johnson, 2015)과 로브 코버(Cover, 2016) 같은 비판 심리학자critical psychologists들은 수치심이 어떻게 위험의 "증거"를 생산하는지에 특별히 관심을 가진다. 이 위험의 "증거"는 퀴어 청소년에게 불균등하게 달라붙고 일차원적인 피해자 주체성을 생산하며, 세대 간 공동체 유대감과 수치심의 수행적 역량을 둘러싸고 만들어지는 회복력을 무시한다(Blackman, 2011). 이 연구자들은 수치심에 집착하고 이를 내면화된 낙인의 증거로서 정신에서 제거해야 할 것으로 대상화하는 것보다는, 수치심을 퀴어 취약성을 회복적으로 분석하기 위한 사회적 과정과 상호작용으로 다룬다(Liu, 2017). 이들은 퀴어가 기꺼이 수용하는 부정적 정동과 개인화에 대한 정동적 저항을 통합하면서, 사적 정신병리학과 탐구의 바로 그 대상으로서 주변화된 몸에 성적 욕망을 고착화하는 체계에 도전한다. 대신, 그들은 수치심과 자긍심, 건강과 병리학의 이분법을 넘어, "호기심을 자아내는"curious 되기가 가능한 학제 횡단적인transdisciplinary 이론화의 새로운 형태를 지향한다(Hegarty, 2011).

퇴보성을 느끼기 : 퀴어 인식론적 역량 확장하기

만약 퀴어 부정성이 세즈윅이 "이상함"strangeness이라 명명한 정동, 특히 퀴어 수치심을 포용한다면, 퇴보성을 느끼기 갈래의 연구는 반복의 패턴과 되기의 경로를 정상화하는 시간성의 이성애 규범적 구조를 거부하며 퀴어 관계성과 반反관계성을 시간의 이상함을 통해 연결한다. 이 갈래의 퀴어 정동은 "일상"의 시간적 범위를 과거의 아카이브를 향해 확장하기 위해(예 : Cvetkovich, 2003 ; 2012 ; Love, 2007), 그리고 기존의 이성애 규범적 시간 질서를 벗어나 살아가기 위해(Halberstam, 2005 ; Freccero, 2007) 공적 느낌 프로젝트의 여성주의적 작업을 이어가며, 일부는 라캉 정신분석학의 충동과 쾌락 이론(Edelman, 2004) 또는 퀴어 인종 비평(Muñoz, 2009)에서 출발한다. 비록 퀴어 시간성을 연구하는 학자들이 들뢰즈나 베르그송의 정동과 시간에 관한 이론을 직접적으로 언급하지 않지만, 퀴어 시간성 연구자들은 종합적으로 퀴어 이론에 대한 인식론적 개입을 시도한다. 퀴어 시간성 연구는 이로써 퀴어 정체성과 욕망의 개념화에 있어 근대주의적modernist 시간성의 범위를 넘어 확장된다. 이러한 범위를 넘어서 확장될 때, 퀴어 시간성은 과거에 대한 고정된 발화와 미래에 대한 편협한 상상에 기반한 자유주의 정치의 선형적 진보 서사를 중단시키고, 현재의 "좋은 삶"에 대한 자유주의적 환상과 애착의 유효성을 의심케 한다(Dinshaw et al., 2007).

"시간으로의 전회"는 선형성, 발전, 근대주의에 대한 비판뿐 아니라, 로더릭 퍼거슨이 주장하듯 "인종화된 섹슈얼리티의 지정학적 역사들"에 대한 비판도 제공한다(Dinshaw et al., 2007, p. 180). 이 연구는 특히 섹슈얼리티의 서구 중심 시공간 바깥에 위치 지어지는 유색 인종 퀴어들을 대상으로 한다. 『퀴어 시간과 공간 — 트랜스젠더 신체들, 하위문화적 삶』에서 잭 핼버스탬(Halberstam, 2005)은 헤게모니에 대항하는 몸, 수행들, 그리고 정체성의 신체화 실천들에 대한 이해를 제공하는 대안적인 퀴어한 시간적 논리를 "포스트모던 지리학"(Harvey, 1990 ; Soja, 1989 참고)의 정전들에서 벗어나는 층위에서 추적한다. 퀴어 시간성이 퀴어 대항공중의 다양한 유형을 통해 공간에 대한 새로운 이해를 생산하는 데 반해, 퀴어 시간성을 통하여 "퀴어 공간성"을 정동적으로 연구하는 경향은 그렇게 강력하지 않다. 오히려 "퀴어 공간성"에 대한 정동적 연구는 기계됨을 느끼기를 다루는 이 글의 다음 부분에서 성적인 인간 형태에 대한 비판을 통해 강조된다. 부분적으로 이는 핼버스탬이 설명한 이유와 관련이 있다. 공간에 관한 논의는 종종 전 지구적 자본주의의 층위에서 신맑스주의적 문제의식을 포함해야 하지만, 이는 기존의 정동적 퀴어 연구가 다루는 몸과 체현의 문제와 본질적으로 관계가 없다. 다른 한편으로 이는 퀴어 경험을 북미 중심으로 참조하는 연구의 지리적 편향에서도 비롯된다. 따라서 이 절에서는 에이즈 위기를 배경으로 고통, 죽음, 생존, 공동체, 미래성의 문제와 연결되는 정동적 퀴어 시간성의 다양한 실천에 주목한다.

퇴보적 퀴어들

에이즈 운동에 대한 츠베트코비치(2003)의 연구는 퀴어 활동가 아카이브가 퀴어 주체성 형성에 어떻게 영향을 미쳤는지에 주목하면서, 기억하는 것과 트라우마를 실연하는 것의 생성적 잠재성을 보여준다. 상실과 죽음의 트라우마적 기억은 퀴어 공동체가 느끼는 일상적 비극을 개인적인 것으로 축소하고 병적으로 규정하는 것을 막는 공동체적 삶에 대한 감각을 생성한다. 끝나지 않은 과거와 이성애 규범적인 폭력의 지속되는 효과를 붙잡는 것으로서 퀴어함을 이론화하는 움직임은 헤더 러브(Love, 2007)의

『퇴보성을 느끼기』에서도 발견된다. 여기에서 러브는 타협할 수 없는 동성 욕망과 사회적 배제로 인한 퀴어의 고통으로 특징 지어진 19세기 후반과 20세기 초반 문학 텍스트들에 주목한다. 그는 긍정적 게이 계보를 구축하려는 LGBTQ 권리 운동의 시급성 때문에 몇몇 게이와 레즈비언 역사가들이 온당하지 못하게 이러한 텍스트들을 배제했고, 이것이 학술 분야로서의 퀴어 이론과 퀴어 역사 아카이브에 불행한 손실이었다고 주장한다. 퇴보적 전회는 어떻게 근대주의가 내부의 시간적 분할로 구성되어 있는지를 가리킨다. 몇몇 사람에게 점점 더 획득할 가능성이 높아진 게이와 레즈비언 정상화는, 퀴어의 고통을 오로지 과거에 속하는 것으로 타임스탬프를 찍는다. 이 과거는 주변화한 주체들, 예를 들어 비백인, 변태, 광인, 그리고 젠더 위반적인 인물들은 진보하고 발전할 수 없도록 막는 외재적 장애물을 마주하게 되는 곳이다. 핼버스탬(2005)은 그의 분석에서 트랜스 몸들의 "비규범적인" 위치와 퀴어 하위문화를 특권화하며 어떻게 특정 주체들, 특히 지방의 젠더 비순응 몸들gender-nonconforming bodies이 부치 레즈비언 대 트랜스젠더 남성 정체성의 지배적인 이분법적인 서사에 의해, 섹슈얼리티와 젠더라는 고정된 범주에서는 이해할 수 없는 것으로서, 불가피하게 퇴보적인 것으로 표시되는지를 드러낸다. 퀴어함과 근대성의 역설적인 관계를 생각해 볼 때, 퇴보적 전회는 과거를 향하는 방향성일 뿐 아니라, 동화될 수 없는 타자에 대한 계속되는 억압을 지우는 퀴어 근대성의 거짓된 약속에 대한 비판이기도 하다.

퀴어들 없는 미래

러브가 말하듯이 퇴보적 전회는 노스탤지어의 형식 혹은 퀴어 멜랑콜리아의 물신화가 아니다. 이 전회는 현재 퀴어 운동이 미래만을 전망하고 과거에 대한 정치학은 결여하고 있다는 점에 문제를 제기한다. 지속되는 고통과 부정성에 주목하는 것은 시간성에 대한 풍부한 퀴어 느낌을 생성했다. 이를 통해 퀴어 이론은 시간을 역사뿐 아니라 미래를 향한 선형성에 맞서 재구성하려는 이론적 역량을 발휘하게 되었다. 츠베트코비치와 러브의 작업이 퀴어의 과거를 정치적으로 "유용한" 것으로 회복하려는 것이라면, 리 에덜먼(Edelman, 2004)은 '아이'의 형상으로 구현되는 "재생산 미래주의"를 비판한다. 이 '아이'의 형상은 모든 정치가 근거하는 이성애 규범성의 논리에 기대어 있다. 에덜먼은 사회적 질서를 재구성하려는 정치의 욕망이 아무리 급진적이라고 할지라도, 정치적 욕망이 "**구조를 긍정하고 사회적 질서를 진정한 것으로 증명**하려고 작동하는 한 근본적으로 보수적으로 남는다. 그리고 그것은 자기 내면의 '아이'의 형태를 통해 미래로 전달되려 한다"고 주장한다(Edelman, 2004, p. 2~3. 강조는 원문). 에덜먼에게 퀴어함은 성적 욕망이기라기보다는, 반^反사회적 관계성에 더 가까우며, 이는 재생산 명령에 상반되는, 미래주의에 대한 영원한 거부다.

퀴어의 부정적 과거를 향한 새로운 정치학을 받아들이는 츠베트코비치나 러브와 달리, 에덜먼은 동성애와 죽음 충동 사이의 정신분석적 관계를 호출하며, 퀴어함을 대안적 사회관계에 대한 모든 환상에 반대하는 구조적 위치로 재개념화한다. 에덜먼이 제시한 "반관계적 논제"는 퀴어함의 정치학을 집단적 죽음 충동의 억압에 실패함으로써만 존재하는 것으로 본다. 이 집단적 죽음 충동은 퀴어 섹스가 "순수한 성교"pure fucking 외에는 어느 것에도 이르지 못한다는 생각을 가리킨다. 퀴어함에 대한 이러한 규정은 선형적 연속성의 연쇄로서의 시간적 질서를 탈신비화한다. 즉, 시간적 질서를, 자기 소멸을 향하는 방향으로서 자신을 차별화하기 위한 반복 행위로 대체한다. 당연하게도 반관계적 논제는 퀴어가 포함된 그 어떤 배치도 비판할 뿐 아니라 섹슈얼리티를 사회성의 한 형식으로 보는 것도 거부하기 때문에, 지지하기 어려운 정치적인 입장일 수 있다. 이 때문에 퀴어함은 좌파와 우파 모두에게 아무것도 아닌 것nothingness이 된다. 에덜먼은 "우파에게 아무것도 아닌 것은 시민 사회의 긍정성과 언제나 전쟁 중에 있고, 좌파에게는 탈신비화할 필요가 있는 성적 실천 그 이상도 이하도 아니다"라고 썼다(Edelman, 2004, p. 28). 이와 같은 "반정체성 근본주의"의 가장 극단적인 설명에서 퀴어함은 자기 소멸의 위험을 감수하며 자유주의자 되기의 명령으로부터 주체성들을 붙잡고 유예함으로써 정치성을 재정의하는 리비도적으로 충만한 정동이다.

하지만 에덜먼의 주장은 '아이'의 형상이 언제나 백인 중산층 남아로 코드화되어 있고, 그가 비판하는 정치적 형상이 백인 남성적 퀴어함에 한정되어 있다는 점을 알아차리지 못한 데에 중대한 약점이 있다. 즉, 인종화된 몸의 섹슈얼리티는 절대로 "순수한 성교"로 볼 수 없고 언제나 추가적으로 역사적인 짐을 짊어지고 있다는 것이다. 호세 무뇨스가 간결하게 말하듯 "미래는 오로지 몇몇 아이들에게만 주어진다. 인종화된 아이들, 퀴어 아이들은 미래성의 절대적 군주가 아니다"(Muñoz, 2009, 95). 이러한 비판의 관점에서 본다면, 쾌락과 죽음이 연결되었다고 주장하는 것은 모든 형태의 욕망이 규범적 백인 재생산 미래주의를 지향하는 구조적 명령을 재확인하는 것이다. 반관계적인 논제가 성적인 자유주의의 실패에 대한 강력한 비판일지라도, 이는 생동하는 잠재성, 대안적인 사회성, 다중적 형태의 되기 속의 퀴어한 삶과 즐거움을 살피는 것에 실패할 수 있다. 더 긍정적 전환으로서 무뇨스의 작업은 퀴어

펑크 하위문화의 대안적 아카이브를 끌어와 어떻게 대항적 미래성을 향하는 잠재성이 아무리 덧없고 무상하다고 할지라도 일상에 존재하는지를 보여준다. 세즈윅이 규정한 퀴어 이론의 편집증적 읽기에서 벗어나, 무뇨스는 그가 "유토피아적으로 느끼기"feeling utopian라고 부르는 정동적 개방성을 희망 없고 상상력이 결여된 실용적 정치학을 마주할 때 유색 퀴어의 수행 속에서 물질화하는 이상주의를 포착하기 위해서 수용한다. 무뇨스에 의하면 유색 퀴어와 트랜스 청소년을 향한 상시적인 국가 폭력의 맥락 속에서 우리는 "유색 퀴어 청소년이 실제로 성장할 수 있는 '아직 도래하지 않은not-yet'"의 퀴어 미래를 용기를 내어 찾아봐야 할 필요가 있다(Muñoz, 2009, 96).

정동적 지금

퀴어 이론은 특히 일반적인 욕망과 애착이 아직 알아차릴 수 없는 방식으로 어떻게 관리되는지를 명료하게 드러낸다는 점에서 생산적이다. 퀴어함이 만약 과거와 미래의 시간적 영역을 열어낸다면, 현재는 어떨까? 전 세계적 자본주의, 안보, 건강과 일반적 생존의 위기가 계속되는 현재, 벌랜트(2011)는 "현재"가 정동적으로 감지된다고 주장한다. 현재는 시간의 객관적인 측정 단위가 아니라, 인종, 계급, 젠더, 섹슈얼리티에 걸친 기분의 분배를 통해 경계가 계속해서 조정되고 느껴지는 "시간적 장르"로 구성된다(Berlant, 2011, p. 4 [벌랜트, 2024, p. 14]). 벌랜트는 이러한 끝없이 현재적인 위기의 순간에 있어 정치경제적 대상으로서의 좋은 삶은 사람들의 일상적인 낙관적 애착에 의해서 생산된다고 주장하는데, 낙관적 애착이란 "이번에야말로 이 대상에 다가가면" 삶의 전망을 급격하게 바꿀 수 있을 것이라는 믿음을 말한다(Berlant, 2011, p. 2 [벌랜트, 2024, p. 10]. 강조는 원문). 하지만 벌랜트는 이러한 애착이 최종적으로는 "잔인하다"고 분석한다. 이는 우리의 염원이 불가피하게 실패하고 있기 때문이다. 특히 이 염원이 전통적으로 좋은 삶을 구성한다고 생각되었던 대상들, 즉 보장된 직장, 경제적·사회적 평등, 정치적 안정과 지속 가능한 친밀함에 대한 것일 때 더욱 그러하다. 이러한 잔인한 낙관의 조건 아래에서 생존의 습관과 잠재적 번영의 시간적인 현장으로서 현재를 극화하는 행위가 오히려 사람들이 욕망해 온 것을 얻을 수 없도록 방해한다. 정동적 현재에 대한 분석은 이미 예정된 미래의 죽음을 제시하기 때문이 아니라 우리의 욕망과 삶의 물질적 조건 사이에 무엇이 욕망과 현실 사이에서 "막혀 있는"^{stuck} 상태인지를 명확히 드러낼 수 있기 때문에 매우 중요하다.

퀴어 시간성은 비규범적 몸과 욕망을 통해 시간이 느껴지는 방식, 즉 어떻게 과거의 고통이 현재에 계속 유령처럼 출몰하고 어떻게 미래가 퀴어한 즐거움을 억압함으로써만 존재하는지를 다시 살피게 한다. 정동은 퀴어함이 창조되고 새로이 표현되는 역사의 상이한 경로들과 방향성을 형성하고 재형성하는 퀴어한 마주침을 통해 다양한 시간적 세계들 속에서 관계들을 생산한다. 결과적으로 퇴보성을 느끼기는, 푸코적인 섹슈얼리티의 한정된 시간적 개념을 넘어 섹슈얼리티와 관계를 맺기 위한 새로운 인식론적 조건을 퀴어 이론에 제공한다. 성적 욕망 대신에 즐거움에, 정체성 대신에 관계성에 집중함으로써 퇴보성을 느끼기는 시간을 유예시킨다. 그리고 그보다 시간적으로 확장적인 퀴어 인식론과 퀴어 읽기를 통해 텍스트, 발화, 피부 등에서 느껴지는 표면과 관계를 맺기 위한 개념을 생성한다.

기계됨을 느끼기 : 성적인 인간 형태를 넘어선 퀴어 존재론

주디스 버틀러(Butler, 1990/2011)가 『젠더 트러블』에서 제안한 수행성은 퀴어 이론에서 중심적이다. 이 개념은 반복을 통한 담론의 생산적인 효과를 강조하는데, 이는 젠더화된 몸을 만들고 생물학적 결정론에 입각한 성 개념의 고정성을 해체한다. 이러한 수행성 개념은 캐런 버라드(Barad, 2003)에 의해 설명되었다. 버라드는 퀴어 수행성의 포스트휴먼 물질성과 양자역학의 관계적 존재론 사이의

"행위적 실재론"agential realism(Barad, 2003, p. 810)이라는 새로운 동맹을 제시하며 물질들의 내부작용intra-activity 현상을 강조한다. 이러한 이론적인 움직임은 인간 신체의 기호학적 담론 생산에서 비인간적 행위자로 수행성 개념이 변화할 수 있도록 허용했다. 초기에 퀴어함이 푸코와 버틀러의 작업에서 이성애 규범성의 기호학적 의미 연쇄의 잠재적 바깥으로 개념화된 데 반해, 버라드의 "양자 퀴어성"quantum queerness은, 루치아나 파리시(Parisi, 2009, p. 80)가 정교화하듯, 사물들의 내부작용 속의 퀴어 되기를 설명한다. 이 사물들의 내부작용은 별도의 인간 행위자가 물질에 행위를 가하는 것이 아니라, "내부작용의 자연적 성질에 내재하는 … 미래가 모든 순간에 급진적으로 열리는" "내부의 외부"라는 조건을 만들어 낸다(Barad, 2003, p. 826). 즉, 담론 행위는 언어와 기호를 통해 무엇이 말해지느냐 혹은 의미화되느냐가 아니라, "물질의 관계(예를 들어, 젠더화된 몸이나 성적 욕망)가 표현될 수 있도록 허용하는 사회적인 배치의 구체적인 물질적 (재)배열"이다(Barad, 2003, p. 819).

　　버라드의 도발적인 주장에 더해서, 파리시는 들뢰즈와 과타리의 퀴어 존재론 개념이 "추상 기계"(Deleuze & Guattari, 1987, p. 141)의 어셈블리지라고 제시한다. 이러한 "추상 기계"에서 욕망은 퀴어함을 체화된 섹슈얼리티로 표현하기 위해서 작동하지 않는다. 오히려 "미시-성적 다양체"microsexual multiplicities가 그에 대응하는 단독적 개체들을 통과하고 새로운 성적 형태와 관계를 생성하는 시공간적 지역을 창조한다(Parisi, 2009, p. 89). 즉, **기계됨을 느낀다**는 것은 몸 자체가 이성애, 동성애, 성과 젠더의 의미로 수동적으로 규정된 물질이 아니라, 끊임없이 형성되고 재배열되는, 가상적으로, 정치적으로, 기술-과학적으로 구성된 관계들인 추상 기계의 일부라는 것을 인식하는 것이다(Deleuze & Guattari, 1987, p. 7). 이러한 갈래의 정동 연구는 그것에게 주어진 영토를 해체하는 신체의 역량을 강조한다. 이때 정동은 행위자적인 물질로서 체험felt experience을 만들어내고, 다른 물질에 대하여 행위하고, 관계의 영역을 변화시킨다. 기계됨을 느끼기는 또한 평범해진 위험, 기회, 가능성의 개념으로써, 기술-과학적인 장치를 통해 정의되게 되는 몸의 무력함incapacity을 이론화하는 것이기도 하다. 정상성과 병리, 생산성과 비생산성의 개별화된 구축에서 벗어나, 기계적 어셈블리지의 틀은 어떻게 삶의 기회와 죽음에 대한 생물정보학bio-informatic의 통계적 계산에 의해 인구들이 생산되고 규율되는지를 드러낸다. 또, 각기 상이한 역량을 부여받은capacitated 몸들이 어떻게 생물의학과 제약 체제에 의해 신자유주의적 주체를 생산하도록 동원되는지도 사유하게 한다.

테크노-신체

기계됨을 느끼기는 자유주의적이고 인본주의적인 섹슈얼리티와 주체성 개념에서 벗어나, 어셈블리지 속에서 몸과 물질이 자기 조직화할 수 있는 역량을 추구하는 특정한 유형의 퀴어 연구를 촉발한다. 버라드가 설명하듯 행위성과 전복은 담론이 아니라, 물질들의 미시적 움직임에 의해서 일어난다. 몸의 부분들은 이해 가능한 주체의 경계를 구성하기 위해 생명정치적 정동 경제 속에서 축적되고 순환한다. 폴 프레시아도(Preciado, 2013)는 몸의 체현이 "제약-포르노그래피적"[4] 체제를 통해 조합되는 분자적 수준에서 생명정치적 통제가 빠르게 확산된다고 설명한다. 끊임없는 수정의 현장으로서 몸은 이 체제에 의해 이용되고, 궁극적으로는 그로부터 분리될 수 없게 된다. 즉, 권력은 호르몬 주사, 약물 복용, 그리고 화학물질과 자극제를 통한 욕망의 기술-과학적 증폭을 통해 인공 보철 신체의 형태를 띠게 된다.

---

4. * 프레시아도의 "제약-포르노그래피적"(pharmacopornographic)이라는 개념은 1970년대 포드주의 생산 방식의 쇠퇴 이후 본격적으로 가시화된 생물분자적(biomolecular)이고 멀티미디어적인 기술적 관리와 통치 방식을 일컫는다. 제약 산업과 포르노그래피 산업으로 대표되는 이 통치 방식은, 약물과 미디어를 통해 욕망을 생성하고 몸, 성, 섹슈얼리티의 개념을 물질적, 담론적으로 구성 및 통제한다.

지정학적 인종 존재론

프레시아도에게 신체적인 되기의 범위를 강화하는 것은, 특히 트랜스 주체성의 확산과 더불어, 신자유주의 경제와 유동적으로 연결되는 미시-보철적 신체가 구성되는 분자적 수준에서 새로운 저항의 장소를 가리킨다. 그러나 자스비르 푸아르(2017)는 몸과 지정학의 공간적 범위 모두에서 작동하는 통제 사회에 대한 저항으로서 이러한 분자적 차원을 존재론적으로 만들고 낙관적으로 수용하는 경향에 경계심을 표한다. 특히 그는 글로벌 북반구에서 증대된 트랜스젠더 권리 가시화가 기술적으로 조율된 젠더화된 신체를 구성함으로써, 새로운 정상화와 시민권 형성의 경로를 만들어내며, 더 나아가 지나치게 젠더적으로 변이되었거나, 과도하게 인종화되었거나, 또는 심각한 장애를 지닌 신체들이 '생명정치적 실패'로 배제된다고 지적한다(Puar, 2015, p. 46). 수잔 스트라이커와 아렌 아이주라에 따르면 "트랜스젠더 백인성"은 "유색 인종의 몸에서 가치를 추출하는 과정"을 통해 구성된다(Stryker & Aizura, 2013, p. 10). 그러므로 트랜스 되기에서 테크노-신체는 백인성이 순환하고 새로운 가치를 생성할 수 있는 새로운 정동적 시공간 영역을 만든다. 푸아는 트랜스가 되는 것을 생물학적으로 결정론적인 성의 구분에 저항하는 분자적인 저항으로 보기보다, "**트랜스 되기**는 지정학적, 생명정치적인 통제가 작동하는 데에 정보를 제공하는 인종과 인종적 존재론에 역량을 부여하는 것"이라고 제시한다(Puar, 2017, p. 58. 강조는 원문). 이 지정학적, 생명정치적인 통제에서 젠더적 몸의 변경을 통해 백인 남성성은 가장 강력한 역량을 부여받는다. 다르게 말하자면, 기계됨을 느끼기는 어떤 몸이 더 변화를 잘 받아들인다고 가정되고, 어떤 몸이 변형되거나 수정될 수 없는 것으로 간주되는지를 묻는 것이다. 즉, 인간 형상에 대한 퀴어 정동적 비판은 어떻게 글로벌 남반구의 유색인종 몸들의 역량을 박탈하고 그들을 성적이고 젠더화된 인간 형상에서 제외함으로써 글로벌 북반구의 남성적 백인 퀴어와 트랜스 몸들이 더 많은 행위성과 유동적 역량을 배정받는지를 문제시하는 것이다.

신자유주의 체제하에서 트랜스 신체의 생산은 의료 개입, 제약 산업, 사법 체계에 기반한다. 이 분야들은 젠더 이분법을 규범화하고 트랜스인, 인종화된, 혹은 장애를 지닌 몸들이 기본적인 자원에 접근하는 것을 통제하는 위계적인 배제의 구조 그 자체다. 제도들 사이에서 순환하고 튕겨 나가며, 다르게 역량을 부여받은 몸들이 각자와 갈등하게 하는 이러한 모순적인 관계는 트랜스 몸과 퀴어 몸들의 기계적 어셈블리지를 인구학적인 층위에서 분석할 필요성을 제시한다. 즉, 한 신체의 활성화가 어떻게 다른 신체의 약화에 의존하는지를 분석할 것을 요구한다. 기계됨을 느끼기는 분자적 차원과 인구적 스케일 모두를 아우르는 분석 틀로서, 젠더 및 섹슈얼리티 존재론에 가두지 않고 백인성과 비백인성, 인간성과 비인간성의 경계를 영토화하고 탈영토화하는 트랜스 이론화를 가능하게 한다(Chen, 2012 ; Chen & Luciano, 2015 ; Puar, 2017). 이러한 이론화를 통해 기계됨을 느끼기의 퀴어 정동은 LGBTQ 권리를 둘러싼 도덕적 담론과 퀴어 고통의 보편화에 의문을 제기하며, 백인성과 유럽과 미국을 중심으로 구성된 인간 형상에 의해 생산되고 역량을 부여받은 퀴어함과 트랜스함의 지정학적 존재론을 분명하게 비판한다.

연결되어 있음을 느끼기? 퀴어와 정동의 통제 불가한 마주침

가라앉음을 느끼기, 퇴보성을 느끼기, 기계됨을 느끼기라는 퀴어 정동 유형이 문화적, 텍스트적, 그리고 신체적인 주요 분석의 범위를 확장한다고 하더라도, 이들이 현실의 모든 층위에서 작동하는 것은 아니다. 트랜스 주체성에 관한 최근의 연구를 제외하고(예 : Preciado, 2013 ; Puar, 2017), 퀴어 정동은 퍼트리샤 클러프(Clough, 2008)가 규정한, 분자적 수준에서의 몸의 생물매개^{biomediated} 역량5을 다루자는 정동적 전회의 요구와 달리, 기본적으로 몸 사이와 그 위에서 일어나는 정동의 순환과 달라붙음의 강화에 집중해 왔다. 하지만 통제하기 어려운 마주침은 퀴어 이론과 정동 이론을 그들의 "편안한 영역"comfort zone에서 벗어나게 만들고 일반적으로 통용되는 분석 범위를 뒤흔들었다. 퀴어 이론에 있어, 정동은 정상성과 반정상성의 이분법을 넘어선 상호작용의 이질성과 느낌의 물질성으로 구성된 새로운 "대항공중"counterpublics을 향하여, 성과 친밀함에 의해 구획 지어져 있던 "공중"publics의 경계를 심화하고 확장한다(Berlant & Warner, 1995, p. 558). 나아가, 퀴어 이론의 역량은 시간성과 기계적 어셈블리지를 다룸으로써 시간적 범위에 대하여 인식론적으로, 지정학과 인간·비인간 종간주의inter-speciesism의 범위에 대하여 존재론적으로 향상된다. 당초의 대항공중이 이성애 규범적인 성적이고 친밀하고 가정적인 영역을 개방하고자 했던 것과 달리, 현재 대항공중은 확장적인 데다가 부정성, 정체성, 시공간과 비인간 형태에 대한 정동적 관계의 다양한 유형으로 구성된다. 퀴어 정동은 범위scale에 대한 질문을 재고하게 하며, 욕망과

---

5. * 생물매개로 번역한 'biomediate'는 블랙먼의 연구에 따르면, 유기체로서의 몸과 구별되는 개념으로 제시된다. "생물매개적인 몸은 유기적이면서 비유기적이고 살아있으면서도 살아있지 않고, 물질적이면서도 비물질적이다. 그것은 인간의 몸이 단순히 기계적으로 매개되었다는 것이 아니라, 정동이 통과하고 등록되기 위해 분명한 인간의 몸을 필요로 하지 않는다는 뜻이다."(Blackman, 2012, pp. 13~14)

몸의 친밀한 실천과 사회성의 세계적 형태를 연결하는 새로운 분석적 시각을 제공한다. 가장 중요한 것은, 퀴어 정동이 정상성과 반정상성의 이분법적 틀에 기반한 섹슈얼리티를 다루기를 거부하고 오히려 퀴어 자유주의, 생물학적 근본주의, 시공간에 대한 근대적 개념과 서구적 존재론의 지배적 논리를 넘어서서 몸의 다중적 역량들을 주장한다는 것이다.

다른 한편으로, 퀴어 이론은 정동적 전회가 통제 사회 속에서 욕망하는 몸과 새로운 관계를 주조하고 형성하며 물질의 범위를 넘어서서 "사회적인 것을 이론화"하도록 만든다(Clough & Halley, 2007). 퀴어 정동은 이론화에서 위험을 감수하고 즐거움의 역량을 가늠하는 데 전념speculative commitment하는 것과 관련한다. 스피노자가 강조하듯 "누구도 몸이 할 수 있는 것을 아직 결정하지 않았다"(Spinoza, 1959, p. 87). 몸의 역량은 몸 자체에 의해 제한되거나 결정되지 않는다. 오히려 몸의 역량은 인간 너머와 그 곁에 존재하는 관계망에 있다. 퀴어 반사회성(Edelman, 2004 참고)에 대한 논쟁 이후, 퀴어 정동은 가상적으로(Cho, 2015 ; McGlotten, 2013), 화학적이고 비인간적으로(Chen, 2012), 정신적이고 멜랑콜리하게(Eng & Han, 2019), 접속의 더 다공적인 형태를 향하여 움직이고 있다. 정동과 퀴어함의 마주침은 동화에 대항하는 수치스러운 주체, 근대성에 적합하지 않은 퇴보적 퀴어, 혹은 사이보그의 형상 생산에만 국한되지 않는다. 이 마주침은 지리학적으로 특정한 근대적 섹슈얼리티의 역사와 정치학을 통해서만 가능해진 성적인 인간 형태를 해체하는 것, 그리고 특히 계속해서 출현하는 욕망하는 공중에 의해 정동하고 정동되는 역량으로서의 몸의 다공성에 대한 것이다.

:: 참고문헌

Ahmed, Sara (2004/2014). *Cultural Politics of Emotion* (2nd ed.). Edinburgh, UK : Edinburgh University Press. [아메드, 사라 (2023). 『감정의 문화정치』. (시우, 역). 파주 : 오월의봄.]

Barad, Karen (2003). Posthumanist Performativity : Toward an Understanding of How Matter Comes to Matter. *Signs : Journal of Women in Culture and Society*, 28(3), 801-831. https://doi.org/10.1086/345321

Berlant, Lauren (2011). *Cruel Optimism*. Durham, NC : Duke University Press. [벌랜트, 로런 (2024). 『잔인한 낙관』. (박미선, · 윤조원, 역). 서울 : 후마니타스.]

Berlant, Lauren & Warner, Michael (1995). Guest Column : What Does Queer Theory Teach Us About x? *Publications of the Modern Language Association of America*, 110(3), 343-349. https://doi.org/10.1632/pmla.1995.110.3.343

Berlant, Lauren & Warner, Michael (1998). Sex in Public. *Critical inquiry*, 24(2), 547-566. https://doi.org/10.1086/448884

Blackman, Lisa (2011). Affect, Performance and Queer Subjectivities. *Cultural Studies*, 25(2), 183-199. https://doi.org/10.1080/09502386.2011.535986

Blackman, Lisa. (2012). *Immaterial Bodies : Affect, Embodiment, Mediation*. London : Sage.

Butler, Judith (1990/2011). *Gender Trouble : Feminism and the Subversion of Identity*. New York : Routledge. [버틀러, 주디스 (2024). 『젠더 트러블(개역개정판)』. (조현준, 역). 파주 : 문학동네.]

Chen, Mel Y. (2012). *Animacies : Biopolitics, Racial Mattering, and Queer Affect*. Durham, NC : Duke University Press.

Chen, Mel Y. & Luciano, Dana (Eds.) (2015). *Queer Inhumanisms*. Durham : Duke University Press.

Cho, Alexander (2015). Queer Reverb : Tumblr, Affect, Time. In Ken Hillis, Susanna Passonen & Michael Petit (Eds.), *Networked Affect*, (pp. 43-58). Cambridge, MA : The MIT Press.

Clough, Patricia T. (2008). The Affective Turn : Political Economy, Biomedia and Bodies. *Theory, Culture & Society*, 25(1), 1-22. https://doi.org/10.1177/0263276407085156

Clough, Patricia T. & Halley, Jean (Eds.) (2007). *The Affective Turn : Theorizing the Social*. Durham, NC : Duke University Press.

Cover, Rob (2016). *Queer Youth Suicide, Culture and Identity : Unliveable Lives?* New York, NY : Routledge.

Cvetkovich, Ann (2003). *An Archive of Feelings : Trauma, Sexuality, and Lesbian Public Cultures*. Durham, NC : Duke University Press.

Cvetkovich, Ann (2012). Depression is Ordinary : Public Feelings and Saidiya Hartman's 'Lose Your Mother.' *Feminist Theory*, 13(2), 131-146. https://doi.org/10.1177/1464700112442641

Deleuze, Gilles (1997). *Essays Critical and Clinical* (Trans. Daniel. W. Smith & Michael. A. Greco). Minneapolis, MN : University of Minnesota Press. [들뢰즈, 질 (2000). 『비평과 진단 — 문학, 삶, 그리고 철학』. (김현수, 역). 고양 : 인간사랑.]

Deleuze, Gilles & Guattari, Felix (1983). *Anti-Oedipus : Capitalism and schizophrenia*. Minneapolis, MN : University of Minnesota Press. [들뢰즈, 질 · 과타리, 펠릭스 (1997). 『안티 오이디푸스 — 자본주의와 분열증』. (김재인, 역). 서울 : 민음사.]

Deleuze, Gilles & Guattari, Felix (1987). *A Thousand Plateaus*. Trans. Brian Massumi. Minneapolis, MN : University of Minnesota Press. [들뢰즈, 질 · 가타리, 펠릭스 (2001). 『천 개의 고원』. (김재인, 역). 서울 : 새물결.]

Dinshaw, Carolyn ; Edelman, Lee ; Ferguson, Roderick A. ; Freccero, Carla ; Freeman, Elizabeth ; Halberstam, Judith ; Jagose, Annamarie ; Nelson, Christopher S. & Nguyen, Tan H. (2007). Theorizing Queer Temporalities : A Roundtable Discussion. *GLQ : A Journal of Lesbian and Gay Studies*, 13(2), 177-195. https://doi.org/10.1215/10642684-2006-030

Edelman, Lee (2004). *No Future : Queer Theory and the Death Drive*. Durham, NC : Duke University Press.

Eng, David L. & Han, Shinhee (2019). *Racial Melancholia, Racial Dissociation : On the Social and Psychic Lives of Asian Americans*. Durham : Duke University Press.

Freccero, Carla (2007). Queer Times. *South Atlantic Quarterly*, 106(3), 485-494. https://doi.org/10.1215/00382876-2007-007

Grosz, Elizabeth A. (1994). *Volatile Bodies : Toward a Corporeal Feminism*. Bloomington, IN : Indiana University Press. [그로츠, 엘리자베스 (2001). 『뫼비우스 띠로서 몸』. (임옥희, 역). 서울 : 여이연.]

Halberstam, Jack (2005). *In a Queer Time and Place : Transgender Bodies, Subcultural Lives*. New York : New York University Press.

Hall, Donald E. & Jagose, Annamarie (Eds.) (2012). *The Routledge Queer Studies reader*. New York, NY : Routledge.

Halperin, David M. & Valerie, Traub (Eds.) (2009). *Gay Shame*. Chicago : University of Chicago Press.

Harvey, David (1990). Between Space and Time : Reflections on the Geographical Imagination. *Annals of the Association of American Geographers*, 80(3), 418-434. https://doi.org/10.1111/j.1467-8306.1990.tb00305.x

Hegarty, Peter (2011). Becoming Curious : An Invitation to the Special Issue on Queer Theory and Psychology. *Psychology & Sexuality*, 2(1), 1-3. https://doi.org/10.1080/19419899.2011.536308

Hemmings, Clare (2005). Invoking Affect : Cultural Theory and the Ontological Turn. *Cultural Studies*, 19(5), 548-567. https://doi.org/10.1080/09502380500365473

Herek, Gregory M. ; Chopp, Regina & Strohl, Darryl (2007). Sexual Stigma : Putting Sexual Minority Health Issues in Context. In Ilan H. Meyer & Mary E. (Eds.), *The Health of Sexual Minorities*, (pp. 171-208). New York : Springer. https://doi.org/10.1007/978-0-387-31334-4_8

Johnson, Katherine (2015). *Sexuality : A Psychosocial Manifesto*. Cambridge, UK : Polity Press.

Khanna, Ranjana (2012). Touching, Unbelonging, and the Absence of Affect. *Feminist Theory*, 13(2), 213-232. https://doi.org/10.1177/1464700112442649

Liu, Wen (2017). Toward a Queer Psychology of Affect : Restarting from Shameful Places. *Subjectivity*, 10(1), 44-62. https://doi.org/10.1057/s41286-016-0014-6

Love, Heather (2007). *Feeling Backward*. Cambridge, MA : Harvard University Press.

Massumi, Brian (2015). *Politics of Affect*. Malden, MA : Polity Press. [마수미, 브라이언 (2018). 『정동정치』. (조성훈, 역). 서울 : 갈무리.]

McGlotten, Shaka (2013). *Virtual Intimacies : Media, Affect, and Queer Sociality*. Albany, NY : SUNY Press.

Meyer, Ilan H. (2003). Prejudice, Social Stress, and Mental Health in Lesbian, Gay, and Bisexual Populations : Conceptual Issues and Research Evidence. *Psychological Bulletin* 129, 674-697. https://doi.org/10.1037/0033-2909.129.5.674

Muñoz, José E. (2009). *Cruising Utopia : The Then and There of Queer Futurity*. New York, New York : New York University Press.

Parisi, Luciana (2009). The Adventures of a Sex. In Chrysanthi Nigianni & Merl Storr (Eds.), *Deleuze and Queer Theory* (pp. 72-92). Edinburgh, UK : Edinburgh University Press. https://doi.org/10.3366/edinburgh/9780748634040.003.0005

Pedwell, Carolyn & Whitehead, Anne (2012). Affecting Feminism : Questions of Feeling in Feminist Theory. *Feminist Theory*, 13(2), 115-129. https://doi.org/10.1177/1464700112442635

Perez, Hiram (2005). You Can Have My Brown Body and Eat It, Too! *Social Text*, 23(84-85), 171-191. https://doi.org/10.1215/01642472-23-3-4_84-85-171

Preciado, Paul B. (2013). *Testo Junkie : Sex, Drugs, and Biopolitics in the Pharmacopornographic Era*. New York : The Feminist Press at City University of New York.

Puar, Jasbir K. (2015). Bodies with New Organs Becoming Trans, Becoming Disabled. *Social Text*, 33(3(124)), 45-73. https://doi.org/10.1215/01642472-3125698

Puar, Jasbir K. (2017). *The Right to Maim : Debility, Capacity, Disability*. Durham, NC : Duke University Press.

Sedgwick, Eve K. (2003). *Touching Feeling : Affect, Pedagogy, Performativity*. Durham, NC : Duke University Press.

Sedgwick, Eve K. ; Frank, Adam & Alexander, Irving E. (Eds.) (1995). *Shame and Its Sisters : A Silvan Tomkins Reader*. Durham, NC : Duke University Press.

Soja, Edward W. (1989). *Postmodern Geographies : The Reassertion of Space in*

Critical Social Theory. New York : Verso.

Spinoza, Benedictus de (1959). *Ethics and on the Correction of Understanding*. Trans. Andrew Boyle. London : Everyman's Library. [스피노자, 베네딕투스 데 (2011). 『에티카 ― 지성교정론』. (황태연, 역). 전주 : 피앤비.]

Stryker, Susan & Aizura, Aren Z. (Eds.) (2013). *The Transgender Studies Reader 2*. New York, NY : Routledge.

Tomkins, Silvan. S. (1962). *Affect, Imagery, Consciousness : Vol. I : The Positive Affect*. New York, NY : Springer

Tomkins, Silvan. S. (1963). *Affect, Imagery, Consciousness : Vol. II : The Negative Affect*. New York, NY : Springer.

:: 옮긴이 해제

퀴어 이론과 정동 이론의 마주침이 생성한 세 갈래의 비판적 사유들

리우 웬의 작업은 자신의 위치를 기반으로 이론에 비판적으로 개입한다는 것의 의미를 잘 보여준다. 리우는 뉴욕 시립대학교에서 아시아계 미국인 개념을 퀴어 디아스포라 연구를 통해 재고하는 논문으로 2017년 비판적 사회심리학 박사 학위를 취득했고, 2024년 발간된 첫 책은 박사 논문을 발전시켜 '아시아계 미국인성'을 특정 집단에 고정된 정체성이 아닌 동화와 억압 사이에서 유동하는 개념으로 분석했다.[1] 이후, 그는 대만에 기반을 두고 활동가

---

1. Liu, 2017 ; Liu, 2024. 그의 첫 책은 전미여성학회의 첫 저술상 수상작으로 당선되었다.

이자 연구자로서, 중국과 미국이라는 두 제국의 압력과 맥락 속에서 다면적으로 형성되는 지역적, 인종적 연대에 관한 활발한 연구를 계속하고 있다.[2] 그의 작업은 그의 연구자로서의 위치에 밀착해 있다. 이 위치란, 미국 학계에서 아시아계 미국인으로서 BLM 운동을 경험함으로써,[3] 코로나 시기의 팬데믹이 만들어낸 새로운 '편집증'적 지평을 겪음으로써, 홍콩과 대만의 운동에 참여함으로써 만들어진다.[4] 그의 작업은 이를 바탕으로 추상적 이론이나 개념이 지닐 수 있는 정치적인 함의를 예민하게 분석해 내며, 이론을 적극적으로 대화 상대로 삼고 있다.

리우가 「가라앉음, 퇴보성, 기계됨을 느끼기」를 통해 우리에게 보여주는 것은 단순히 어떤 퀴어 정동 연구가 그동안 축적되었는지가 아니다. 그는 퀴어 정동 연구가 무엇을 할 수 있는지, 어떻게 퀴어 이론과 정동 이론, 더 나아가

---

[2] 그에게 태평양을 넘어서는 아시아 지역과 미국 지역 내, 나아가 세계 속 연대는 매우 중요한 화두 중 하나로 보인다. 그의 짧은 글 "Internationalism Beyond the 'Yellow Peril'"은 인종적 연대를 미국 국내뿐 아니라 트랜스내셔널하게 찾는다. 즉, 미국의 아시아계 미국인과 BLM 운동의 연대에 그치지 않고, 이들과 홍콩의 우산혁명, 대만의 해바라기 운동 사이의 연대도 일방향이 아닌 트랜스내셔널한 다면적 기준을 통해 모색한다. 다양한 학자들과의 대화 속에서도 페미니즘이나 퀴어 운동의 측면을 트랜스내셔널한 시선에서 바라보고 있음을 발견할 수 있다.

[3] 관련 연구는 한국어로 번역되었다. 리우, 2020.

[4] 그의 연구 전반에 대한 소개는 웬 리우의 홈페이지를 참고. https://www.wenliu.info/

근대 이론을 지탱하는 전제들에 개입할 수 있는지, 그 역량을 드러내는 방식으로 글을 쓰고 있다. 그 안에서 그가 가진 인종적, 젠더적 주체성에 대한 관심은 중요한 비판적인 개입의 기준으로 작용한다. 이 해제는 퀴어 정동 연구와 리우의 글쓰기를 하나의 길잡이로 삼아, 이곳의 연구자가 자신의 위치를 기반으로 삼아 '이론'에 어떻게 개입할 수 있는지를 살피고자 했다. 이 번역이 부족하게나마 또 다른 대화와 나아가 연대의 지평을 열 수 있기를 바란다.

1. 퀴어 정동 연구는 무엇을 할 수 있는가?

리우의 글 「가라앉음, 퇴보성, 기계됨을 느끼기」는 퀴어 이론과 정동 이론의 마주침이 퀴어 연구에 미친 영향을 정리하며, 퀴어 정동 연구가 무엇을 할 수 있는지를 보여준다. 리우는 로런 벌랜트와 마이클 워너를 인용하며, 퀴어 이론을 규정하기보다 퀴어 이론이 무엇을 하고자 하는지를 강조하면서 글을 시작한다. 다시 말해, 그는 '퀴어 이론이란 무엇인가'보다 '퀴어 이론은 무엇을 할 수 있는가'라는 질문이 더 생산적이라는 점을 분명히 밝히고 있다.

그렇다면 퀴어 이론은 무엇을 할 수 있는가? 리우의 말을 빌리자면 퀴어 이론은 "인종·민족·젠더·계급·국적·장애 그리고 최근에는 인간과 비인간이라는 다양한 분석적 범주를 탐구하여, 정상화^{normalization}의 체제를 공고히 하는 사회적 차별화의 교차적 결과에 집중할 수 있게 한다." 풀어 말하자면, 퀴어 이론은 누군가를 '정상화'함으로써 다른 누군가를 정치적 혹은 사회적으로 배제하는 메커니즘을 밝힐 수 있다. 이때 인종과 젠더를 포함한 다양한 범주는 '정상화'가 작동하는 방식에 차별적으로 개입한다. 즉, 퀴어 이론은 사회적으로 통용되는 정체성이나 정상성에 의문을 제기하고 대안적인 종류의 지식 생산을 독려한다. 이때, 이러한 대안적 지식 생산의 방법론으로서 퀴어 이론과 정동 이론의 마주침이 맥락화된다.

그러므로 '퀴어 이론은 무엇을 할 수 있는가'라는 질문의 연장으로서 이 글이 주목하고 있는 것은 '퀴어 정동 연구는 무엇을 할 수 있는가, 혹은 무엇을 하고 있는가'라는 질문이라고 할 수 있다. 이때, 문제가 될 수 있는 것은, 단순화하자면 담론과 권력, 구조에 비판적으로 개입하는 후기구조주의의 전통과, 담론이 아닌 신체적인 역량을 강조하는 정동 이론 간의 어긋남으로 보인다. 퀴어 이론이 후기구조주의적 비판에 크게 기대어 있기 때문에, 퀴어 이론과 정동 이론의 마주침은 일견 "논쟁적인 관계의 뒤얽힘"으로 보일 수 있다. 그러나 「가라앉음, 퇴보성, 기계됨을 느끼기」를 읽어 보면 알 수 있듯이, 리우가 주목하는 퀴어 이론과 정동 이론의 마주침은 기본적으로 후기구조주의적 기획을 비판적으로 확장하는 방식으로 이루어져 있다. 이 글에서 퀴어 정동 연구는 주어진 규정과 전제들을 교란하고 의문시함으로써 이들이 어떻게 정동적인 회로를 통해 반복되고 순환하여 권력 체제를 생성하거나 유지하는지를 비판적으로 살필 잠재력을 지니고 있다.

2. 미국의 퀴어 자유주의

「가라앉음, 퇴보성, 기계됨을 느끼기」에서는 반복적으로 "국가와 주류 게이·레즈비언 정치의 유착"이 논의의 맥락으로 제시된다. 이는 미국에서의 혐오범죄 입법화, 차별금지 정책, 동성결혼 합법화와 관련된다. 이 글은 초기 퀴어 정동 연구를 미국이라는 구체적인 맥락 속에 놓음으로써, 그것의 정치적인 함의를 예각화한다. 일견 '진보적'으로 보이는 주류 LGBTQ 운동의 결과가 어째서 퀴어 이론이 비판하는 맥락이 되는지를 이해하기 위해서는, 20세기 후반과 21세기 초반 미국에서 주류 LGBTQ 인권 운동과 자유주의에 입각한 정체성 정치가 어떻게 작동했는지를 살필 필요가 있다.

허성원은 '국가와 주류 게이·레즈비언 정치의 유착', 즉 퀴어 자유주의^{queer liberalism}를 "미국의 게이와 레즈비언을 중심으로 신자유주의 정치의 인식론과 전략을 수용하여 나타난 시민-주체의 법적 권리와 국가의 인정을 추구하는 정치적 요구"라고 요약한다(허성원, 2023, p. 135). 연구자들이 문제를 제기한 부분은 무엇보다도 퀴어의 저항적 역량을 신자유주의 체제에 순응하도록 재배치하고 이로써 국가가 섹슈얼리티를 통제의 대상으로 삼게 된 것과 관련된다. 한때 가족과 결혼제도에 비판적이었던 퀴어 운동은 그 이성애 규범적인 권리들을 국가에 요구하기 시작했다(Eng, 2010. p. 27). 이러한 국가와 주류 퀴어 운동의 관계는 국가를 자유와 권리를 인정하고 부여할 수 있는 행위자로 인식하는 것을 전제로 한다.

다시 말해 이러한 퀴어 자유주의의 요구는 데이비드 엥에 따르면 "가족과 친족뿐 아니라, 미국 시민권과 관련되는 규범적 정치를 은연중에 강화"한다(Eng, 2010, p. 28). 퀴어 자유주의의 '진보' 서사가 문제적인 이유는 여기에 있다. 퀴어 자유주의의 정치적 목표는 기존에 존재하는 권력과 자본주의 구조를 비판하기보다 그 내부에 자신을 기입하는 것이기 때문이다. 엥은 여기에 덧붙여 미국이 주류 게이와 레즈비언의 인권을 인정하게 된 배경에는 신자유주의와 소비자 자본주의가 있다고 주장한다(Eng, 2010, p. 29). 확장되는 시장 속에서 게이와 레즈비언은 새로운 소비자의 이미지를 덧입고 부상할 수 있었다. 리우가 진보적이고 긍정적인 퀴어 개념을 "진보적인 정치나 사회적 변화에 의한 결과라기보다는 주류 LGBTQ 운동이 신자유주의 자본과 맺은 문제적 동맹의 결과"로 본 것도 이러한 맥락에서 이해할 수 있다.

호세 무뇨스 또한 동성결혼에 찬성하는 변호사가 쓴 「모두가 이제 함께」All Together Now라는 글을 비판하며, 이 변호사가 주장하는 '자유'와 '모두'가 얼마나 한정된 것인지를 지적한다(Muñoz, 2009, p. 20). 퀴어 자유주의가 어떻게 자유의 개념을 변질케 하고 정치적 상상력을 제한하는 한편, 여기에서의 '모두'가 어느 정도의 자본을 지니고 북미에서의 삶을 누릴 수 있는 소수의 사람에 국한되어 있음을 비판한 것이다.5 이러한 맥락에서 이후 퀴어 연구에서 중요한 것은 다른 대안적 퀴어 정치를 상상하고 주류 게이·레즈비언 운동에 내재한 한계를 인종, 계급, 민족 등의 다른 범주들과의 교차성 속에서 비판적으로 살피는 것이라고 할 수 있다.

---

5. 이는 엥의 주장과도 다르지 않다. 그는 퀴어 자유주의의 수사가 퀴어와 인종의 문제를 분리함으로써 인종을 무시하는(colorblind) 최근의 정치적 동향을 강화하고 있다고 비판적으로 분석한다. 즉, 실제 세계에서는 서로 얽혀 있는 인종, 계급, 섹슈얼리티 등의 문제를 분리함으로써 퀴어자유주의가 성공적인 '진보'와 '자유'의 서사로 작동할 수 있게 되었음을 의미한다. (Eng, 2010, p. 4.)

3. "의심의 해석학"을 넘어서기 위한 퀴어 정동적 접근

새로운 '대안적 퀴어 정치'를 상상하기 위해서는 다른 사유의 방식이 필요하다. 이러한 맥락에서 리우의 논의에서 중요한 정동에 대한 이해는 실반 톰킨스의 정의와 그의 연구를 독해하는 이브 세즈윅과 애덤 프랭크의 논거에 근거한다. 세즈윅과 프랭크는 충동 개념과 정동을 구분하며, 톰킨스의 "모든 정동은 어떠한 '대상'이라도 가질 수 있다"는 주장이 어떻게 이성애 규범적인 목적론에 저항하는지를 보여준다(Sedgwick & Frank, 2003, p. 99에서 재인용). 톰킨스의 주장에 따르면 정동과 대상의 관계는 다양하게 정의될 수 있다. 예를 들어, 성적인 충동은 더는 이성애를 전제로 하는 재생산과 같은 특정한 목적을 위해서 정의되지 않을 수 있다. 나아가, 여러 현상은 "표현되거나 억압되는"express or repress 이분법으로 단순하게 사유되기보다 그것을 생성하는 다양한 정동적 체계들과의 배치를 통해서 논의될 수 있다(Sedgwick & Frank, 2003, pp. 100~101).

리우가 세즈윅과 프랭크의 톰킨스 독해에 주목하는 이유는 섹슈얼리티나 퀴어함을 새로이 사유할 수 있다는 데에 국한되지 않는다. 그는 톰킨스의 정동 이론이 암시하는 신체의 다중적 역량에 주목하며, 이를 통해 "의심의 해석학"이 제한했던 퀴어함의 역량을 발견하고 회복적 읽기로 나아갈 수 있다고 주장한다. 세즈윅에 따르면, 미국에서 에이즈 유행 당시 형성된 국가에 대한 불신은 음모론과 같은 "의심의 해석학" 전통을 낳았다. 퀴어 이론에도 적용된 이러한 경향은 현상의 저변에 숨겨진 억압적 권력을 드러내는 것 이외의 "대안적인 비판적 실천들을 생성하는 퀴어함의 가늠 역량 speculative capacity 을 제한했다." 톰킨스의 정동 이론은 정동과 그 대상을 목적론적으로 고정하지 않기 때문에 "억압 가설과 그것에 대한 비판을 둘러싼 단락 회로적 지식 생산에서 벗어날 수 있게" 할 가능성이 있기에 리우의 논의에서 유효하다.

4. 세 가지 갈래 : 가라앉음, 퇴보성, 기계됨을 느끼기

「가라앉음, 퇴보성, 기계됨을 느끼기」는 퀴어 이론과 정동 이론이 마주친 초기 십여 년 동안의 연구를 세 가지 경향성으로 각각 설명한다. 간단히 말하자면 수치심이나 불편함과 같은 부정적인 정동을 생성적인 것으로서 새로이 살피는 "가라앉음을 느끼기", 단선적이고 진보적인 시간성에 의문을 제기하고 그 안의 정치적인 맥락을 살피는 "퇴보성을 느끼기", 그리고 마지막으로 근대적인 인간 형상을 넘어서 물질 간의 어셈블리지로서 퀴어함과 신체를 다양한 범주에서 재사유하는 "기계됨을 느끼기"의 갈래다. 이러한 세 가지 갈래의 연구 경향은 사회·문화적인 맥락뿐만이 아니라 퀴어 정치와 이론 내부에 존재하는 전제들에 의문을 제기할 수 있도록 하는 정동 개념의 중요성을 조망한다.

동시에 퀴어 정동 이론은 '이론'이 기반하고 있는 근대성에 대해서도 인식론적, 존재론적으로 갱신하고 있다. 리우에 따르면, 선형적이고 진보적인 시간성에 대해 의문을 제기하는 "퇴보성을 느끼기"는 인식론적으로 근대성의 테제에 개입한다. 다른 한편 유기적이고 개인적인 신체에 기반한 근대적인 인간 형상에 기대어 있는 주체의 개념을 미시분자 혹은 인구학적 수준에서 다시 살피는 "기계됨을 느끼기"는 존재론적으로 이에 개입하고 있다. 이는 미국과 유럽의 경험을 중심으로 하는 이론을 퀴어하게 만드는 기획이기도 하다.

리우는 각 절에서 다양한 이론과 연구를 소개하며 퀴어 정동 연구가 어떻게 기존의 퀴어 연구 및 학계에 개입했는지를 정리하고 있다. 이 글에서 특히 흥미로운 점은 그가 연구들을 배치하는 방식이다. 리우는 정동과 퀴어 이론의 만남에 있어 유의미한 연구를 소개한 후, 이를 비판적으로 바라보는 연구를 소개하는 방식으로 각 절의 일부를 구성하고 있다. 그는 이러한 배치를 통해 어떤 퀴어 정동 연구가 한편으로는 저항적이거나 해방적일 수 있으나,

다른 한편으로는 인종적, 지정학적 권력 작용에서 자유롭지 못할 수 있다는 점을 드러낸다. 이러한 점을 비판적으로 분석하는 것도 퀴어 정동 연구의 한 부분이기도 하다. 이 해제는 이러한 배치를 드러낼 수 있는 방식으로 글을 요약해 보았다.

1절 1항 '가라앉음을 느끼기'에서 리우는 게이 수치심 shame이라는 부정적 정동에 개입하는 퀴어 이론의 맥락을 두 가지 차원에서 살핀다. 한편으로는 수치심과 상처를 풍부한 아카이브 연구를 통해 인정하는 것이 고무적일 수 있다는 점을 명확히 한다. 이때 수치심은 자유주의적 LGBTQ 인권 운동에 있어 자긍심pride의 형식으로 극복되어야 하는 것이 아니라 사실은 퀴어 정체성을 구성하는 요소로 검토될 수 있다.

그러나 다른 한편으로, 퀴어 정동 연구는 자유주의적 퀴어 정치에 있어 게이 수치심이라는 주제 자체가 백인 게이 남성의 경험을 특권화한다는 비판을 가능케 한다. 즉, '게이 수치심'이라는 주제 자체가 수치스러운 응시를 백인 게이 남성의 몸에서 유색 인종 퀴어의 몸으로 돌리게 함으로써 인종 정치적으로 작동하고 있다는 것이다. 리우는 다른 논문에서 어떻게 백인 게이 남성의 수치심이 유색 인종 퀴어의 신체에 투사되는지를 설명한다(Liu, 2017, p. 14).[6] 다시 말해 퀴어의 정체성과 깊은 관련성이 있는 부정적 정동을 재고하는 과정에서도 백인과 유색 인종 퀴어의 경험이 어떻게 다르게 정치적으로 불균등하게 기록되고 있는지를 비판적으로 살필 필요가 있다.

"퇴보성을 느끼기"에서 드러나는 퀴어 정동적인 연구는 선형적이고 진보적인 시간성에 저항하며 각각 과거, 현재, 미래에 대해서 새로이 사유한다. 이 갈래의 연구는 "시간성의 이성애 규범적 구조를 거부"한다. 이는 근대적 시간성이 전제하는 진보와 발전의 서사에 저항하는 것으로서 과거에 머무르는 방식으로 나타나기도 하고, 재생산 미래주의에 저항하는 것으로서 퀴어함의 부정성 자체를 강조하는 방식으로 나타나기도 한다. 혹은 로런 벌랜트처럼 전 세계적 자본주의 체제하에서 일상적인 위기 속 정동적으로 감지되는 "현재"에 대한 논의로도 확장된다.

자유주의 정치에서 요구하는 과거의 상처를 극복한 긍정적이고 밝은 퀴어의 형상을 위해, 퀴어의 고통은 이미 지나간 과거에 속하는 것으로 축소된다. 이러한 수사는 성장하지 못하고 과거에 머무르거나 상처를 극복하지 못하는 자들을 정치적 주체의 자리에서 배제한다. 러브가 이 절의 제목과 같은 저서『퇴보성을 느끼기』에서 퀴어 고통

---

6. Liu, 2017는 히람 페레즈의 논의를 인용하며 이를 설명한다. 퀴어 이론에서 부정적인 정동을 재평가하는 것이 심리학 분야에서 갖는 의미와 구체적인 맥락이 궁금하다면 해당 논문을 참고할 것.

의 아카이브로서 19세기와 20세기 문학 텍스트에 주목한다면,7 핼버스탬은 비규범적인 신체들, 특히 트랜스 몸들이 규정될 수 없는 것이기 때문에 퇴보적인 것으로 인식되는 것을 비판한다. 즉, 퇴보성을 느낀다는 것은 과거를 재고하는 것뿐 아니라, 퀴어에게 부여되었던 퇴보적, 뒤처졌다는 특성이 어떻게 현재를 구성하는지를 살피고, 진보적 퀴어 서사 속에서 계속해서 지워지고 퇴보적으로 낙인찍히는 타자들을 향한 권력의 작용을 드러낸다.

미래에 대한 퀴어 정동적인 개입은 서로 다른 방식으로 나타난다. 리 에덜먼이 주장한 반관계적 퀴어함의 부정성은 동성애와 죽음 충동의 연관성을 살피며 선형적으로 이어지는 시간성을 반복되는 행위로 대체한다. 이때 에덜먼의 퀴어함은 그 어떠한 관계성도 거부하며, 이 안에서 '아이'의 형식으로 나타나는 재생산 미래주의의 전제, 즉 선형적 시간성을 해체한다. 리우는 이를 "자기 소멸의 위험을 감수하며 자유주의자 되기의 명령으로부터 주체성들을 붙잡고 유예함으로써 정치성을 재정의하는 리비도적으로 충만한 정동"이라고 평가한다. 반면, 무뇨스는 이에 대해 에덜먼의 논의가 백인 남성적 퀴어함에 한정되어 있음

---

7. 헤더 러브의 『퇴보성을 느끼기』에 대한 더 자세한 설명은 전혜은, 2021, 6장(pp. 498~505)에서 찾을 수 있다.

을 지적한다. 에덜먼의 '아이'는 백인 남아로 한정되어 있다는 것이다. 그는 죽음 충동과 연관되는 부정성 대신 유색 인종 퀴어 청소년을 위해 아직 존재하지 않는 퀴어 미래를 찾기 위한 "유토피아적으로 느끼기"를 제안한다.

'기계됨을 느끼기' 항에는 '성적인 인간 형태를 넘어선 퀴어 존재론'이라는 부제가 붙어 있다. 리우는 개인적이고 유기적인 인간 신체 대신 추상 기계로서 배열된 퀴어 신체의 역량을 다양한 수준에서 살핀다. 다시 말해, 개별화된 근대적인 주체 개념의 단위로서의 인간 형태가 아니라 몸의 부분이나 물질들과 같은 더 미시적인 단위 혹은 인구학적으로 더 거시적인 단위에서 신체, 섹슈얼리티와 욕망을 다루는 이론들을 정리한다. 들뢰즈와 과타리의 이론에서 영향을 받은 분자적인 수준의 논의는 기본적으로 저항성을 담지하는 것 같지만, 리우는 푸아르의 논의를 인용함으로써 오히려 이러한 미시적인 배치들이 어떻게 신자유주의 체제하에서 신체들에 서로 다른 역량을 부여함으로써 이들을 통치하는 데 이용되는지를 드러낸다.

다시 말해, 글로벌 북반구에서의 트랜스젠더 권리 가시화가 다른 한편으로는 규정되고 분류되고 길들일 수 없는 신체들을 배제하는 방식으로 작동하고 있다는 것이다. 즉, 근대적인 인간의 형상에 대한 퀴어 정동적 비판은, 신체를 의학, 제약, 사법 등 다양한 제도와 체제에 의해서 배열되는 것으로 파악함으로써 각각의 신체들이 어떻게 다른 방식으로 역량을 부여받는지를 드러낸다. 푸아르의 논의에 따르면 트랜스 신체는 '에이블리즘' 즉, 비장애인 중심적인 규범에 따라 호르몬과 수술을 통해 신자유주의적인 주체의 자격을 얻게 된다(Puar, 2015). 트랜스 신체가 수술을 통해서 시민권을 얻게 되는 과정은 '에이블리즘'과 깊은 연관이 있고, 이 규범에 순응하지 못하는 신체는 배제되는 것이다. 즉, 유색 인종 퀴어의 몸, 장애를 가진 몸, 지나치게 변이된 몸은 유연하게 변화할 수 없는 것으로 규정된다. 리우는 이를 글로벌 북반구의 트랜스 신체가 글로벌 남반구의 다른 신체들의 변화 역량을 박탈함으로써 특권적 위치를 배정받는다고 보며, 트랜스와 신체를 지정학적인 규모에서 영토화하고 탈영토화하는 것으로 새로이 살필 필요성을 제시한다.

퀴어 이론과 정동 이론의 마주침은 서로의 영역에서 당연시되던 전제들에 의문을 제기했다. 이 통제 불가능한 마주침이야말로 서로를 열게 하고 새로운 이론적인 지평으로 나아가게끔 하는 것이다. 이제 퀴어 정동 연구는 정상성과 반정상성, 규범성과 반규범성 등의 이분법적인 틀에서 벗어나 새로운 분석의 가능성을 열고 있다. 이들은 또한 헤게모니적 퀴어 자유주의, 진보나 신체에 대한 근대적 개념을 인종, 지정학, 신유물론 등에 입각하여 비판적으로 사유하고 몸의 다중적인 역량을 밝히고 있다.

리우가 밝히고 있듯 퀴어 정동 연구는 "가라앉음, 퇴보성, 기계됨을 느끼기"에 국한되지 않는다. 민족, 지역, 인종, 섹슈얼리티, 장애 등을 가로지르며 비판적으로 이론에 개입하는 방법론으로서의 퀴어 정동 연구는 퀴어 이론과 정동 이론 내부만이 아니라, 이 세계의 구조적 위기와 불평등 문제에 대한 새로운 시각을 마련하고 있다. 이는 지식 생산 구조의 불평등에 관해서도 마찬가지다. 이 논문집의 발간과 번역은 북미와 유럽 중심의 학술적 장을 넘어서 서로 간의 대화와 연대의 가능성을 열 수 있을 것이다.

:: 참고문헌

Eng, David (2010). *The Feeling of Kinship : Queer Liberalism and the Racialization of Intimacy*. Durham and London : Duke University Press.

Liu, Wen (2017). Cruising Borders, Unsettling Identities : Toward a Queer Diasporic Asian America. *CUNY Academic Works*. https://academicworks.cuny.edu/gc_etds/2017

Liu, Wen (2017). Toward a Queer Psychology of Affect : Restarting from Shameful Places. *Subjectivity*, 10, 44-62. https://doi.org/10.1057/s41286-016-0014-6

Liu, Wen (2024). *Feeling Asian American : Racial Flexibility Between Assimilation and Oppression*. Urbana : University of Illinois Press.

Muñoz, José E. (2009). *Cruising Utopia : The Then and There of Queer Futurity*. NY : New York University Press.

Puar, Jasbir (2015). Bodies with New Organs : Becoming Trans, Becoming Disabled. *Social Text*, 33(3), 45-73. https://doi.org/10.1215/01642472-3125698

Sedgwick, Eve K. (2003). *Touching Feeling : Affect, pedagogy, performativity*. Durham : Duke University Press.

리우 웬(劉文)·배유진·이지원 (2020). 공모와 저항 ―"흑인들의 생명도 중요하다" 운동에서 아시아계 미국인의 신체정치. 『문화연구』, 8권 2호, 93-128.

전혜은 (2021). 『퀴어 이론 산책하기』. 서울 : 여성문화이론연구소.

허성원 (2023). 퀴어, 정동, 자유 ― 신자유주의 시대의 자유와 정치에 대한 퀴어 비평. 『안과 밖 ― 영미문학연구』, 55권, 113-153.

정동, 인지 그리고 신경과학

토니 D. 샘슨

이지행 옮김·해제

21세기의 대다수 다른 학문 분야와 마찬가지로, 인문학 역시 뇌 과학의 발전에 큰 영향을 받았다. 개념적으로 이는 정신과 육체에 관한 데카르트적 구분이나, 정신분석학적으로 의식/무의식의 이원성을 고수하는 것과 같은 이전 세기의 주요 선입견 중 일부가 새로운 종류의 신경학적 관계, 즉 감소된 정신 기능과 지각 불가능한 비의식의 지배력 사이에 새롭게 확립된 관계로 대체되었음을 의미한다. 이 글에서는 신경학적 비의식이라는 이론적으로 논쟁적인 개념이 포스트인문학에서 서로 다르게 정향된 두 가지 갈래를 만들어냈다는 점을 제시한다. 이 논의는 한편으로 논쟁적인 비의식 개념을 재구성된 인지 이론의 틀 속에 통합하려는 시도들에, 또 한편으로는 정동 이론에 대한 신유물론 관점에서의 해석에 초점을 맞추고 있다.

서론

21세기의 대다수 다른 학문 분야와 마찬가지로, 인문학 역시 뇌 과학의 발전에 큰 영향을 받았다. 개념적으로 이는 정신과 육체에 관한 데카르트적 구분이나, 정신분석학적으로 의식conscious/무의식unconscious의 이원성을 고수하는 것과 같은 이전 세기의 주요 선입견 중 일부가 새로운 종류의 신경학적 관계, 즉 감소된 정신 기능과 지각 불가능한 비의식nonconscious의 지배력 사이에 새롭게 확립된 관계로 대체되었음을 의미한다. 모든 인문학자가 이런 경향을 맹목적으로 따르는 것은 아니다. 하지만, 일례로 포스트휴머니즘적 경향은 의식이라는 것이 그 밑바닥에 있는 감지 불가능한 신경학적 과정의 빙산의 일각에 불과하다는 지배적 개념에 의해 확실히 강화되어 왔다. 한때 주의, 지각, 기억과 같은 인지적 과정을 통해 설명되었던 의식이 이제는 행동의 일부에 불과하다는 급진적 주장은, 현재 주요 논쟁을 아우르는 주류적 개념이 되었다. 비의식은 인문학에서 수십 년간 진행되어 온 인지 연구에 여러 의문을 제기하고, 인간중심주의적 세계관(벨탄샤웅weltanschauung)에서 비인간 세계로 연구의 초점을 극적으로 전환시켰다. 실제로 이 개념은 현재 시각 커뮤니케이션(Williams & Newton, 2009), 디지털 기술(Grusin, 2010), 인류세(예: Hayles, 2017,

p. 34) 등 광범위한 논쟁에서 중요하게 다뤄지고 있다.

주목할 만한 점은, 1990년대 초반 처음으로 뇌 과학에서 두드러지게 나타난 정동, 감정, 느낌으로의 보다 일반적이고 영향력 있는 전회에서 비의식 개념을 찾아볼 수 있다는 점이다(예: Damasio, 1995). 이러한 전회는 인문학(및 사회 이론)에서의 신경과학의 활용에 대해 비판적이었던 학자들에게 도전이 되었다. 예를 들면, 담론과 이데올로기 연구(Leys, 2011 ; Wetherell, 2012)처럼 전통적으로 인지적 성향이 뚜렷했던 개념 연구에서 비의식의 역할을 재평가하도록 촉구했다. 한편, 신경생물학적 유물론과 이에 대한 비판 사이에 거의 차이가 없다고 보고 좀 더 균형 잡힌 관점을 취한 학자들도 있었다(Pitts-Taylor, 2016 ; Sampson, 2016). 실제로 비의식은 기술 시스템에서의 인간 인지의 불안정성에 대한 광범위한 우려 속에서 인문학의 정치적 요소로 깊숙이 자리 잡았다(Thrift, 2004 ; Hayles, 2017, pp. 173~175). 확실히 오늘날의 기술 자본주의는 그것이 시사하는 인지정치 그리고 정동정치에 대해 고찰하지 않고서는 고려될 수 없다(Karpi, Kahkonen & Mannevuo, 2016).

이 학제간 논쟁의 복잡성 때문에, 이 짧은 글의 목표는 비교적 소박한 수준에 머문다. 이 글에서는 신경학적 비의식에 대한 이론적 논쟁에 초점을 맞추며, 그것이 포스트인문학에서 서로 다르게 정향된 두 가지 갈래를 만들어냈다는 점에 주목한다. 실제로 신경과학에서 영감을 받은 비의식의 이론적 구분을 다루기 전 주목해야 할 것은 신경과학에서는 합의consensus보다는 불안정성instability이 더 크다는 점이다. 뇌 과학의 다양한 분과들을 하나로 묶어 단순히 "신경과학"이라 부르는 대중적 오해는, **신경 문화가 실제로는 다원적이라는 점**에서 이미 지적된 바 있다(Rolls, 2012 ; Sampson, 2016). 그럼에도 불구하고, 이 논의는 한편으로 논쟁적인 비의식 개념을 재구성된 인지 이론 틀 속에 통합하려는 시도들에, 또 한편으로는 신유물론적 관점에서 정동 이론에 대한 해석에 초점을 맞추고 있다. 신유물론의 경우, 애초부터 "정동에 대한 안정된 정의는 없다"(Thrift, 2007, p. 175)는 점을 인정하는 것이 타당할지도 모른다. 멜리사 그레그와 그레고리 시그워스의 주요 편집서인 『정동 이론』(Gregg & Seigworth, 2010)에는 정동 이론에 접근하는 서로 다른 여덟 가지 이론적 관점들이 일부러 완결되지 않은 방식으로 제시된다(pp. 6~8). 여기서 나는 신유물론을, 비의식을 수용함으로써 인지과학의 특정한 전제를 비판하는 하나의 정동 이론적 접근 방식으로 간단히 지칭하고자 한다.[1] 비록 두 흐름 모두 유사하게 신경학적 비

---

1. 여기서 밝혀두자면, 지금까지 나의 연구 대부분은 넓은 의미에서의 신유물론적 접근과 정동 이론에 초점을 맞추어 이루어져 왔다(예 : Sampson, 2012, 2016, 2020).

의식에 영향을 받았지만, 전자[재구성된 인지 이론적 틀을 통한 논쟁]의 흐름은 인지 이론적 틀을 확장시킴으로써 신유물론의 존재론적(그리고 이데올로기적) 약속들에 대해 다양한 도전을 제기한다(Hayles, 2017, pp. 65~85).

이어질 내용은 각각의 흐름에 대한 세 가지 간단한 탐색을 중심으로 구성되어 있다. 첫째, 이 글은 신경과학적 비의식이 포스트인문학에 영향을 준 다양한 방식을 탐구한다. 앞서 말했듯이 이러한 탐구의 범위는 제한적이지만, 캐서린 헤일스가 2017년 저서 『비사고, 인지적 비의식의 힘』에서 논한 인지적 비의식에 대한 최근의 개념을 따라 좁은 범주의 신유물론적 연구를 배치함으로써 어느 정도의 일반성을 드러내는 것을 목표로 한다. 둘째, 이 글은 헤일스의 주장처럼 신유물론이 의식적 인지를 노골적으로 무시하는지, 아니면 내가 주장하듯 인지적 틀을 넘어 다른 종류의 사고를 파악할 수 있도록 좀 더 미묘한 개념을 제공하는지에 대해 묻는다. 셋째, 앞의 논의와 연결되는 맥락에서, 이 글은 재구성된 인지적 틀을 사용해 비의식이 제시하는 관계의 물질성을 이해하는 것이 어떤 가치를 지니는지 평가한다. 여기에서는 물질, 정보, 정동, 수준, 힘, 어셈블리지에 대한 상반된 개념적 이해가 초점이 될 것이다. 마지막으로, 이 글은 두 가지 갈래의 주요한 차이점 몇 가지를 간략하게 평가하고, 향후 논의를 요하는 몇 가지 관찰을 제시하는 것으로 마무리될 것이다.

신경과학적 비의식의 부상과 인문학

신경과학적 비의식의 광범위한 영향력을 추적하는 데에는 안토니오 다마지오(Damasio, 1995)의 신체 표지 가설 somatic marker thesis만 한 것이 없다. 스피노자에서 영감을 얻은 다마지오의 개념, 즉 신체에서 파생된 정동이 추론과 의사 결정 과정과 밀접하게 연관되어 강화된 역할을 한다는 개념은 벤자민 리벳(Libet, 1985), 조셉 르두(Ledoux, 2003)와 함께 앞에서 언급한 두 가지 해석의 흐름에 큰 영향을 미쳤다.

인문학이 그 정통성에서부터 인간중심적 세계관에 고착되어 있음에도 불구하고, 인간은 실제로 "의식에 늦게 도달한다"(Thrift, 2007, p. 186)는 신유물론의 주요 사상을 지지하는 근거로 다마지오의 연구가 자주 인용된다. 다시 말해, 인간의 뇌는 의식을 구축하는 데 시간이 걸리는데, 이는 의식이 외부 환경 자극의 역학에 대한 여러 반응 중 하나에 불과하기 때문이다. 스피노자, 빌헬름 분트, 리벳의 논의를 바탕으로 한 다마지오의 연구는 의식의 즉각적인 경험을 급진적인 "소급적 착각"backdated illusion(p. 131)으로 규정하는 신유물론을 가능하게 했다. 실제로 사유는 뇌 내부의 **생각**에만 국한되는 것이 아니지만, 스리프트의 설명에 따르자면 다마지오는 신체적 표지가 일종의 "신체적 corporeal 사고"로서 작용하는 방식을 설명하면서 정동 이론에 대한 이해를 제공하고 있는 것이다(p. 187). 다마지오의 연구를 통해 우리는 정동의 **힘**이 감정을 어떻게 횡단하고 재지도화하는지 보다 명확하게 볼 수 있다(Bertelsen & Murphie, 2010, p. 140). 이러한 맥락에서 감정은 일종의 의식 속에서 **정동이 포착된** 하나의 형식으로 이해되지만, 우리가 주목해야 할 것은 이러한 지형도가 기존의 인지 과정과 어떻게 연관되어 있느냐가 아니라 감정적이고 신체적인 **전-인지**precognition의 중요성이다. 스리프트(2007)는 이렇게 말한다.

> 우리는 … 전-인지에 더 많은 주의를 기울여야 한다. 이 소용돌이치는 신경 덩어리는 의식적인 자아가 인식하기도 전에 의도나 결정이 이루어지는 방식대로 몸이 행동할 수 있도록 준비시킨다. (p. 7)

정동적 비의식affective nonconscious을 신유물론적으로 해석하는 과정에는, 기술에 적용되는 특유의 비인간적 개념이 등장한다. 예를 들어, 리처드 그루신(Grusin, 2010)은 다마지오와 르두를 경유해 부분적으로는 신경심리학적 접근법을 따르면서 디지털 미디어와 인간의 전-매개된pre-mediated 만남과 관련된 정동 이론을 전개한다. 그는 "인지와 정동 또는 감정의 분리 불가능성"을 주장하고 "종종 인지와 이성적 판단보다 정동과 감정을 우선시"(p. 78)한다. 그루신은 헤일스(2006)가 스리프트(2004)의 "기술적 무의식" 개념을 신경학적으로 세밀하게 조율된 "기술적 비의식"이라는 개념으로 변형한 것을 차용한다(Grusin, 2010, p. 72).

인간과 무기물적 세계에 속한 비인간의 비의식적 관계는 신유물론의 들뢰즈-스피노자적 생기론vitalism의 핵심적 개념이 되는데, 이는 "물질의 운동을 과정상의 비물형성incorporeality 2과 연결"하는 방식을 통해 이루어진다(Gregg & Seigworth, 2010, p. 6 [그레그·시그워스, 2015]). 따라서 정동은 "변화하는 물질과 경이감이 영구히 서로 걸려 맞물리는 경첩"이라 할 수 있다(Gregg & Seigworth, 2010, p. 8 [그레그·시그워스, 2015, pp. 27~28]). 다시 말해 정동은 단순히 인간의 몸에서 다른 인간의 몸으로 전달되는 것이 아니라, 역동적인 물질성materiality과의 **마주침에서 발생하는** 비의식적인 힘이

---

2. * 한국어판 『정동 이론』(2015, 24쪽)에는 incorporeality가 '비물체성'으로 번역되어 있다. 그러나 이 책에서는 인간과 무기물의 비의식적 관계에서 이루어지는 물질의 운동을 '비물체성'이나 '비물질성'으로 기술하는 것이 다소 오해를 불러일으킬 수 있어, 이를 물체의 형상을 지칭하는 '비물형성'으로 바꾸어 옮겼다.

된다. 이 물질성은 행동하거나 [상대의 행동에] 영향을 받는 자율적인 비인간 역량을 지닌다.

먼저 헤일스(2017)의 "인지적 비의식"이라는 개념도 리벳의 지연된 의식belated consciousness 개념(p. 44)의 영향을 받았다는 점에 주목해야 한다. 그러나 비의식이 어떻게 의식으로 선행 전달되는지를 설명하는 핵심 모델은 다마지오의 원형 자아protoself에서 제시된다. 이는 곧 비의식이 "인식awareness의 방식으로는 접근할 수 없는 신경 처리 수준에서 작동하면서도, 의식에 필수적인 기능들을 수행한다"는 것이다(p. 10). 실제로 이 모델에서 신경처리 과정은 다마지오의 원형 자아보다 상위의 의식 수준인 핵심 의식core consciousness으로 상승하게 된다(p. 9~10). 좀 더 하위 수준에는 "감각적이거나 비언어적인 일종의 내러티브"(p. 10)가 있는데, 이 내러티브는 다마지오의 신체 표지를 신체의 일관된 재현으로 통합한 다음 "더 높은 수준의 의식으로 이행하면서 언어적 내용과 융합"되어 "풍부한 기억, 언어 및 추론, 내러티브"(p. 10)를 부여받게 된다. 따라서 인지 단계의 가장 상위에는 "잘 정의된 주인공[주체], 즉 자전적 자아"의 생산과 "우리가 일상 업무를 수행할 때 머릿속에서 재생되는 언어적 독백"(p. 9~10)을 통해 강화되는 인간 고유의 고등 의식적 감각이 있다. 뇌의 정신적 기능에서 **표상되**는 바로 이러한 언어적 내러티브야말로 인간이 자신이 누구인지 이해하는 데 도움을 준다.

그러나 헤일스는 원형 자아에서 자전적 자아로의 수준 상승 과정이 인간에게만 국한된 것이 아니라 "많은 포유류 및 문어와 같은 수생 생물"(p. 9)을 포함해 일부 비인간도 포함할 수 있다는 점을 독자에게 상기시킨다. 확실히 헤일스적 개념의 참신함은 이러한 인지적 층위 상향 과정을 유사한 해석 및 의사 결정 능력을 가진 다른 광범위한 인지자cognizer에게까지 확장시킨다는 점이다. 비록 출발점은 엄밀히 말해 신경학적 모델에 기반하지만, 이러한 인지 역량은 뇌를 가진 동물에만 국한되지 않는다. 그것은 "식물이나 미생물처럼 중추신경계가 없는 생물들도 포함"한다(p. 15). 심지어 비의식은 특정한 기술 시스템의 인지 능력으로까지 확장된다. 여기에는 뇌의 뉴런 네트워크와의 상호 작용을 통해 인간과 기술을 결합하는 인지 어셈블리지도 포함된다. 이때 어셈블리지라는 용어는 헤일스에게 중요한 의미를 지닌다. 인문학이 "인지에 대한 인간중심주의적 관점"에서 벗어나 "서로 다른 [생물] 문[門], phyla"을 연결하는 다리를 놓음으로써 "인지에 대한 비교적 관점을 구성"(p. 15)할 수 있게 해주기 때문이다.

교량을 이으려는 이 같은 노력에도 불구하고, 헤일스의 어셈블리지 이론은 의도적으로 인지적 세계와 비인지적 세계 사이의 뚜렷한 범주적 구분을 설정해 놓는다(pp.

30~33). 한쪽 편에는 선택하고, 결정하며, 해석할 수 있는 인지 능력을 가진 인간과 비인간 **행위자**actors 그리고 일부 생물학적 형태를 지닌 존재와 컴퓨터 알고리즘을 포함한 인지자가 있다. 다른 한편에는, 돌이나 허리케인과 같은 무생물과 무기물이 포함된 "인지적 작업을 수행하기 위해 활용되는"(p. 32) 주체이기는 하지만 인지 역량이 부족하여 비인지적이라고 할 수 있는 **비인지자**가 있다. 이러한 범주 구분에는 뚜렷한 의도가 존재하며 그 요점은 다음과 같다.

> 그 목적은 인간을 정의하는 핵심 특성으로 여겨져 온 의식적 사고의 성취를 무시하려는 것이 아니라, 지구상에서 인간만이 유일하게 중요하거나 관련 있는 인지자라는 (오)인식을 극복하는 데 있다. (pp. 10~11)

헤일스가 주장하듯, 이러한 "오인식"이 극복되고 나면 인문학은 중요한 질문과 윤리적 고려 사항으로 새롭게 나아갈 수 있다(pp. 10~11). 예를 들어, AI 알고리즘에서 발견되는 기술적 인지는 일반적으로, 또는 오해의 소지를 지닌 채, 더 높은 수준의 인간 인지와 비교되어 왔지만, 헤일스는 그 특성이 인지적 비의식과 더 유사하다고 주장하며 다음과 같이 말한다.

인간의 비의식적 인지와 마찬가지로 기술적 인지는 의식보다 빠르게 정보를 처리하고 패턴을 식별하고 추론을 도출하며, 상태 인식 시스템의 경우에는 시스템의 상태와 기능에 대한 정보를 제공하는 하위 시스템으로부터의 입력을 처리한다. 또한 기술적 인지는 인간의 두뇌가 처리할 수 없을 정도로 크고 복잡하며 다면적인 방대한 정보 흐름에 인간의 의식이 압도당하지 않도록 특별히 설계되었다. (p. 11)

정리하면, 인문학 연구에서 헤일스의 주요 관심사는 기술적 과정으로부터 인간의 인지적 의식이 점점 사라지는 현상에 초점을 맞추고 있다.

이 글은 비의식에 대한 이 두 가지 대안적 접근 방식을 중점적으로 탐구할 것이다. 하지만 우선은 몇 가지 개괄적인 비교와 대조를 간단히 짚고 넘어갈 필요가 있다. 두 접근법 모두 비의식에 대한 신경과학적 개념에 맞추어져 있으며 이 개념을 비인간 세계로 확장한다. 하지만 신유물론이 정동의 역량을 행위자성을 가진 유기체적·무기체적 물질의 포괄적인 인간 및 비인간 세계로 확장하는 반면, 인지적 비의식은 선택·결정·해석할 수 있는 역량에 따라 선별된 인지적 행위자들과 비인지적 행위자들 사이에 범주적 구분을 짓는다.

의식은 어디에 위치하는가?

헤일스(2017)의 인지적 비의식에 대한 공식화는 부분적으로 신유물론 비판(3장)에 기반하고 있다. 이 비판이 일련의 긍정적인 관찰에서 시작된다는 점에 주목할 필요가 있다. 예를 들어, 인간 주체를 탈중심화하려는 신유물론자들의 노력은 인문학의 "인간 예외주의"에 맞서는 환영할 만한 움직임으로 평가된다. 헤일스에 따르면 인문학이 언어, 이성, 고등의식이 포함된 "특권적인 특수 범주"에 지나치게 집중한 나머지 인간이 "비인간 생명 및 물질적 과정과 연속체continuum"를 이룬다는 사실은 간과되어 왔다(p. 65). 더 나아가 헤일스는 신유물론이 생기적이며 능동적인 물질성, 즉 변화 가능성을 지닌 메타안정적이고 역동적인 과정들과 배치 속에 존재하는 물질성을 개념적으로 전면에 내세우며, 이에 대해 강한 존재론적 입장을 보인다는 점을 특히 높이 평가하는 듯하다. 헤일스는 이렇게 말한다.

> 언어적 전회의 바로크적 복잡성 이후 나타난 (신유물론적) 접근은 마치 지친 뇌에 산소를 공급하는 것처럼 다가왔다. [이러한 접근은] 실질적인 물질적 과정의 끈질긴 성격에 초점을 맞춘 채, 물질성과 이에 수반되는 복잡한 상호작용을 인문학 담론에 도입한다. 그 아무리 정교하고

추상적인 고등 의식과 언어 행위라 해도 근본에 있는 물질적 과정으로부터 생겨난다는 사실을 우리는 너무 오래 그리고 자주 간과해 왔다. (p. 65)

그러나 초창기의 이러한 열광은 신유물론이 비의식을 개념화하는 방식에 관한 중대한 존재론적 견해 불일치를 잠시 은폐한 것으로, 헤일스가 비판하는 핵심적 부분은 "의식과 인지"(p. 65~66)가 눈에 띄게 부재한다는 점이다. 그녀에 따르면, 이는 아마도 신유물론자들이 "기존 사상으로 돌아가느라 물질성에 대한 초점이 지닌 급진적 함의를 잃는 것"(p. 66)을 꺼리기 때문일 것이다. 그럼에도 불구하고 헤일스는 신유물론이 물질성과 인지를 분리함으로써 새로운 물질성을 약화시키고 있다고 주장하는데, 이는 "의식과 인지가 출현하는 구조와 조직을 만드는 데 있어 물질성이 수행하는 중요한 역할을 지우기 때문"(p. 66)이라는 것이다. 이는 매우 거센 도발이며 신유물론이 전적으로 대응해야 할 문제이다. 그러나 이 글에서는 신유물론에서 의식이 단순한 오류로 혹은 의도적으로 누락되었는지, 그리고 비의식적 정동과 의식의 연관성에 대한 보다 정교한 통찰이 있는지를 알아보고자 한다.

우선 그레그와 시그워스의 『정동 이론』(2010)을 다시 살펴보면, 헤일스의 의심이 어디에서 비롯되었는지를 짐

작할 수 있다. 일부 저자들은 정동 이론의 주요 성취 중 하나를 "인지 중심성을 밀어낸 정동의 역할"(p. 5)로 간주하며, 그 과정에서 비의식의 역할에 지나치게 열광하는 모습을 보인다. 확실히 정동 이론가들은 공감각과 같은 다양한 신경학적 조건에 열광하며 "감각적 상호 연결"을 선호함으로써 개별적인 "인지적 양식"에 대한 연구를 불안정하게 만들었다(Highmore, 2010, pp. 119~120). 더욱이, 브라이언 마수미가 주목한 정동적 강도는 인지를 "변형"하거나 "번역"하며 심지어 "그 너머로 나아간다"는 식으로 제시된다 (Bertelsen & Murphie, 2010, p. 147). 이와 마찬가지로 안나 깁스(Gibbs, 2010)는 정동이 "인지가 의미하는 바를 전적으로 다시 생각하게 만든다"(p. 200)고 주장한다. 그녀에 따르면 정동 이론 이후에는 "정동적 경험을 포함해 감각 경험의 풍부함에 의해 오염되지 않은 순수한 인지란 있을 수 없다"(p. 200).

그러나 인지를 약화시키려는 이러한 시도가 의식의 창발을 완전히 무시하는 것은 아니다. 신유물론에서 인지가 뚜렷하게 부재한다는 헤일스의 관찰은 다소 선택적인 것으로 보인다. 실제로, 신유물론은 비의식을 수용함으로써 인지에 대한 이해를 훨씬 더 세밀하게 발전시켰다. 메간 왓킨스(Watkins, 2010)의 지적처럼, 비의식적 정동은 "독립적으로 작용하여 신체적 기억으로 축적"되고 "의식 전체를 회피"할 수도 있지만, 인지에 기여하고 행동을 유도하기도 한다(p. 279). 실제로 다마지오의 신체 표지 가설과 여러 측면에서 관련이 있는 이러한 신체적 기억은 인지로부터 분리되는 것이 아니다. 오히려 이는 생각한다는 것의 의미에 대한 인지적 틀의 지배력을 의도적으로 약화시킨다. 이에 대해 그레그와 시그워스(2010 [2015])는 다음과 같이 말한다.

> 실천적 차원에서 정동과 인지는 결코 완전히 분리되지 않는데, 그것은 사유 자체가 하나의 몸, 즉 체화된 것이라는 점만 보아도 알 수 있다. (pp. 2~3 [p. 17])[3]

다른 정동 이론가들도 인지를 완전히 무시하지는 않지만, 이를 "최종 산물", 즉 비의식적 정동의 강도가 "마음의 의식적 감정"의 형태로 도달하는 지점으로 본다(Probyn, 2010, p. 77). 비슷한 맥락에서 마수미(Thrift, 2007에 인용됨)는 인지가 "정동을 포착하고 폐쇄한다"(p. 180)고 파악한다. 여기서 핵심적인 차이는, 지각, 주의, 기억과 같은 고차 인지 과정을 상향적 구성의 최종 산물로 간주하는 대신, 정

---

3. *『정동 이론』 한국어판에서는 cognition을 인식이라고 번역하고 있으나, cognition이 인식(perception/awareness)보다 더 넓은 의미의 감각 작용을 뜻하는 이 글의 맥락상 여기서는 '인지'라고 표기한다.

동 이론은 그러한 포착의 가장 밀도 높은 표현으로서의 감정적 인지를 중시한다는 점에 있다. 알리 라라(Lara, 2018) 같은 학자는 "의식의 제한적 역량"뿐만 아니라 한 개인에게 영향을 미치는 것으로 알려진 환경적 조건에 대해 의식이 가지는 "영향력" 모두를 탐구한다(p. 39).

이러한 인지의 재배치는 헤일스가 주목하는 중요한 윤리적 고려 사항과는 상반되는 대안을 제시한다. 예를 들어, 헤일스는 지능형 기술 시스템에서 인간 의식이 사라질 가능성에 대한 우려를 표한다. 이러한 우려는 "인지적 입력 없이도 신체를 환경과 함께 특정한 일련의 주소로 굽어지도록 만드는"(Thrift, 2004, p. 177) 자동화된 인지 모델이라는 스리프트의 '기술적 무의식' 개념으로부터 기인한다. 한편으로 헤일스(2017)는 "의미와 해석"에 초점을 맞춘 확장된 인지 프레임워크를 주장하면서 스리프트의 아이디어를 차용하는데, 이는 "전통적인 인문학과 AI 알고리즘이 수행하는 비의식적 인지들"(p. 176)을 잇는 **교량**으로 작동할 수 있다. 이러한 연결은 알고리즘의 기술적인 인지적 비의식과 "알고리즘을 설계하고 구현하는 인간"(p. 176)을 하나로 묶어줄 것이다. 인문학이 기술에 대해 보다 즉각적으로 그리고 덜 고립적으로 반응하도록 만들려는 헤일스의 열망은 분명 칭찬할 만하다. 그러나 다른 한편에서 보자면, 스리프트의 기술적 무의식은 기술 시스템에서

의식이 수행하는 역할에 대해 보다 복잡한 설명을 제공한다고도 할 수 있다. 단순히 인간의 인지가 이러한 기술적 인지 장치의 작동에서 배제되었다는 것이 아니라, 오히려 기술 자본주의에 종속된 인간 의식의 위태로운 약점을 이용하는 사유를 더 폭넓게 포착한 사례에 가깝다. 스리프트(2007)는 이렇게 말한다.

> 의식은 거의 존재하지 않는 것처럼, 마치 무의식의 창발적 파생물인 것처럼 묘사될 수도 있다. 하지만 내가 이전 논문에서 그랬듯, 인지를 너무 과소평가하는 것은 분명 위험한 일이다. 왜냐하면 인지는 매우 약하기 때문에(일부 논자들이 묘사한 것만큼 약하지는 않지만) 의식적 인식을 집중시키고 확장시킬 수 있는 강력한 동맹, 즉 신체와 사물의 다양한 구성이 구조화된 환경으로 함께 짜여서 더 많은 사유를 구성하기 위한 다양한 기술을 가능하게 만들기 때문이다. (pp. 6~7)

스리프트는 이러한 사유의 포착의 결과로서 우리가 "전-인지적인 것에 더 많은 주의를 기울여야 한다"(p. 7)고 주장한다. 그러므로 이것은 단순히 기술적 비의식이 인간 인지자의 자리를 빼앗는다는 주장이 아니다. 실제로 최근 인간의 감정이 자동화된 금융 알고리즘과 깊숙이 결합될 수 있다는 주장이 제기되고 있다(Borch & Lange, 2017). 이와 반대로 기술적 비의식은 자전적 자아가 결정이 내려졌다는 사실을 인식하기도 전에 전-인지적 정동을 활용해 의도를 조종하는 시스템이다.

물질에 대해 : 정보, 어셈블리지, 전염

헤일스(2017)는 자신의 논의를 시작하면서, 사이버네틱스 의식 모델 바깥으로 인지를 재배치하고 "인지주의자들의 연산"이라는 사이버네틱스의 유산을 거부한다(p. 12).[4] 여기서 우리는 그동안 지겹도록 사용된 컴퓨터/뇌 은유에서 벗어나 비의식을 포괄하는 새로운 패러다임으로 나아가는 것을 보면서, 신경과학이 인지 프레임에 미친 영향을 추가적으로 파악할 수 있다. 이어서 헤일스는 신경과학계에서 뉴런적 과정이 "근본적으로 연산적이지 않다"는 인식이 확산되고 있다고 말한다(p. 13). 실제로 인지적인 인간 사고(예 : 인식, 주의력 등)의 이미지에만 국한되지 않는,

---

4. * 여기서 사이버네틱스의 유산이란 노버트 위너의 "기계의 인간화" 개념을 의미한다. 헤일스는 뒤푸이(Dupuy, 2009, p. 13)를 인용해 이렇게 주장한다. "인지주의자들의 계산은 상징적 계산이다. 따라서 그것이 다루는 의미론적 대상은 모두 가까이에 있다. 그것들은 신념, 욕망 등에 대응해야하는 정신적 표상이며, 이를 통해 우리는 자신과 타인의 행위를 해석한다. 그러므로 사고는 이러한 표상에 대한 계산을 수행하는 것과 같다."

체현되고 생물학적으로 구성된 종류의 인지를 지지하는 경향이 증가하고 있다. 이는 인지적 과정들이 출현하는 맥락이 서로 다르다는 점에 대한 긍정으로 이어진다. 따라서 인지 프레임은 소위 거울 뉴런의 회로를 통해 확립된 바와 같이, 인간 사이의 분산된 비의식적이고 뉴런적 커뮤니케이션을 포함하는 범주로까지 확장된다(p. 48). 더 나아가, 헤일스는 이러한 체화된 맥락이 일부 비인간 존재들(예를 들어 식물)까지 확장될 수 있음을 지적한다(pp. 16~20). 실제로 인지를 하나의 '폭넓은 스펙트럼'으로 간주하는 이러한 사고는, 기술적 맥락을 인지자의 범주 안으로 포함시키려는 그녀의 이론적 확장을 가능하게 한다(pp. 20~25).

신경학적 관점에서 인지의 맥락을 보다 넓게 보려는 이러한 시도는, 신유물론과 근본적으로 충돌하는 지점을 분명히 드러낸다. 여기서 특히 주목할 점은, 인지적 비의식의 광범위한 맥락들이 인지자 네트워크를 통해서만 독점적으로 분배된다는 점을 설명하는 과정에서 헤일스가 어셈블리지라는 개념을 도발적으로 사용한다는 사실이다(Hayles, 2017, 5장). 우선, 헤일스는 인지를 설명함에 있어 연산적 은유에서 벗어나 체화된 모델로 나아가고자 한다고 주장하지만, 그녀의 인지 어셈블리지 개념은 여전히 인지 주체와 비인지 주체 간의 범주적 구분을 정당화하기 위해 공학적 용어에 기반한 전통적인 은유들을 다수 유지하고 있다. 특히 인지자/비인지자 분류는 **정보 흐름**과 **정보 처리**의 역할에 따라 달라진다(pp. 115~116). 전자는 수신된 정보에 대응해 **행동**할 수 있는 반면, 후자는 정보 흐름의 대리인으로서만 **활용**될 수 있기 때문에 인지 행위자는 비인지 행위자의 물질적 행위자성과는 구별된다(pp. 28~29).

게다가 헤일스는 정보가 맥락에 의존한다는 점을 인정하면서도(p. 22), 그녀가 재구성한 인지 이론의 틀은 한편으로는 "하위 수준의 선택과 단순한 인지에서 고차 인지와 해석에 이르기까지의 상호작용의 층위들" 간 상향적 구성이라는 비교적 전통적인 연산적 작동들에 의해 규정되며(p. 13), 다른 한편으로는 이러한 연산이 결여된 비인지적 물질세계에 의해 정의된다. 다시 말해, 비인지자는 정보를 처리하여 결정을 내리는 등의 행위를 수행할 수 없는 행위자로 간주된다. 예를 들어, 헤일스는 "쓰나미는 인파로 가득한 해변이 아닌 절벽에 부딪칠지를 선택할 수 없다"(p. 3)고 말한다. 즉 인간의 결정, 기후 변화, 폭풍을 구성하는 물질의 자기조직화된 힘, 그리고 인간의 죽음은 서로 연결되어 있지만, 이 중 가운데 두 요소 ― 기후 변화와 물질의 자기조직화 ― 는 정보 처리 능력이 결여된 것으로 간주되며, 사실상 정보 순환 체계 안에서 수동적인 구성 요소로만 여겨진다.

궁극적으로 헤일스는 인지적 비의식을 "협의의 물질만이 아니라 물질, 에너지, **정보**에 관한 것"이라며(p. 218, 강조는 저자 추가), 서로 다르게 정향된 물질론을 제시한다. 따라서 인지자와 비인지자 사이의 범주적 경계에는 오직 식물과 기술 시스템만 포함되는데, 이 두 시스템이 "시스템을 통한 정보의 흐름 그리고 그 흐름을 생성, 수정, 해석하는 선택과 결정"에 작용하는 능력으로 정의되는 인간 인지 모델과 "특정한 구조적·기능적 유사성을 공유"하기 때문이다(p. 116). 따라서 이러한 구조 외부의 물질적 행위자와 힘은 "어포던스affordances를 동원하고 복잡한 상황에서 행동하도록 지시하는 어셈블리지 내의 인지자"(p. 116)에게 자리를 내줘야만 한다.

헤일스의 인지 어셈블리지 개념과 신유물론적 정동 이론의 특정 측면 사이에는 몇 가지 흥미로운 비교 지점들이 존재한다. 예를 들어, 헤일스의 설명에서 거울 뉴런에 대한 초점화는 "형태의 공유는 사이버네틱 이전의 의미에서 정보를 포함한다"고 주장하는 깁스(2010)의 정동적 모방affective mimicry 과정에 대한 연구를 상당히 연상시킨다(pp. 193~194). 정동적 모방 또는 전염은 체화된 인지의 미러링 뉴런 회로와 마찬가지로 어느 정도는 신체 화학 작용에 영향을 미칠 뿐만 아니라 태도와 생각에도 영향을 미치는 "신체에 대한 작용"이 된다(p. 194). 스리프트(2007) 역시 주장하듯, 정동적 전염은 "자신의 정신적 삶과 타인의 삶 사이에 미묘한 분리"가 있음을 드러낸다(p. 237). 그럼에도 불구하고 헤일스(2017)의 모방적인 인지 어셈블리지를 통과하는 정보 흐름은 정동적 전염의 어셈블리지와는 뚜렷한 대조를 이룬다. 한편으로 인지 어셈블리지는 정보가 해석되는 일련의 메타포적인 "채널"로 연결되는데, 이러한 채널은 예를 들면 거울 뉴런에서 기능한다고 가정되는 것과 같은 하위 수준의 "신호-반응" 시스템에서 시작하지만 이후 상위 수준의 언어 채널로 진화했다(p. 128). 즉, 이러한 채널은 하위 수준의 사회적 신호에서 더 높은 수준의 언어 코드로 모방이 이동하는 정보 순환 체계 또는 "네트워크 하드웨어"를 형성한다(p. 128). 따라서 우리는 "비의식적 인지가 먼저 발달하고 의식이 나중에 나타나 그 위에 구축되는 것과 유사한 궤적"(p. 128)을 발견할 수 있다. 한편, 스리프트(2007)에 따르면 정동적 전염은 "호르몬 흐름, 보디 랭귀지, 공유된 리듬 및 기타 형태의 유입"이 포함된, 인지 프레임 외부의 사건들과 몸들 사이의 만남에서 생성되는 일들의 혼합으로 여겨진다(p. 236).

정동적 전염은 "우리가 현재 인지라고 부르는 의식의 얇은 띠"에서 일어나는 정보의 흐름이라기보다는 "인간과 다른 존재의 몸을 통해 움직이는" 감각의 반의식적 흐름으로 경험된다(p. 236). 실제로 이렇게 폭넓게 이해되는 신체는 끊임없이 메시지를 전달한다는 점에서 "수신기이자 송신기"이지만, 신체는 정보의 흐름에만 국한되지는 않는다. 신체는 주의력 에너지를 비롯해 느낌과 정동의 수신자 겸 송신자이기도 하다(p. 236). 예를 들어, 비행기를 모방하는 아이는 단순히 모방을 위한 인지적 **선택**을 하는 것 이상의 일을 한다. 아이는 이때 마주침의 정동적 **힘**에 노출되는데, 이는 모방하려는 아이의 욕망에 영향을 미칠 뿐만 아니라 어셈블리지의 다른 부분으로 변형된 느낌을 **전달한다**. 내장된 정보 채널로 연결된 인지 어셈블리지의 맥락 의존적 특성과 달리 정동은 맥락에 종속되지 않는다. 따라서 정동적 마주침의 힘은 맥락을 **가로질러** 전이된다.

추측건대, 인지 어셈블리지와 신유물론적 어셈블리지의 가장 두드러진 차이점은 헤일스(2017)가 지적한 부분일 것이다. 실제로 헤일스는 들뢰즈와 과타리의 어셈블리지 이론이 "연결, 사건, 변형, 생성"의 함의를 기반으로 하며, 인지보다는 "욕망, 정동, 횡단적 에너지"를 중시한다고 보지만, 이에 비해 그녀가 제안하는 인지 어셈블리지는 이보다 더 포괄적인 정의를 지향한다. 이는 "임시적으로 모여 구성된 부분들의 집합"으로 이해할 수 있다.

> 이 어셈블리지는 일부가 추가되고 다른 일부는 소멸되는 지속적인 유동 상태에 놓여 있으며, 이 부분들은 변형을 방해할 만큼 단단히 결합되어 있지도, 정보가 흐를 수 없을 만큼 느슨하게 연결되어 있지도 않다. (pp. 117~118)

헤일스에 따르면 인지 어셈블리지의 가장 "중요한 함의"는,

매우 낮은 수준의 선택에서부터 더 높은 수준의 인지로 발전하며, 그 결과 더 큰 범위의 문제에 영향을 미치는 결정을 내리는 방식으로 배열이 확장될 수 있다는 점이다. (p. 118)

그렇다면, 인지 어셈블리지의 **상향적 구성**과 신유물론에서의 마주침의 **힘** 사이에는 중요한 구분이 필요하다. 후자의 경우, 헤일스는 신유물론적 논의들 중에서 미시적 수준과 거시적 수준을 **횡단**한다고 여겨지는 힘들에 대해 부주의하게 다룬 사례들을 지적한다. 그녀에 따르면, 힘은 특정 수준에서 다르게 작동하므로 메커니즘의 세부 사항을 보다 신중하게 고려하여 접근해야 한다. 예를 들어, 박테리아의 생명이나 양자 물리학의 미시적 수준에서는 거시적인 사회정치적 또는 문화적 수준에서 발생할 수 있는 힘과는 매우 다른 종류의 힘이 작동한다.

헤일스가 신유물론의 힘에 대해 비판하는 핵심은, 그것이 "들뢰즈식 탈영토화"에 대한 제한적인 이데올로기적 편향을 보인다는 점에 있다(p. 73). 그러나 이러한 주장은 오로지 탈영토화에만 초점을 맞추고 있기 때문에, 어

셈블리지 이론이 표현하고자 했던 복잡한 관계성을 간과하고 있는지도 모른다. 실제로 모든 탈영토화의 선을 따라가는 운동에는, 새로운 영토화나 재영토화 혹은 영토화된 리듬의 반복refrain의 가능성 또한 언제나 함께 놓여 있다(Deleuze & Guattari, 1987, pp. 310~350). 이는 협의의 물질적 관계 — 즉 하나의 객체가 다른 객체에 물리적 힘을 가하는 방식 — 로 오해되어서는 안 된다. 동시에, 그것은 완전한 혼돈도 아니다. 오히려 이 개념은 다양한 유형의 힘들이 표현되는 복합적인 구성의 장場에 관한 것으로, 그 안에는 비평형 상태의 시스템, 평형에 가까운 시스템, 혼돈 상태의 시스템, 폐쇄적인 결정론적 시스템까지도 포함된다.

원형 자아에서 핵심 자아로의 상향적 구성을 주장하던 다마지오의 초창기 인지 어셈블리지 이론에서는 추가적 한계가 드러난다. 그것은 이 이론이 신경중심적인 창발 모델을 제시하기 때문인데, 이 모델은 결국 인지가 일부 생물학적 및 비생물학적인 맥락(비인간 인지자)에 분배되는 후속 방식들에 영향을 미친다. 분명한 것은, 다마지오의 모델이 뉴런 상호작용이라는 폐쇄된 내부성의 틀 안에서만 작동하며, 그 바깥에서 외부적으로 분산된 관계성들이 어떻게 작동하는지를 이해하지 못한다는 점이다. 다마지오(2000)는 르두(2003)와 마찬가지로 인간이 상위 인지 수준에서 경험하는 일관된 자아 감각은 시냅스 기능의 미시적 수준 내부에 위치한 비의식적 상호작용의 창발적 결과라고 주장한다. 그렇다고 해서 "나"라는 자아의 출현이 암묵적인 정동적 신체 경험에 대해 면역력을 지닌 뇌에 의해 생성된다는 것은 아니다. 또한 자아는 순전히 명시적인 인지 기능(지각, 주의, 기억 등)으로만 구성된 것도 아니다. 오히려 핵심 자아는 넓은 의미에서 물질세계에 대한 비의식적 경험으로부터 창발한다. 그러나 정동의 비재현적이며 전-인지적 경향에 주목하는 신유물론과 달리, 원형 자아의 중심 원리는 유기체 자체에 대한 일련의 선천적으로 내재된 표상들hardwired representations 5로 구성되며, 이는 뇌 내부의 여러 층위에 위치한다. 자아의 일관성을 유지하는 것은 이러한 신체적 표상이다. 이것이 바로 다마지오(2000)가 "전-의식적 생물학적 선례"(p. 21)에서 말하는 "생물학적 선구자"에 가깝다. 원형 자아와 자전적 자아 수준 사이에

---

5. * 하드와이어드(hardwired)는 생물학적으로 타고난, 또는 유전적으로 프로그래밍된 특성을 의미한다. 컴퓨터 하드웨어가 물리적으로 연결되어 특정 기능을 수행하는 것처럼, 뇌의 특정 회로가 태어날 때부터 특정한 방식으로 구성되어 있다는 개념이다. 원형 자아에서 하드와이어드 표상은 의식적 경험이나 고차원적 인지 이전에 작동하며, 생존에 필수적인 신체 상태의 항상성(homeostasis)을 유지하는 데 중요한 역할을 한다. 이는 뇌줄기, 시상하부 등의 뇌 영역에서 주로 발생하는 것으로 여겨진다. 정리하면, 하드와이어드 표상은 학습이나 경험에 의존하지 않고 생물학적으로 프로그래밍된, 자신의 몸에 대한 뇌의 기본적인 표상 시스템을 말한다. Damasio, 2000.

서 일어나는 다양한 뉴런 상호 작용이, 상위 수준의 의식인 정체성과 인격에서 경험되는 더 정교한 표상을 생성한다. 따라서 자아감은 상위 의식 수준에서 해석되는 표상들의 점진적 위계화 과정을 통해, 마치 마트료시카 인형처럼 중층적으로 구성된다.

헤일스와 마찬가지로 다마지오의 모델 역시 의식에 대한 기존의 사이버네틱 모델에서 벗어난 것처럼 보이지만, 사이버네틱스에서 유래한 정보 처리와 표상 저장이라는 은유적 개념들이 여전히 문제적 방식으로 유지되고 있다(Sampson, 2016, pp. 126~129). 그럼에도 불구하고 헤일스(2017)는 이러한 상향적 구성 과정이 비의식적 인지라는 이론적 틀에서 핵심적인 역할을 한다고 주장한다. 그녀는 다음과 같이 결론짓는다.

> 다양한 수준에서 작동하는 특정한 역학은 물질적 과정과 창발적 결과로서의 비의식적 인지를 구별하는 방법을 제공하고, 의식/무의식의 특징적인 조직 양식을 설명한다. (p. 69)

결론

이 글은 이론적으로 쟁점이 되어 온 비의식 개념에 초

점을 맞추었으며, 이 개념은 신경학적 기원에서 출발하여 포스트인문학 내 서로 다른 방향성을 지닌 두 가지 이론적 흐름에 영향을 미쳐왔다. 한편에서는 신유물론자들과 그들의 정동 이론이 신경학적으로 정의된 비의식을 환영해 왔는데, 이는 인지적 의식이 후발주자이며 인간중심적 인문학이 가정했던 것보다 훨씬 약하다는 주장을 뒷받침해 왔기 때문이다. 신유물론의 초점은 의식의 창발보다는 신체적 사고, 정신을 통제하는 전-인지, 정동적 전염에 대한 취약성과 같은 대안적 개념들이다. 더 중요한 것은 신경과학적 비의식을 활용함에도 불구하고 신유물론은 예를 들어, 뇌 없이도 뉴런과 폭풍의 자기조직화하는 물질을 함께 모으는 감각 구성의 포용적inclusive 어셈블리지를 지지한다는 점이다. 이것은 이분화된 인간 의식의 우위를 전제하지 않고, 오히려 인간과 비인간의 중층적인 물질적 관계를 통해 발생되는 변형에 더 주의를 기울이는 평평한 존재론이다. 이와 같이, 신유물론의 비의식적 어셈블리지에 대한 이론적 이해는 **외재성의 관계**relations of exteriority를 핵심적으로 부각시킨다.

반면에 헤일스가 주장하듯 인지적 프레임이 인간의 뇌를 넘어 신경학적 영향을 받아 확장된다는 것은 신유물론적 어셈블리지 이론에 조금 더 가까워진다(p. 117). 그러나 헤일스는 창발적 의식에 대한 관심 부족을 비판할 뿐만 아니라, 신유물론이 명확히 정의되지 않은 물리적 힘들과의 마주침에 과도하게 의존하며, 인지가 창발된다고 가정한 특정 수준의 과정들 속 세부 사항을 간과한다는 점도 함께 비판한다. 이러한 비판은 정당한 것일 수도 있다. 특히 들뢰즈적 용어 사용의 과잉이 힘의 구체적 사례들에 대한 세부 설명을 흐릿하게 만들고, 이를 경험적 지식이 아니라, 이데올로기적 전제로 가려버릴 수 있다고 보는 헤일스의 평가에 동의한다면 그러하다(p. 79). 하지만 헤일스는 인문학의 인간중심적 구조를 여러 방면에서 신경중심적 포스트 인문학으로 대체했을 뿐이다. 따라서 헤일스의 인지 프레임 존재론은 분산된 거시적 의식으로 나타나기 전에 물질적 뇌의 미시적 규모에서 시작된다. 이러한 신경중심적 창발 모델은 결과적으로 식물과 일부 기술 시스템에서 나타나는 뉴런과 유사한 경향성과 유비적으로 연관되어 있다. 이는 곧 **내재성의 관계**relations of interiority에 의해 주로 결정되는 은유적 뇌 개념의 층위적 전개를 의미한다. 다시 말해, 미시적 뉴런 전달에서 시작해 거시적 정신 기능에 이르는 과정 속에서 형성되는 층위 간 상호작용의 신경 상관들neuro correlates이 전체 인지 어셈블리지를 구성하게 되는 것이다.

확실히 헤일스의 (인간의) 인지적 프레임에 대한 삼분도tripartite diagram(p. 40)의 전반적 기초는 신경학적 인지적 비의식이라는 출발점에서 시작해 그 앞뒤에 놓인 모든 것을 설명하기 위해 거꾸로 작동한다. 확실히 이 도식은 인지적 비의식의 양쪽에 인식 양식과 물질적 과정을 배치하지만, 물질과 의식을 연결할 수 있는 창발적 관계는 정보의 흐름과 정보 처리라는 전제에 의해 제한된다. 결국, 미시적 차원과 거시적 차원 사이에서 인지 과정을 상향적으로 구성한다는 개념은 신유물론에서 말하는 힘들만큼이나 모호하지만, 인지 능력을 지닌 존재와 그렇지 않은 존재를 구분하고 있다는 점에서도 문제를 낳는다. 인류세와 "인간의 행동이 자신의 통제력을 훨씬 뛰어넘는 힘들을 풀어놓고 있다"(p. 83)는 헤일스의 우려를 고려할 때, 이에 대한 대안적인 윤리적 대응은 이러한 비인지적 세계의 힘을 받아들이고 그것을 더 포괄적인 감각 구성의 어셈블리지의 일부로 보는 것일지도 모른다.

:: 참고문헌

Bertelsen, Lone & Murphie, Andrew (2010). An Ethics of Everyday Infinities and Powers : Felix Guattari on Affect and the Refrain. In Melissa Gregg & Greg. J. Seigworth (Eds.), *The Affective Theory Reader* (pp. 138-160). Durham & London : Duke University Press. [버텔슨, 론 · 머피, 앤드루 (2015). 6 일상의 무한성과 힘의 윤리 : 정동의 리토르넬로에 대한 가타리의 분석. 그레그, 멜리사 · 시그워스, 그레고리(편저). 『정동 이론』. (최성희 · 김지영 · 박혜정, 역). (pp. 236-267). 서울 : 갈무리.]

Borch, Christian. & Lange, Ann-Christina (2017). High-frequency Trader Subjectivity : Emotional Attachment and Discipline in an Era of Algorithms. *Socio-Economic Review*, 15(2), 283-306. https://doi.org/10.1093/ser/mww013

Damasio, Antonio (1995) *Descartes' Error : Emotion, Reason, and the Human Brain*. New York : Penguin. [다마지오, 안토니오 (2017). 『데카르트의 오류』. (김린, 역). 서울 : NUN(눈출판그룹).]

Damasio, Antonio (2000). *The Feeling of What Happens : Body, Emotion, and the Making of Consciousness*. London : Vintage. [다마지오, 안토니오 (2023). 『느낌의 발견』. (고현석, 역). 파주 : 아르테.]

Deleuze, Gilles & Guattari, Felix (1987). *A Thousand Plateaus : Capitalism and Schizophrenia*. Minneapolis, London : University of Minnesota Press. [들뢰즈, 질 · 가타리, 펠릭스 (2001). 『천 개의 고원』. (김재인, 역). 서울 : 새물결.]

Gibbs, Anna (2010). After Affect Sympathy, Synchrony, and Mimetic Communication. Melissa Gregg & Greg. J. Seigworth (Eds.), *The Affective Theory Reader* (pp. 186-205). Durham & London : Duke University Press. [깁스, 안나 (2015). 8 정동 이후 : 공감, 동화, 그리고 모방 소통. 그레그, 멜리사 · 시그워스, 그레고리 (편저). 『정동 이론』. (최성희 · 김지영 · 박혜정, 역). (pp. 305-332). 서울 : 갈무리.]

Gregg, Melissa. & Seigworth, Greg. J. (Eds.) (2010). *The Affective Theory Read-*

er. Durham & London : Duke University Press. [그레그, 멜리사 · 시그워스, 그레고리 (편저). 『정동 이론』. (최성희 · 김지영 · 박혜정, 역). 서울 : 갈무리.]

Grusin, Richard (2010). *Premediation : Affect and Mediality after 9/11*. New York, London : Palgrave Macmillan.

Hayles, Katherine N (2006). Traumas in Code. *Critical Inquiry*, 33(1), 136-157. https://doi.org/10.1086/509749

Hayles, Katherine N (2017). *Unthought : The Power of the Cognitive Nonconscious*. Chicago and London : The University of Chicago Press. [헤일스, 캐서린 (2025). 『비사고, 인지적 비의식의 힘』. (송은주, 역). 서울 : 커뮤니케이션북스.]

Highmore, Ben (2010). *Bitter After Taste : Affect, Food, and Social Aesthetics*. Melissa Gregg & Greg. J. Seigworth (Eds.), *The Affective Theory Reader* (pp. 118-137). Durham & London : Duke University Press. [하이모어, 벤. (2015). 5 뒷맛이 씁쓸한: 정동과 음식, 그리고 사회 미학. 그레그, 멜리사 · 시그워스, 그레고리 (편저). 『정동 이론』. (최성희 · 김지영 · 박혜정, 역). (pp. 206-233). 서울 : 갈무리.]

Karppi, Tero, Kähkönen, Lotta, Mannevuo, Mona Pajala, Mari & Sihvonen, Tanja (Eds.) (2016) Affective Capitalism. *Ephemera*, 16(4), 1-13.

Lara, Ali (2018). Craving Assemblages : Consciousness and Chocolate Desire. *Capacious : Journal for Emerging Affect Inquiry*, 1(2). 38-57.

LeDoux, Joseph (2003). *The Synaptic Self : How Our Brains Become Who We Are*. New York : Penguin Books.

Leys, Ruth (2011). The Turn to Affect : A Critique. *Critical Inquiry*, 37(3), 434-472. https://doi.org/10.1086/659353

Libet, Benjamin (1985). Unconscious Cerebral Initiative and the Role of Conscious Will in Voluntary Action. *Behavioral Brain Sciences*, 8(5), 29-566. https://doi.org/10.1017/s0140525x00044903

Pitts-Taylor, Victoria (2016). *The Brain's Body : Neuroscience and Corporeal Politics*. Durham and London : Duke University Press.

Probyn, Elspeth (2010). Writing Shame. Melissa Gregg & Greg. J. Seigworth (Eds.), *The Affective Theory Reader* (pp. 71-92). Durham & London : Duke University Press. [프로빈, 엘스페스. (2015). 3 수치의 쓰기. 그레그, 멜리사 · 시그워스, 그레고리 (편저). 『정동 이론』. (최성희 · 김지영 · 박혜정, 역). (pp.

126-159). 서울 : 갈무리.]

Rolls, E. T. (2012) *Neuroculture : On the Implications of Brain Science*. Oxford : Oxford University Press.

Sampson, Tony D. (2012). *Virality : Contagion Theory in the Age of Networks*. Minnesota : University of Minnesota Press.

Sampson, Tony D. (2016). *The Assemblage Brain : Sense Making in Neuroculture*. Minnesota : University of Minnesota Press.

Sampson, Tony D. (2020). *A Sleepwalker's Guide to Social Media*. Cambridge : Polity.

Thrift, Nigel (2004). Remembering the Technological Unconscious by Foregrounding Knowledges of Position. *Environment and Planning D : Society and Space*, 22(1), 175-190. https://doi.org/10.1068/d321t

Thrift, Nigel (2007). *Non-Representational Theory : Space, Politics, Affect*. New York, London : Routledge.

Watkins, Megan (2010). Desiring Recognition, Accumulating Affect. Melissa Gregg & Greg. J. Seigworth (Eds.), *The Affective Theory Reader* (pp. 269-288). Durham & London : Duke University Press. [왓킨스, 메건. (2015). 12 인정 욕구와 정동의 축적. 그레그, 멜리사 · 시그워스, 그레고리 (편저). 『정동 이론』. (최성희 · 김지영 · 박혜정, 역). (pp. 425-449). 서울 : 갈무리.]

Wetherell, Margaret (2012). *Affect and Emotion : A New Social Science Understanding*. London : Sage.

Williams, Rick & Newton, Julianne (2009). *Visual Communication : Integrating Media, Art, and Science*. New York, London : Routledge.

:: 옮긴이 해제

「정동, 인지 그리고 신경과학」을 읽기 위한 안내

1. 비의식에 대한 국내외 인문학 연구 동향

이 글은 신경과학의 비의식 개념을 매개로, 정동 이론과 신유물론 사이의 이론적 접속점을 탐색하는 토니 D. 샘슨의 논문을 번역한 것이다. 신경과학이나 인지과학 전문가가 아닌 번역자가 쓰는 이 해제는 엄밀한 과학적 해설보다는 정동 이론에 익숙한 인문사회 독자들을 대상으로, 신경과학과 신유물론, 그리고 정동 이론 사이의 개념적 연계를 보다 직관적으로 이해할 수 있도록 돕는 데 목적을 두고 있다.

21세기 인문학이 신경과학 및 뇌과학의 발전과 함께 점차 기존의 이론적 기반으로부터 이탈하고 있다는 것은 주지의 사실이다. 특히 최근 들어 인간의 사고, 감각, 행동이

의식적으로 통제되는 것이 아니라 대부분 의식과는 무관한 신경 과정에 의해 유도된다는 주장이 대두되면서, 오랜 시간 인문학의 기초를 형성해온 데카르트적 심신이원론이나 정신분석의 의식-무의식 이분법 등이 근본적인 도전에 직면하게 되었다.

이러한 인식 전환은 인문학 내부에서도 포스트인문학의 흐름과 결합하여, 인간중심주의 및 의식에 기반한 주체 개념으로부터 벗어나려는 다양한 이론적 시도들을 촉발한다. 그 핵심에는 바로 '비의식'nonconscious 개념을 새롭게 정립하려는 시도가 놓여 있다. 비의식 개념에 있어 주목할 만한 연구로는 나이절 스리프트의 '기술적 무의식'technological unconscious 개념과 캐서린 헤일스의 '인지적 비의식'cognitive nonconscious [1] 개념이 있다. 문화지리학자이자 비재현 이론[2]의 선구자인 스리프트는 감각, 정동, 무의식적 조율 등 재현 불가능한 경험적 층위에 집중해 왔다. 문화지리학자로서 그는 인간의 감각적 경험이 도시공간, 자동화 시스템, 감시 기술 등 기술적 환경 속에서 무의식적으로 조율되고 길들여지는 현상에 착안해, 이러한 감각적 훈육 장치를 '기술적 무의식'이라고 명명했다. 한편, 문학연

---

1. 헤일스는 해당 논의를 자신의 저작인 『비사고, 인지적 비의식의 힘』에서 정밀하게 설명하고 있다. Hayles, 2017.
2. 비재현 이론에 대한 자세한 내용은 그의 책 Thrift, 2007을 참조.

구자이자 과학기술학 연구자인 헤일스는 초기에는 사이버네틱스와 포스트휴먼을 중심으로 연구했으나, 최근에는 인간뿐 아니라 기술적 시스템, 동식물, 환경 등도 인지 능력을 가질 수 있다는 주장을 펼치며 이를 '인지적 비의식'이라고 명명하고 있다.

국내에서는 의학 및 과학계를 중심으로 인간의 인지와 행동에 대한 심층적인 이해를 도모하기 위해 비의식적 인지와 관련된 실증적 연구들이 이루어지고 있다. 또한, 정동적 강도의 흐름을 중심으로 인간 경험의 비재현적 측면을 조명하는 정동 연구, 그리고 물질과 기술, 환경과의 상호작용 속에서 존재론적 흐름을 탐구하는 신유물론 연구의 경우에도 비의식 개념에 대한 수용이 점차 이루어지고 있다. 이는 현대 신경과학에서 밝혀진 발견으로 인해, 의식이 '근원'이 아니라 결과일 수 있다는 점, 그리고 인간 중심의 인지/의식 중심 모델을 해체하고자 하는 정동 연구와 신유물론의 핵심적 문제의식과 깊이 연결되기 때문이다.

샘슨의 글은 정동 연구와 신유물론, 그리고 신경과학의 연결에 대해 자세한 설명을 전개하고 있는데, 특히 초점을 맞추고 있는 것은 신경학적 비의식에 대한 이론적 논쟁 부분이다. 그가 이 글에서 주목하는 것은 신경학적 비의식 개념을 중심에 두고 전개되는 서로 다른 두 가지 이론적 흐름, 즉 헤일스의 인지 어셈블리지 이론과 신유물론적 정동 이론이다. 각각의 흐름은 신경학적 비의식을 출발점으로 삼지만, 비의식을 해석하고 배치하는 방식, 인간-기술-물질 간의 관계 설정에서 분명한 차이를 드러낸다. 아래에서는 헤일스의 비의식 개념과 신유물론에서의 비의식이 활용되는 방식에 대해 좀 더 자세히 알아보자.

2. 헤일스의 비의식

비의식은 우리가 흔히 아는 프로이트식 무의식과는 개념적으로 구별된다. 무의식이 억압된 욕망이나 기억, 정신 내면의 심층적 구조로 이해되어 왔다면, 비의식은 의식 이전 단계에서 일어나는, 즉 신경계 내부에서 자동적으로 수행되는 정보 처리 과정을 가리킨다. 이는 단순히 '기억하지 못하는 상태'가 아니라, 애초에 의식적으로 접근이 불가능한 감각-신경적 처리 층위를 의미한다.

샘슨의 글에도 등장하는 안토니오 다마지오의 신체표지 가설somatic marker hypothesis은 비의식적 인지 작동 방식을 설명하는 데 있어 핵심적인 이론이다. 그에 따르면 인간은 의사결정을 내릴 때 순수한 이성적 판단에만 의탁하는 것이 아니며, 과거의 정서적 경험과 연결된 신체 감각이 자동적으로 활성화되며 무의식적으로 선택을 유도한다고 한다. 이러한 '신체표지'는 의식 이전의 감각-신경 수준에서 작동하며, 판단을 빠르게 정리하는 감각 기반의 인지 시스템으로 기능한다. 벤자민 리벳의 '지연된 의식'delayed consciousness 실험 역시 비의식 개념에 실증적 기반을 더해 주었다. 리벳은 실험을 통해 인간의 의식적 결정이 실제 신경 활동보다 약 0.5초 늦게 발생한다는 현상을 발견했다. 이로 인해 우리가 스스로 결정을 내린다고 느끼는 행위조차 사실은 의식 이전에 이미 시작된 신경 과정의 결과라는 점이 드러났으며, 이는 의식의 자율성과 주체 개념에 근본적 의문을 제기하는 계기가 되었다(Libet, 1985). 인지과학에서도 인지는 더 이상 내면적 사고나 자기 성찰로만 설명되지 않는다. 예컨대, 주의, 습관, 패턴 인식, 감각 반응, 생리적 판단 등은 의식 없이도 수행될 수 있는 인지 활동으로 간주된다. 따라서 몸의 균형을 유지하거나 위험 자극에 즉각적으로 반응하는 행동, 환경에 대한 직감적 감응은 모두 비의식적 인지의 작동 사례라 할 수 있다.

헤일스는 이러한 신경과학적·인지과학적 논의를 바탕으로, 비의식을 단순한 보조 개념이 아닌 의식보다 훨씬 더 넓고 깊은 인지의 기반으로 재규정한다. 사이버네틱스 정보 과학 연구를 통해 인간과 기계, 아날로그 주체와 디지털 주체 사이의 분산인지 시스템에 대해 연구(Hayles, 2005 참조)해 왔던 헤일스는 신경학적 비의식 개념을 통해 기존의 인간 중심적 인지 개념을 확장하고자 했다(Hayles,

2017 참조). 그녀는 인간과 기술, 생물biological(예 : 인간, 식물, 박테리아)과 비생물non-biological(예 : 기계, 돌, 기후) 사이에 '정보 처리 능력'이라는 기준을 중심으로 형성되는 인지 어셈블리지cognitive assemblage를 제안한다. 여기에서 핵심은 인간이 인지의 중심이 아니라 인지하는 존재 즉 '인지자'cognizer 중 하나일 뿐이라는 재정의이다. 이러한 입장은 인간, 기계, 동물, 식물 등 다양한 존재가 인지적 처리 과정을 수행할 수 있다고 보며, 이를 통해 정보의 흐름과 처리 구조를 중심으로 한 새로운 존재론을 형성한다.

3. 비의식에 대한 신유물론적 접근

신유물론은 인간 중심적 사유와 이분법적 존재론 — 예컨대 인간/비인간, 정신/물질, 의식/신체 — 에 대한 비판에서 출발한다. 이들은 특히 '의식'에 기반한 주체 개념이 세계를 능동적으로 인지하고 통제한다는 전통적 인문학의 전제에 도전하면서, 의식 이전에 작동하는 물질적 흐름과 접속한다.[3] 신유물론은 브라이언 마수미를 비롯한 정동 연

---

3. 신유물론의 대표적 학자로는 신유물론적 페미니스트인 캐런 버라드, 로지 브라이도티, 제인 베넷 등이 있으며, 국내에 소개된 대표적인 저작으로는 『생동하는 물질』이 있다. 또한 신유물론과 철학적 전제에 있어서 차이를 보이지만 비인간 존재, 물질, 기술, 사물에 대한 새로운 존재론을 구성한다는

구자들이 비재현적인 신체적 강도의 흐름으로 정의한 정동 개념을 존재론적 도구로 차용한다. 예컨대, 캐런 버라드는 양자물리학에서 정동적 물질성을 논하며, 제인 베넷은 물질적 정동을 통한 물질의 행위 역량을 강조한다.

신유물론은 이렇듯 정동 개념을 물질 중심의 존재론적 전환을 위한 이론적 자원으로 삼으며, 이를 전략적으로 재구성한다. 정동 이론에서 제안된 비재현적이고 전-인지적인 강도intensity 개념을 차용하지만, 그것을 정보 처리나 인지 주체의 능력에 따른 위계 구조 안에 배치하지 않고, 인간-비인간, 생물-비생물, 기술-물질 간의 수평적 상호작용과 자율적인 에너지 흐름 속에 위치시킨다. 즉, 정동은 신유물론의 관점에서 인지적 해석의 대상이 아니라, 존재가 출현하는 사전적 조건이자, 물질세계가 구성되는 방식 그 자체로 간주된다. 마수미가 강조한 '포착 이전의 강도'로서의 정동은 기술적 환경, 생물학적 신체, 사회적 물질적 조건들이 복잡하게 교차하며 생성하는 비의식적 감응의 장場으로 해석된다. 이러한 맥락에서 인간 주체는 능동적 인지자로서 세계를 지배하는 존재가 아니라, 정동적 흐름 속에서 형성되고 구성되는 존재이며, 의식은 사건 이후

차원에서 동일한 궤적을 그리는 객체지향 철학과 사변적 실재론의 다양한 저작들은 갈무리 출판사에서 발행된 다수의 책을 통해 확인할 수 있다.

에 도달하는 지연된 효과에 불과하다. 이러한 관점은 (본문에서 샘슨이 설명하듯) 의식의 즉각적인 경험을 '소급적 착각'retrospective illusion으로 규정하는 신유물론의 급진적인 개념4과도 연결된다.

그러므로 '비의식'은 더 이상 의식의 예비적 단계가 아니라, 감각과 물질이 접속되고 사태가 발생하는 실질적 조건으로 이해된다. 신유물론은 바로 이 지점에서 비의식이 정동과 물질성을 잇는 핵심 매개가 된다고 보는 것이다. 헤일스의 인지 어셈블리지 이론이 정보 흐름을 중심으로 구성된 시스템 안에서 '인지할 수 있는가'의 여부에 따라 존재자들을 분류하고 위계화하는 경향이 있다면(여기서 인지자란 정보를 선택·처리·해석할 수 있는 행위자로 간주되며, 그러한 능력이 없는 존재들 예컨대 돌, 기후, 해일 등은 비인지자로 규정된다), 신유물론은 정보 처리 능력을 중심으로 존재자들의 위계를 나누지 않으며, 오히려 정동을 매개로 물질과 존재의 평평한 연결에 주목한다. 이를 통해 비인간 존재자, 기술 시스템, 환경적 사물들 역시 정

---

4. 인간의 의식은 사건 이후에야 구성되지만, 우리는 그 의식이 사건과 동시에 일어난 것처럼 착각한다. 즉, 신유물론에서는 의식은 이미 일어난 감각적·정동적 사건에 대해 사후적으로 의미를 부여하는 과정에 불과하며, 그럼에도 불구하고 자신이 사건을 주도했다고 느끼는 일종의 인지적 착각을 동반한다고 주장하는 것이다. Coole & Frost, 2010, p. 6.

동적 행위자성을 가진 행위자로 재정의되며, 비의식이 작동하는 어셈블리지는 단일한 중심이나 계층 구조 없이 존재론적으로 확장된다.

4. 두 이론의 긴장과 인문학의 재구성 가능성

인지 어셈블리지 이론과 신유물론의 정동적 접근은 모두 비의식의 중요성을 공유하면서도, 그것을 해석하고 배치하는 방식에서 뚜렷한 차이를 보인다. 헤일스는 이러한 비의식을 중심으로 인지의 층위적 구조와 정보 처리 능력을 기준 삼아 인간과 기술을 연결하는 새로운 인문학의 틀을 제안한다. 그러나 샘슨이 본문에서 지적하고 있듯 그 과정에서 인지/비인지의 범주화, 정보중심주의적 사고, 그리고 신경중심적 모델의 반복이라는 문제에 직면한다. 반면 신유물론은 정동 이론의 개념들을 물질적 존재론의 관점에서 차용하여, 정동이 인지의 대상이 아닌 물질-감각적인 힘의 흐름으로서 의식화되기 이전의 사건적 마주침과 비인간적 감응의 장場에서 작동하며, 인간은 이러한 흐름 속에서 사후적으로 구성되는 존재라고 이해한다. 이로써 신유물론은 인간 중심의 인식 구조를 해체하고, 기술, 환경, 물질, 생명체 간의 수평적이고 외재적인 연결 가능성을 사유하게 한다.

결국, 이 두 흐름은 비의식이라는 이론적 지점을 중심으로, 포스트인문학 내부에서 서로 다른 경로를 따라 인지, 정동, 기술, 물질 간의 새로운 관계를 모색하고 있는 것이다. 샘슨의 글은 그러한 이론적 긴장을 섬세하게 추적하며, 비의식을 둘러싼 인문학적 재구성의 가능성과 그 한계를 함께 성찰하게 한다.

:: 참고문헌

베넷, 제인 (2020). 『생동하는 물질』. (문성재, 역). 서울: 현실문화.

Hayles, N. Katherine (2005). *My Mother Was a Computer : Digital Subjects and Literary Texts*. University of Chicago Press. [헤일스, 캐서린 (2016). 『나의 어머니는 컴퓨터였다』. (송은주·이경란, 역). 파주: 아카넷.]

Coole, Diana. & Frost, Samantha (2010). Introducing the New Materialism. In D. Coole and S. Frost (Eds.), *New Materialism : Ontology, Agency, and Politics* (pp. 1-43). London : Duke University Press. [쿨, 다이아나·프로스트, 사만타 (2023). 서론. 쿨, 다이아나·프로스트, 사만타(편저). 『신유물론 패러다임―존재론, 행위자 그리고 정치학』. (박준영·김종갑, 역). 서울: 그린비.]

Hayles, N. Katherine (2017). *Unthought : The Power of the Cognitive Nonconscious*. University of Chicago Press. [헤일스, 캐서린 (2025). 『비사고, 인지적 비의식의 힘』. (송은주 역). 서울: 커뮤니케이션북스.]

Libet, Benjamin (1985). Unconscious Cerebral Initiative and the Role of Conscious Will in Voluntary Action. *Behavioral and Brain Sciences*, 8(4), 529-566.

Thrift, Nigel (2008). *Non-Representational Theory : Space, Politics, Affect*. NY : Routledge.

:: 엮은이 · 글쓴이 · 옮긴이 소개

엮은이

알리 라라 (Ali Lara)
멕시코에서 태어나 자란 비백인(라틴아메리카계) 남성이다. 그는 바르셀로나 자치대학교에서 사회심리학 박사학위를 받았으며, 뉴욕시립대학교(CUNY)에서 박사후 과정을 수행했다. 그의 연구는 정동 연구, 탈식민적 신체 이론, 특히 인종화 과정에 초점을 둔다. 주요 저서로 *Digesting Reality*가 있으며, *Theory and Psychology*, *Subjectivity*, *Capacious*, *The Senses and Society* 등 다수 학술지에 논문을 게재했다. 현재 멕시코 푸에블라 자치대학교에서 강의하고 있다.

글쓴이

기예르미나 알토몬테 (Guillermina Altomonte)
뉴욕대 사회학과 조교수. 그녀의 연구는 문화적·물질적 힘이 어떻게 돌봄 시장을 형성하는지를 분석하는 데 초점을 맞추고 있다. *American Sociological Review*, *Theory and Society*, *Social Science & Medicine* 등의 학술지에 논문을 게재했으며, 2026년 프린스턴대학교 출판사에서 출간을 앞두고 있는 그녀의 첫 단행본 저서는, 노년기의 독립성이라는 이상이 미국의 정책, 의료 개입, 노인 돌봄 경험에 어떤 영향을 미치는지를 다루고 있다.

콜린 P. 애슐리 (Colin P. Ashley)
뉴욕시립대학교(CUNY) 시티 칼리지에서 사회학 교수로 재직 중이다. 미셸 빌리스와 함께 흑인성의 정동적 역량에 대한 공동연구를 해 왔으며, 이 외에도 정동과 주체성에 대한 연구를 해 왔다.

미셸 빌리스 (Michelle Billies)
뉴욕시립대학교(CUNY) 킹스보로 커뮤니티 칼리지의 부교수이자 정신건강과 인적서비스 학위과정의 디렉터이다. 그녀는 이곳에서 비판적 다문화 상담 과목을 가르친다. 빌리스는 교차성과 초국적 페미니즘 관점에서 인종 정의를 탐구한다. 구체적으로는 도시 인종 젠트리피케이션, '불심검문' 치안 관행, 그리고 저소득·다인종·다민족의 레즈비언·게이·바이섹슈얼·트랜스젠더·젠더 비순응(LGBTQ/GNC) 집단이 공공 공간을 활용하는 방식을 기록·분석하며, 연대와 저항의 전략에 집중한다. 또한 콜린 P. 애슐리와의 공동 연구에서는 이윤과 통치를 위해 인구를 생성하고 관리하는 흑인성의 정동적 역량을 이론적으로 다룬다. 빌리스는 개인 클리닉을 운영하는 게슈탈트 심리치료사이며, 11세 자녀를 둔 부모이기도 하다.

산드라 모야노-아리자 (Sandra Moyano-Ariza)
바너드 칼리지의 여성, 젠더, 섹슈얼리티 연구학과의 임기제 조교수이자, 바너드 여성연구센터의 리서치 디렉터로 재직 중이다. 해당 센터에서 저널 *The Scholar and Feminist Online*의 편집을 맡고 있다. 그녀는 뉴욕시립대학교(CUNY) 대학원에서 영문학 박사학위를 받았다. 그녀의 연구는 철학과 디지털 기술의 교차점에 주목하며, 정동 이론, 비판적 뉴미디어 이론, 사변 철학, 신유물론, 페미니스트 존재론 등의 분야에 관심을 두고 있다. 특히 알고리즘 기반의 연애에서 나타나는 고도로 계산되고 가속화된 사랑과 친밀성의 경험, 그리고 이들의 문화적 재현을 주요하게 분석한다.

리우 웬 (Liu Wen)
대만 중앙연구원 민족학연구소의 부연구펠로우이다. 그녀의 연구는 정동 이론, 비판적 인종 연구, 퀴어 이론에 기반하여, 고조되는 지정학적 갈등 속에서 퀴어 운동, 환태평양 지정학, 시민적 안보 실천을 탐구한다. 그녀는

Feeling Asian American : Racial Flexibility between Assimilation and Oppression (2024)의 저자이며, 이 책은 미국 여성학회에서 1등 상을 수상했다.

토니 D. 샘슨 (Tony D. Sampson)
디지털 커뮤니케이션 분야의 선도적 연구자로, 현재 에식스 대학교의 에식스 비즈니스 스쿨 교수로 재직 중이다. 그의 연구와 강의는 디지털과 아날로그 세계에서의 감정적, 감각적, 정동적 경험을 탐구하는 두 개의 상호 연관된 흐름을 중심으로 이루어진다. 디지털 영역에서는 디지털 커뮤니케이션, 마케팅, 노동, 바이럴리티, 신경문화, 사용자 경험(UX) 등 다양한 주제에 관해 활발히 연구하고 출판해 왔다. 아날로그 영역에서는 감정 지리학 개념을 활용해 지역 커뮤니티 개발 및 행동주의 프로젝트에 적용하고 있다. 그의 연구는 사람들이 살아가고 경험하는 시공간적 환경이 어떻게 개인의 경험을 불러일으키고, 형성하며, 억압하는지를 분석한다. 이러한 시간과 공간의 정동적 관계는 경험이 어떻게 인식되고, 활용되며, 변화하는지를 결정짓는다. 이러한 분석을 통해 샘슨은 디지털 및 물리적 경험의 맥락에서 권력, 포용, 배제의 역학에 대한 비판적 이해를 제시한다. 주요 저작으로는 *The Spam Book*(Jussi Parikka와 공동 편집, 2009), *Virality : Contagion Theory in the Age of Networks*(2012), *The Assemblage Brain : Sense Making in Neuroculture*(2017), *Affect and Social Media*(2018), *A Sleepwalker's Guide to Social Media*(2020), *The Struggle for User Experience : Experiments in Birth, School, Work, Death*(출간 예정)가 있다. 2014년부터 2022년까지 런던 동부에서 'Affect and Social Media'라는 연례 학술대회를 총 7회 주최했다.

옮긴이

권명아
동아대학교 한국어문학과 교수, 〈젠더·어펙트연구소〉 소장. 대표 저작으로는 『역사적 파시즘 — 제국의 판타지와 젠더정치』(2005), 『음란과 혁명 — 풍기문란과 정념의 정치』(2013), 『무한히 정치적인 외로움 — 한국사회의 정동을 묻다』(2012), 『여자떼 공포, 젠더 어펙트』(2019) 등이 있다. 출간 예정 저작으로는 『정동 연구 지도제작』(공동번역), 『역사적 파시즘 체제의 인종주의와 젠더정치 ― 젠더사로 보는 전시동원 체제』 등이 있다. 파시즘의 젠더 정치에 대한 연구에서 시작하여, 최근에는 정동 연구를 젠더 연구와 소수자 연구에 기반하여 변용한 젠더·어펙트 연구 방법론을 중심으로 연구에 집중하고 있다. 이를 확장하여 정동적 사회성과 국가의 정동화 과정에 대한 연구를 이어가고 있다. 특히 정착 중심의 거주성에 대해 비판적 연구를 이어가면서 대안적 거주성을 젠더·어펙트 연구에 기반하여 이론화하며 대안적 사례를 구축하는 작업을 이어가고 있다.

이지행

동아대학교 〈젠더·어펙트연구소〉 전임연구원. 한국콘텐츠진흥원 콘텐츠지원사업 심사 전문가로도 활동하고 있다. 기술 변화에 따른 동시대 대중문화 콘텐츠와 수용자 속성에 관심을 두고 연구를 진행해 오고 있으며, 최근 연구는 디지털 대중으로서의 팬덤의 정치성 그리고 대중문화에 재현된 포스트휴먼의 비인간으로서의 정체성과 정동경제적 측면에 초점을 맞추고 있다. 저서로는 『BTS와 아미컬처』(2019)와 『BTSとARMY わたしたちは連帯する』(2021), 『페미돌로지』(2022, 공저), 『한류 ― 문화자본과 문화내셔널리즘의 형성』(2023, 공저), 『젠더스피어의 정동지리』(2024, 산지니, 공저) 등이 있다. 주요 논문으로는 「아시아 이주민과 아포칼립틱 빌런 정동 ― 〈에브리씽 에브리웨어 올 앳 원스〉(2022)를 중심으로」, 「포스트 시네마가 트라우마적 역사를 재현하는 방식 ― 〈존 오브 인터레스트〉(2023)를 중심으로」, 「인공지능 정동에서 체현의 문제와 감정의 모빌리티 ― 영화 〈그녀(Her)〉를 중심으로」, 「팬덤 실천을 통한 초국적 기억정치에의 개입과 정동의 작동 ― 'BTS 원폭 티셔츠 논란'을 중심으로」 등이 있다.

권두현

동아대학교 〈젠더·어펙트연구소〉 전임연구원이자 동아대학교 한국어문학과 초빙교수로 재직 중이다. 미디어와 한국 현대문학·문화의 관계에 주목하며, 특히 대중문화를 중심으로 테크놀로지와 어셈블리지의 문제를 탐구해 왔다. 최근에는 정동지리적 관점에서 인종화된 정동 체제를 비판적으로 분석하는 작업에 집중하고 있다. 「유머와 보디빌딩 ─ 아시아 아메리칸 코미디의 정동경제」, 「렌더링과 에뮬레이팅의 생명정치와 정동 지리 ─ '쿤타 킨테'에서 '빌 코스비'까지」, 「초국가적 몸짓산업과 '키네틱 애니매시'의 회절 ─ 농구 코트 안팎의 몸들과 몸짓의 정동지리」 등의 논문을 발표했다. 공저로 『대안적 연결체의 테크놀로지』(2025), 『한국 문화 ─ 대중문화 발달과 K콘텐츠』(2023), 『지속가능한 예술한류, 그 가능성을 말하다』(2022) 등이 있다.

윤조원

연세대학교 국어국문학과 박사과정에서 한국 현대문학을 공부하고 있다. 젠더, 섹슈얼리티, 돌봄과 정동의 관점에서 문학의 경계를 되물으며 문화 기획과 기록을 들여다보는 일에 관심이 있다. 석사학위 논문 「페미니스트의 돌봄-문화정치학 ─ 무크지 『또 하나의 문화』를 중심으로」를 썼다. 해당 연구를 통해 코로나19 팬데믹 시기에 긴요한 의제로 재부상한 돌봄에 관한 역사적 실천을 조명하고자 했다. 이후에도 어린이와 청소년을 비롯한 소수자 존재와 재현의 문제에 마음을 기울이고 있다. 관련 소논문으로 「기후위기 '다르게 느끼기' ─ 어린이·청소년의 대안 정동에 관한 시론」이 있다. 앞으로도 다종다양한 몸을 듣는 법을 고민하며 연구를 계속해 나가고자 한다.

정다연

2025년 9월부터 프린스턴대학교 동아시아학과 박사과정 재학 예정이다. 서울대학교 비교문학 협동과정에서 논문 「〈아가씨〉와 에로틱 영화」로 석사학위를 받았다. 1990년대 이후 한국에서의 섹슈얼리티와 미디어를 연구하고 있다. 공저로는 『비주류 선언』(2019)이 있고, 번역서로는 김준양의 『오타쿠/팬, 정체성 수행, 아니메 시청의 운동감각적 경험』(2024)이 있다.

:: 인명 찾아보기

ㄱ

과타리, 펠릭스(Guattari, Félix) 10, 145, 185, 190, 212, 222, 249, 271, 272, 281, 298, 326, 328, 334

굽타, 아크힐(Gupta, Akhil) 93, 94, 98~101, 103, 116

굿리, 대니얼(Goodley, Daniel) 50, 51, 61

그레그, 멜리사(Gregg, Melissa) 20, 80, 82, 86, 93, 97, 100, 102, 105, 106, 110, 115, 117, 139, 140, 162, 163, 167, 187, 223, 224, 226, 230, 241, 306, 310, 316, 318, 334~336

그레코, 모니카(Greco, Monica) 91, 93, 115, 281

그로츠, 엘리자베스(Grosz, Elizabeth) 140, 145, 163, 246, 282

그루신, 리처드(Grusin, Richard) 304, 309, 310, 335

그린, 앙드레(Green, Andre) 15, 20

글렌, 에블린(Glenn, Evelyn) 89, 90, 101, 104, 114

길, 로절린드(Gill, Rosalind) 90, 105, 110, 114, 124, 132

깁스, 안나(Gibbs, Anna) 37, 61, 317, 324, 334

ㄴ

나이, 시엔(Ngai, Sianne) 71, 195~198, 226

네그리, 안토니오(Negri, Antonio) 56, 83, 87~89, 99, 102, 103, 109, 115, 119, 122, 125, 126, 131, 132, 141, 163

니시다, 아케미(Nishida, Akemi) 21, 52, 62, 91, 117

ㄷ

다 실바, 데니스 페레이라(da Silva, Denise Ferreira) 71, 73, 74

다마지오, 안토니오(Damasio, Antonio) 305, 308, 309, 311, 318, 328~330, 334, 340

데리다, 자크(Derrida, Jacques) 16, 188, 192, 222

델 사르토, 아나(del Sarto, Ana) 58

두보이스, W. E. B.(Du Bois, W. E. B.) 71, 158

드 만, 폴(de Man, Paul) 192

드프레, 방시앙(Despret, Vinciane) 18

들뢰즈, 질(Deleuze, Gilles) 10, 71, 131, 133, 135, 140, 144, 146, 149, 162, 167, 168, 185, 190, 203, 204, 212, 213, 222, 248, 255, 261, 271, 281, 298, 310, 326, 327, 332, 334

ㄹ

라라, 알리(Lara, Ali) 3, 18~20, 23, 26, 30, 41, 42, 44, 45, 61, 62, 65, 66, 182, 210, 224, 225, 235, 319, 335, 348

라이, 아미트(Rai, Amit) 42, 43, 63

라캉, 자크(Lacan, Jacques) 15, 261

인명 찾아보기 **353**

라플랑슈, 장(Laplanche, Jean) 15
랏자라또, 마우리치오(Lazzarato, Maurizio) 85, 94, 116, 122, 131, 132
랭보, 아르튀르(Rimbaud, Arthur) 145
랭킨, 클로디아(Rankine, Claudia) 71
러브, 헤더(Love, Heather) 197, 225, 248, 261, 263, 265, 266, 282, 296, 297
런스윅-콜, 캐서린(Runswick-Cole, Katherine) 50, 61
레이스, 루스(Leys, Ruth) 40, 41, 62, 88, 116, 305, 335
로드, 오드리(Lorde, Audre) 71
로비드(LoVid) 213
로빈슨, 세드릭(Robinson, Cedric) 151, 153, 164
로시지오, 다니엘라(Losiggio, Daniela) 58, 62
로페스, 엘레나(López, Helena) 58, 62
로페즈, 스티브(Lopez, Steve) 95
뤼브, 테리(Reub, Teri) 213
르두, 조셉(Ledoux, Joseph) 308, 309, 328
리드, 제이슨(Read, Jason) 82, 110, 117
리디어드, 크리스티(Liddiard, Kristy) 50, 61
리벳, 벤자민(Libet, Benjamin) 308, 311, 335, 341, 347
리우 웬(Liu, Wen) 8, 54, 62, 243, 254, 260, 282, 285~288, 290, 292~295, 297, 298, 300, 301, 349
릴예스트룀, 마리안느(Liljeström, Marianne) 47, 61, 62
림, 제이슨(Lim, Jason) 143, 146, 163

ㅁ
마날란산 4세, 마틴 F.(Manalansan IV, Martin F.) 73~75, 78
마네부오, 모나(Mannevuo, Mona) 81, 116, 305, 335
마르티네즈, 안타르(Martinez, Antar) 42, 62
마수미, 브라이언(Massumi, Brian) 18, 21, 43, 62, 67, 140, 163, 167, 182, 186, 190, 217, 218, 225, 230, 239, 249, 255, 281, 282, 317, 318, 342, 343
마요랄, 에드윈(Mayoral, Edwin) 8, 59
마콘, 세실리아(Macón, Cecilia) 58, 62, 225
만케카르, 푸르니마(Mankekar, Purnima) 93, 94, 98~101, 103, 116
말라부, 캐서린(Malabou, Catherine) 191, 225
매디슨, 스티븐(Maddison, Stephen) 16, 21
맥코맥, 데릭(McCormack, Derek P.) 17, 21
맥키트릭, 캐서린(McKittrick, Katherine) 151, 163
메라스, 시빌(Meraz, Sibille) 32
모라가, 쉐리에(Moraga, Cherríe) 71
모야노-아리자, 산드라(Moyano-Ariza, Sandra) 7, 57~59, 181, 229~235, 237~240, 349
모턴, 티머시(Morton, Timothy) 215, 216, 226
모튼, 프레드(Moten, Fred) 151, 153, 158, 160, 163, 164, 171
무뇨스, 호세(Muñoz, José Esteban) 71, 128, 132, 141, 164, 248, 261, 267, 268, 283, 291, 297, 301

ㅂ
바니니, 필립(Vannini, Philip) 17, 21, 36, 63, 208, 209, 227, 228

바코, 매슈(Bakko, Matthew) 32, 60

버라드, 캐런(Barad, Karen) 37, 49, 60, 208, 210, 217, 220, 238, 270, 271, 273, 280, 342, 343

버틀러, 주디스(Butler, Judith) 270, 271, 280

번스타인, 엘리자베스(Bernstein, Elizabeth) 96, 112

벌랜트, 로런(Berlant, Lauren) 15, 20, 48, 69, 71, 78, 97, 104, 112, 199~201, 203, 221, 225, 237, 244, 246, 268, 269, 277, 280, 287, 296

베넷, 제인(Bennett, Jane) 208, 211, 221, 342, 343, 347

베르그송, 앙리(Bergson, Henri-Louis) 16, 261

보리스, 에일린(Boris, Eileen) 89, 96, 102, 104, 112, 113

분트, 빌헬름(Wundt, Wilhelm) 308

브랭크만, 존(Brenkman, John) 213, 221

브레넌, 테레사(Brennan, Teresa) 11, 15, 20

블랑쇼, 모리스(Blanchot, Maurice) 184, 205, 221, 231

블랙먼, 리사(Blackman, Lisa) 230, 241, 260, 277, 280

빌리스, 미셸(Billies, Michelle) 8, 55, 62, 133, 135, 137, 149, 150, 158, 162, 166, 167, 169, 171~174, 350

ㅅ

사두르니, 누리아(Sadurni, Nuria) 8, 59

살다냐, 아룬(Saldanha, Arun) 144, 145, 164, 168

샘슨, 토니 D.(Sampson, Tony D.) 8, 16, 21, 56, 57, 303, 305, 306, 330, 336, 337, 339, 340, 344~346, 348, 349

샤비로, 스티븐(Shaviro, Steven) 16, 21, 184, 205, 211, 215, 216, 219, 227

선 오브 볼드윈(Son of Baldwin) 71

세제르, 에메(Cesaire, Aimé) 159

세즈윅, 이브(Sedgwick, Eve Kosofsky) 182, 190, 191, 193, 227, 245, 246, 248, 251~256, 258, 259, 261, 268, 283, 292, 293, 301

섹스턴, 재러드(Sexton, Jared) 134, 139, 151~153, 164, 172

셔먼, 레이첼(Sherman, Rachel) 95, 101, 104, 106, 109, 118, 221

셰이퍼, 도노번 O.(Schaefer, Donovan O.) 18, 21

셸러, 미미(Sheller, Mimi) 212~214, 217, 227, 239

쉴러, 카일라(Schuller, Kyla) 70, 71, 78

스리프트, 나이절(Thrift, Nigel) 17, 21, 36, 63, 206, 208, 228, 305, 306, 308~310, 318~320, 324~336, 338, 347

스미스, 레이첼 그린왈드(Smith, Rachel Greenwald) 195, 196, 225, 227, 232, 236, 241

스테너, 폴(Stenner, Paul) 91, 93, 115, 190, 221

스테이지, 카르스텐(Stage, Carsten) 33, 34, 36, 61

스토, 해리엇 비처(Stowe, Harriet Beecher) 69, 78

스튜어트, 캐슬린(Stewart, Kathleen) 48, 199, 209, 210, 217, 227, 238

스트라이커, 수잔(Stryker, Susan) 274, 283

스피노자, 바뤼흐(Spinoza, Baruch) 30,

71, 140, 167, 190, 227, 231, 278, 283, 308, 310
스필러스, 호텐스(Spillers, Hortense) 55, 151, 154, 164
시그워스, 그레고리(Seigworth, Gregory J.) 20, 37, 38, 63, 86, 117, 139, 140, 162, 163, 167, 187, 223, 224, 226, 230, 241, 306, 310, 316, 318, 334~336
시핸, 패트릭(Sheehan, Patrick) 107, 118
시호보넨, 타냐(Sihvonen, Tanja) 81, 116, 335

ㅇ

아루자, 신치아(Arruzza, Cinzia) 100, 108, 112
아메드, 사라(Ahmed, Sara) 47, 51, 60, 67, 71, 91, 112, 128, 129, 131, 141, 143, 162, 197, 220, 237, 248, 251, 256~258, 260, 280
아브라모우스키, 아나(Abramowski, Ana) 58
아이주라, 아렌(Aizura, Aren Z.) 274, 283
안셀 피어슨, 키스(Ansell-Pearson, Keith) 16, 20
안잘두아, 글로리아(Anzaldúa, Gloria) 71
알부, 크리스티나(Albu, Cristina) 201, 202, 220, 237
알토몬테, 기예르미나(Altomonte, Guillermina) 7, 56, 79, 91, 112, 121, 126, 127, 130, 350
알티에리, 찰스(Altieri, Charles) 193~195, 220, 236
애슐리, 콜린 P.(Ashley, Colin P.) 8, 55, 62, 133, 135, 137, 149, 150, 158, 162, 166, 167, 169, 171~174, 350
앤더슨, 벤(Anderson, Ben) 17, 20

야오, 신(Yao, Xine) 72, 73, 75, 78
에델먼, 리(Edelman, Lee) 248, 261, 265~267, 278, 281, 297, 298
에런라이크, 바바라(Ehrenreich, Barbara) 75, 115
에이켄, 더그(Aitken, Doug) 202
엘리스, 대런(Ellis, Darren) 16, 21, 40, 61
엘리아슨, 올라퍼(Eliasson, Olafur) 202
엥, 데이비드(Eng, David L.) 71, 197, 222, 278, 281, 290, 291, 301
오설리반, 시몬(O'Sullivan, Simon) 204, 211~213, 217, 226
왓킨스, 메간(Watkins, Megan) 317, 336
워너, 마이클(Warner, Michael) 244, 246, 277, 280, 287
웨더렐, 마거릿(Wetherell, Margaret) 39, 40, 63, 86, 88, 91, 119, 305, 336
웨헬리예, 알렉산더(Weheliye, Alexander) 151, 154~156, 158, 164, 172
위너, 노버트(Wiener, Norbert) 321
위니컷, 도널드(Winnicott, Donald) 15
위크스, 캐시(Weeks, Kathi) 88, 90, 93, 94, 100, 108, 110, 119, 162
윈터, 실비아(Wynter, Sylvia) 151, 154, 157, 158, 165
윌더슨, 프랭크(Wilderson, Frank B.) 151, 153, 156, 157, 159, 160, 162, 164, 170, 171
윌스, 크레이그(Willse, Craig) 62, 146, 160, 162, 164, 168, 169
음벰베, 아쉴(Mbembe, Achille) 147
일루즈, 에바(Illouz, Eva) 81, 97, 116

ㅈ

젤리저, 비비아나(Zelizer, Viviana) 96, 103, 119, 120

젬빌라스, 미칼리노스(Zembylas, Michalinos) 143, 146, 165
존슨, 캐서린(Johnson, Katherine) 260, 282

ㅊ

체임벌린, 프루던스(Chamberlain, Prudence) 49, 60
츠베트코비치, 앤(Cvetkovich, Anne) 48, 60, 69, 78, 128, 132, 197, 199, 222, 237, 251, 261, 263, 265, 266, 281

ㅋ

카네바로, 산티아고(Canevaro, Santiago) 58, 60
카르피, 테로(Karppi, Tero) 81, 82, 116, 335
카펜치스, 조지(Caffentzis, George) 90, 103, 114
카푸어, 아니쉬(Kappor, Anish) 202
칼데론, 비비(Calderon, Bibi) 8, 59
캐흐쾨넨, 로타(Kähkönen, Lotta) 81, 116, 335
코버, 롭(Cover, Rob) 260, 281
코이부넨, 아누(Koivunen, Anu) 47, 61
콜브룩, 클레어(Colebrook, Claire) 183, 222
크누센, 브리타(Knudsen, Britta) 33, 34, 36, 61
크랜들, 조던(Crandall, Jordan) 215
크롬비, 존(Cromby, John) 27, 28, 31, 60
클라인, 멜라니(Klein, Melanie) 15
클러프, 퍼트리샤(Clough, Partricia) 6, 15, 16, 20, 29, 31, 33, 37, 43, 48, 49, 60, 62, 81, 98, 113, 122, 134, 140, 144, 146, 160, 162, 164, 166~169, 205, 207, 210, 217, 222, 229, 235, 246, 276, 278, 280, 281

ㅌ

테라노바, 티치아나(Terranova, Tiziana) 49, 102, 118
테라다, 레이(Terada, Rei) 192, 194, 228, 232
토머스, 제임스(Thomas, James M.) 87, 93, 98, 110, 118, 136~138, 164
톰킨스, 실반(Tomkins, Silvan) 139, 167, 190, 227, 228, 245, 251, 254~256, 258, 283, 284, 292, 293
트라웁, 발레리(Traub, Valerie) 259, 282
티엔, 데보라(Thien, Debora) 17, 21

ㅍ

파농, 프란츠(Fanon, Franz) 68, 71, 75, 141, 151, 154, 159, 162
파레냐스, 라셀 살라자르(Parreñas, Rhacel Salazar) 89, 96, 102, 104, 112, 113
파리시, 루치아나(Parisi, Luciana) 16, 21, 44, 49, 62, 271, 272, 283
파소넨, 수잔나(Paasonen, Susanna) 47, 61, 62
파얄라, 마리(Pajala, Mari) 81, 116, 335
패터슨, 올랜도(Patterson, Orlando) 55, 151~153, 164
퍼거슨, 로더릭(Ferguson, Roderick) 262, 281
페데리치, 실비아(Federici, Silvia) 88~90, 103, 109, 113, 114
페드웰, 캐럴린(Pedwell, Carolyn) 48, 62, 251, 283
푸아르, 자스비르(Puar, Jasbir) 43, 52~54, 63, 71, 140, 144, 146, 147, 164, 168,

249, 274~276, 283, 298, 299, 301
푸코, 미셸(Foucault, Michel) 109, 245, 248, 253, 270, 271
퓨, 앨리슨(Pugh, Allison) 81, 100, 105~107, 117
프란시카, 신시아(Francica, Cynthia) 59, 61
프랫, 앤디(Pratt, Andy) 90, 105, 110, 114
프랭크, 애덤(Frank, Adam) 182, 190, 191, 193, 207, 223, 227, 245, 283, 292
프레시아도, 폴(Preciado, Paul) 273, 274, 276, 283
프로빈, 엘스페스(Probyn, Elspeth) 18, 21, 207, 226, 318, 335
프로이트, 지그문트(Freud, Sigmund) 15, 253~255, 340
피셔, 클라라(Fisher, Clara) 47

ㅎ

하니, 스테파노(Harney, Stefano) 151, 158, 160, 164
하이데거, 마르틴(Heidegger, Martin) 16
하이모어, 벤(Highmore, Ben) 18, 20, 193, 224, 317, 335
하트, 마이클(Hardt, Michael) 56, 83~85, 87~89, 99, 102, 103, 109, 115, 116, 119, 122, 125, 126, 131, 132, 140, 141, 163
하트먼, 사이디야(Hartman, Saidiya) 55, 151, 152, 157, 159, 163
핸슨, 마크(Hansen, Mark) 16, 20, 201, 203, 211, 214, 215, 217, 223, 239
핼버스탬, 잭(Halberstam, Jack) 260~264, 282, 297
핼퍼린, 데이비드(Halperin, David) 259, 282
헤밍스, 클레어(Hemmings, Clare) 49, 61, 67, 71, 78, 88, 93, 115, 188, 224, 247, 251, 255, 282
헤일스, 캐서린(Hayles, Katherine) 57, 223, 304, 305, 307, 310~317, 319, 321~327, 330~333, 335, 338~341, 344, 345, 347
혹실드, 앨리(Hochschild, Arlie) 56, 75, 83, 90, 92, 94, 97, 99~101, 103, 106, 115
화이트헤드, 알프레드 노스(Whitehead, Alfred North) 16, 214
화이트헤드, 앤(Whitehead, Anne) 48, 62, 251, 283
훅, 데릭(Hook, Derek) 143, 144, 163
휘트니, 샤일로(Whitney, Shiloh) 87, 90, 91, 93, 119

:: 용어 찾아보기

ㄱ

가교 노동(bridgework) 96
가늠(speculate) 36, 252, 253, 293
가라앉음을 느끼기(feeling down) 54, 243, 247, 249, 250, 252, 276, 293, 295
『가상계』(*Parables for the Virtual*, 마수미) 163, 225
가상적인 것(the virtual) 16
간신체적(inter-bodied) 93
갈색이 된 느낌(feeling brown) 141
감각(sensations) 34, 81, 128, 146, 147, 171, 174, 175, 186, 195, 202, 213, 248, 263, 311, 317, 318, 325, 328, 331, 333, 337, 338, 340, 344
감상성, 감상주의(sentimentality) 68~70, 76, 182, 246
감정 노동(emotional labor) 50, 51, 56, 79, 83, 85, 92~103, 108, 109, 123, 124, 127, 129, 251
감정 자본주의(emotional capitalism) 81
『감정 자본주의』(*Cold Intimacies*, 일루즈) 116
감정(feeling) 31, 42, 46, 48, 50, 54, 56, 68, 70, 71, 73, 74, 79, 81, 83, 85, 87, 89, 92~101, 103, 106, 108~110, 122~129, 141, 142, 166~170, 173, 174, 176, 178, 182, 186, 187, 192~195, 197, 231, 234, 236, 246, 248, 251, 305, 309, 310, 318, 320, 348
『감정노동』(*The Managed Heart*, 혹실드) 115
『감정의 문화정치』(*The Cultural Politics of Emotion*, 아메드) 131, 220, 258, 280
감정작용(affection) 186
강도(intensity) 27, 243, 247, 317, 318, 339, 343
개인성(individuality) 12, 30
객체지향 존재론(object-oriented ontology, OOO) 215, 216
객체지향적 접근(object-oriented approach) 216
거울 뉴런(mirror neurons) 322, 324, 325
『거울 정동 : 현대 예술에서의 자아 보기와 타인 관찰』(*Mirror Affect : Seeing Self, Observing Others in Contemporary Art*, 알부) 201, 220
게이 수치심(gay shame) 258~260, 295
『게이 수치심』(*Gay Shame*, 할페린·트라우브) 259
게이 자긍심(gay pride) 259
경험 하부적(infra-empirical) 31, 37, 210
계급(class) 39, 40, 53, 101, 104, 154, 245, 268, 287, 291
계층화(stratification) 135, 167
공동 역량(co-capacitation) 52
공적 느낌 프로젝트(Public Feelings Project) 199, 202, 237, 251, 261
공적 자아(public selves) 79, 80, 83
공중(public) 200, 244, 245, 277, 279
공통의 것(the common) 126

『공통체』(*Commonwealth*, 하트·네그리) 115, 125, 126, 132
과정철학(process philosophies) 16, 30, 37, 140
관계적 노동(relational labor) 96
관계적 잠재력(relational potential) 209
구성적 실재(compositional reals) 209, 217
국경 형성(border-making) 86, 87
근대성(modernity) 157, 264, 265, 278, 294
근대주의(modernism) 247, 262, 264
글로벌 자본주의(global capitalism) 76, 88, 127
긍정심리학(Positive Psychology) 42
기계됨을 느끼기(feeling machinic) 55, 243, 247, 250, 263, 270, 272, 273, 275, 276, 293, 294, 298
기계적 어셈블리지(machinic assemblage) 148, 272, 275, 277
기술 자본주의(techno-capitalism) 305, 320
기술적 무의식(technological unconscious) 310, 319, 338
기술적 비의식(technological nonconscious) 310, 320, 321
기억술 통제(mnemonic control) 146

ㄴ

낙관적 애착(optimistic attachment) 269
남성적 역량(masculine capacities) 14
내러티브(narrative) 35, 311
내부작용(intra-activity) 271
내재성의 관계(relations of interiority) 332
내재적 비평(immanent critique) 217, 239
네트워크(network) 86, 102, 312, 322, 325

노동 사회학(sociology of work) 92
뇌 과학(brain sciences) 303~306
「뉴잉글랜드의 빨강」(New England Red, 스튜어트) 209, 227, 238
느껴짐(feltness) 137, 139, 141, 142, 166
『느낌의 생명 정치』(*The Biopolitics of Feeling*, 쉴러) 70, 78
『느낌의 아카이브』(*An Archive of Feelings*, 츠베트코비치) 132, 222

ㄷ

다감각적 세계(multisensual worlds) 209
다공성(porousness) 55, 248, 279
다중(multitude) 125, 202
『다중』(*Multitude : War and Democracy in the Age of Empire*, 하트·네그리) 125, 132
다중적 역량(multiple capacities) 248, 278, 292
단락 회로적 지식 생산(short-circuiting knowledge production) 255, 293
대안 문학사 73
대안 역사 쓰기 73
대안 정동 72
대안적 친밀성(alternative intimacy) 72
대항공중(counterpublics) 262, 277
대항적 미래성(alternative futurity) 268
『데카르트의 오류』(*Descartes' Error*, 다마지오) 334
도망 노예법 75
도피(flight) 158
동성애 혐오(homophobia) 253~255
『들뢰즈·과타리와 예술을 만나다』(*Art Encounters with Deleuze and Guattari*, 오설리반) 211
『디스어펙티드 : 19세기 미국에서의 무감

정의 문화정치』(*Disaffected : The cultural politics of unfeeling in Nineteenth-century America*, 야오) 72, 73, 78

ㅁ

마주침(encounter) 35, 51, 109, 178, 270, 276~279, 285, 287~289, 299, 310, 326, 327, 332, 345

망상적 약속(delirious promise) 253

매개(mediation) 16, 44, 137, 158, 181, 185~188, 205, 218, 219, 229, 231, 233, 235, 237, 240, 337, 344

매체(media, medium) 189, 206, 208~210, 214, 229, 230, 233, 238

메타안정적(metastable) 315

『몸 페미니즘을 향해 : 무한히 변화하는 몸』(*Volatile Bodies : Toward a Corporeal Feminism*, 그로츠) 163

몸의 역량(capacity of the body) 14, 31, 250, 251, 278

무감정(unfeeling) 72

무매개 230

무의식(unconscious) 15, 210, 303, 304, 310, 319, 320, 330, 338, 340

문학·예술 객체(literary and art objects) 192, 216, 219

『문학의 공간』(*The Space of Literature*, 블랑쇼) 184, 221

문화지리학(cultural geography) 17, 54

물질 노동(material labor) 85

물질성(materiality) 11, 17, 29, 48, 55, 144, 148, 149, 154, 169, 176, 208, 211, 239, 252, 270, 277, 307, 310, 311, 315, 316, 343, 344

물질적 과정(material processes) 315, 316, 330, 333

물질화(materialization) 133, 143, 148, 149, 158, 208, 212, 268

미래주의(futurism) 248, 265~267, 296, 297

미러링(mirroring) 202, 324

미메시스(mimesis) 15, 176, 234

미시-성적 다양체(microsexual multiplicities) 271

민족(ethnicity) 104, 134, 245, 287, 291, 300

ㅂ

반경험적(anti-empirical) 9

반방법론적(anti-methodological) 9

반정체성주의(anti-identitarian) 138, 154

반주체성주의(anti-subjectivity) 138

반본질주의(antiessentialism) 246

반흑인성(anti-blackness) 55, 136, 151, 153

발견법(heuristics) 135, 185, 191

백인성(whites, whiteness) 13, 149, 156, 171, 173~175, 179, 274, 276

벨탄샤웅(weltanschauung) 304

변형(transformation) 43, 82, 151, 178, 317, 326, 331

보편주의(universalism) 74~76, 155, 173, 176

부정적 정동(negative affect) 128, 129, 197, 198, 248, 250, 252, 254, 258, 260, 295

불안정성(instability, insecurity, precariousness) 52, 88, 105, 106, 110, 305, 306

비기원적(anoriginary) 158, 172

비물질 노동(immaterial labor) 84~86, 88, 89, 122, 123, 127

「비물질 노동」(*Immaterial Labor*, 랏자라또) 122, 132

『비물질 신체 : 정동, 체현, 매개』(*Immate-*

rial Bodies : Affect, Embodiment, Mediation, 블랙먼) 280
비물형성(incorporeality) 310
비백인(nonwhites) 19, 145, 264, 276, 348
『비사고, 인지적 비의식의 힘』(Unthought : The Power of the Cognitive Nonconscious, 헤일스) 307, 335, 338, 347
비서구(non-western) 19, 72
비선형적 시간성(non-linear temporality) 27
비의식(nonconscious) 57, 303~314, 316, 317, 319~323, 330~332, 337~342, 344~346
비의식적 정동(nonconscious affect) 316~318
비인간 세계(nonhuman worlds) 212, 304, 314
비인지자(noncognizers) 313, 323, 324, 344
비인지적 행위자(noncognizant agents) 314
비인칭적 정동(apersonal affect) 236
비재현 이론(non-representational theories) 17, 36, 213, 238, 338
『비재현 이론』(Non-representational Theory : Space, Politics, Affect, 쓰리프트) 17, 228
『비재현적 방법론 : 연구를 재상상하기』(Non-Representational Methodologies : Re-Envisioning Research, 바니니) 21, 227, 228
비주관주의(nonsubjectivism) 192
비판적 사회심리학(critical social psychology) 12
비판적 인종 이론(critical race theory) 134, 197

ㅅ

사건(event) 11, 13, 27, 34, 36, 40, 41, 44, 53, 70, 143, 144, 168, 184, 185, 201, 215, 254, 325, 326, 343, 344
사변(speculation) 37, 215, 216, 229, 237, 238, 349
사변적 실재론(speculative realism) 215, 216, 238, 239, 343
『사용자 무의식』(The User Unconscious, 클러프) 15, 20, 60, 222
사이(in-between, in-between-ness) 7, 13, 36, 39, 47, 51, 52, 55, 57, 68, 79, 81~84, 89, 90, 93, 94, 102~104, 107, 136, 139, 142, 145, 148, 152, 168, 178, 181, 185~188, 191, 198, 203, 204, 211, 213, 215, 218, 231, 233, 235, 236, 238, 247, 248, 250, 253, 266, 269, 270, 275, 276, 285, 286, 303~305, 312, 314, 322, 324, 325, 327, 329, 333, 337, 341, 342
「사이버네틱 주름에서의 수치」(Shame in the Cybernetic Fold, 세즈윅·프랭크) 182, 227
사이버네틱스(cybernetics) 142, 321, 330, 339, 341
사적 자아(private selves) 79, 80, 83, 99
사회성(sociality) 198, 202, 210, 243, 247, 257, 258, 266, 267, 278, 351
사회심리학(social psychology) 12, 54, 348
사회적 죽음(social death) 151, 153, 157, 159, 170, 171
상관주의(correlationism) 29, 239
생기론(vitalism) 310
『생동하는 물질』(Vibrant Matter, 베넷) 221, 342, 347
생명 역량(life capacities) 146, 147

생명공학(bioengineering) 142
생명권력(biopower) 86, 109
생명정치(biopolitics) 66~68, 70, 76, 147, 154, 167
생명정치적 관리(biopolitical management) 167, 169
생물매개(biomediate) 276, 277
생물분자적(biomolecular) 273
생물정보학적(bio-informatic) 249
생성적인 몸(processual body) 30
서비스 경제(service economy) 82, 85, 121
선천적으로 내재된 표상들(hardwired representations) 329
선형적 시간성(linear temporality) 230, 297
성적 정체성(sexual identity) 248, 257
세계 감수성(wordly sensibility) 214, 215, 217
세계-만들기(world-making) 172
「세계에 서비스하기 : 유연화된 필리핀 사람들과 불안정한 삶」(Servicing the World : Flexible Filipinos and the Unsecured Life, 마날란산 4세) 73, 78
섹슈얼리티(sexuality) 147, 154, 244, 245, 248~250, 252, 253, 258, 262, 264, 266~268, 270, 271, 273, 276, 278~292, 298, 300, 349, 352, 353
소급적 착각(backdated illusion) 308, 344
소수자 연구 65, 66, 69, 351
소수자적 신체(minoritarian bodies) 141
쇠약함의 정치학(politics of debility) 53
〈슬램덩크〉 177
시간성(temporality) 27, 49, 200, 202, 230, 243, 247, 248, 261~263, 265, 269, 277, 293, 294, 296, 297
시간으로의 전회(turn toward time) 262

식민화 69~71, 74
신경 문화(neuroculture) 306
신경 상관들(neuro correlates) 332
신경과학(neurosciences) 25, 56, 303, 305, 306, 321, 337, 339
신경생물학(neurobiology) 158, 305
신경학적 비의식(neurological nonconscious) 57, 303, 305, 306, 339~341
신맑스주의(neo-Marxist) 263
신유물론(new materialism) 57, 135, 229, 299, 303, 306~308, 310, 314~317, 322, 327, 329, 331~333, 337, 339, 340, 342~345, 349
『신자유주의 시대 정동과 미국 문학』(Affect and American Literature in the Age of Neoliberalism, 스미스) 195, 227
신체 노동(body labor) 96
신체 이전의 물질(pre-body matter) 157
신체 표지 가설(somatic marker thesis) 308, 318
신체적(corporeal, bodily) 55, 57, 86, 91, 97, 98, 123, 140, 146, 147, 166, 196, 203, 246, 257, 274, 276, 288, 309, 317, 318, 329, 331, 343
신체화된(embodied) 98, 144
심미적 노동(aesthetic labor) 96
심신이원론 338

ㅇ
『아떼네아 디히딸』(Athenea Digital) 8, 23, 26, 61, 62, 225
아프로-비관주의(Afro-Pessimism) 55, 133, 134, 139, 150~153, 156, 170~172
양자 퀴어성(quantum queerness) 271
양자물리학 343
양자역학(quantum mechanics) 270

『어글리 필링스』(*Ugly Feelings*, 나이) 198, 226
어셈블리지(assemblage) 43, 133, 135, 142~144, 146, 148, 154, 155, 168, 186, 202, 203, 213, 249, 250, 271~273, 275, 277, 293, 307, 312, 321, 322, 324~328, 331~333, 339, 342, 344, 345, 352
어포던스(affordances) 324
억압 가설(repressive hypothesis) 253, 255, 293
얽힘(entanglement) 15, 49, 97, 208, 213, 238
에이블리즘(ableism) 299
역량(capacity) 11, 14, 30~32, 37, 38, 42, 50~53, 55~58, 67, 68, 71, 86, 91, 99, 133~137, 139~142, 144~147, 149, 152~158, 160, 161, 166~172, 175, 176, 178, 179, 181, 186, 187, 189, 190, 200, 201, 204~207, 210, 211, 214, 216~219, 233, 235, 237~239, 248~253, 260, 261, 265, 272, 273, 275~279, 287, 288, 290, 292, 293, 298, 299, 300, 311~314, 319, 343, 350
역사적 집합성(historical collectivity) 259
연속체(continuum) 96, 315
오인식(misperception) 313
외재성의 관계(relations of exteriority) 331
『욕망/사랑』(*Desire/Love*, 벌랜트) 15, 20
『우리의 미학 카테고리 : 우스꽝스러움, 귀여움, 흥미로움』(*Our Aesthetic Categories : Zany, Cute, Interesting*, 나이) 198, 226
우연한 조우의 사회학(sociology of accidental encounters) 199
우울한 위치성(depressive positionality) 141
원형 자아(protoself) 311, 312, 328, 329
유리(disengagement) 254
유색인종 퀴어(queer people of color) 260, 262, 295, 296, 298, 299
유색인종 페미니스트(feminists of color) 245
유연화된 노동 75
유토피아적으로 느끼기(feeling utopian) 268, 298
『육신의 권리』(*Habeas Viscus*, 웨헬리예) 154, 164, 172
육체적 잉여(fleshly surplus) 155
의식(consciousness) 32, 33, 44, 183, 184, 205, 208, 303, 304, 308, 309, 311, 314~317, 319~321, 325, 330~333, 338~343
의심의 해석학(hermeneutics of suspicion) 252, 292, 293
『이론에서의 느낌』(*Feeling in Theory*, 테라다) 192, 228
이성애 규범적(heteronormative) 248, 256, 257, 259, 261, 263, 277, 290, 292, 296
인간 너머(more-than-human) 155, 209, 278
인간 주체 이전(pre-human) 167
인간·비인간 종간주의(inter-speciesism) 277
인간-만들기(human-making) 172
인간-비인간 어셈블리지(human and non-human assemblages) 202
인류세(Anthropocene) 304, 333
인식(awareness) 31, 51, 144, 171, 173, 178, 311, 313, 314, 318, 320, 321, 333, 338, 341, 345

인식론(epistemology) 9~11, 26~28, 30, 31, 38, 44, 72, 149, 190, 193, 203, 208, 217, 243, 270, 290
인종(race) 25, 39, 40, 53, 55, 56, 66~75, 90, 104, 133~139, 141~149, 154, 156, 158~161, 168, 169, 174, 175, 177, 197, 245, 261, 268, 274, 275, 287, 288, 291, 295, 299, 349, 350
인종-민족적(racial-ethnic) 90, 101
인종자본주의(racial capitalism) 14, 19
인종적 어셈블리지(racial assemblages) 154
인종적 역량(racial capacity) 137, 141~145
인종차별(racism) 145
인종화 어셈블리지(racializing assemblages) 155
인종화(racialization) 56, 67~70, 72, 74, 75, 83, 90, 92, 133, 135, 143, 147, 148, 155, 158, 167, 169, 178, 255, 262, 267, 274, 275, 348, 352
인종화된 마음 75
인지 역량(cognitive capacity) 312, 313
인지 정치(cognitive politics) 305
인지(cognition) 25, 28, 56~58, 181, 188, 194, 207, 214, 303~307, 309~313, 316~330, 332, 333, 339~346
인지자(cognizer) 312, 313, 320, 322~324, 328, 342~344
인지적 비의식(cognitive nonconscious) 307, 311, 313~315, 319, 322, 323, 332, 333, 338, 339
인지적 행위자(cognizant actors) 314

ㅈ

자유주의(liberal, liberalism) 199, 244, 248, 262, 267, 278, 289~291, 296, 299

『잔인한 낙관』(*Cruel Optimism*, 벌랜트) 200, 221, 280
잠재성(potential) 48, 53, 129, 168, 169, 218, 243, 247, 255, 258, 263, 267, 268
장애(disability) 39, 40, 43, 50~54, 154, 245, 274, 275, 287, 299, 300
재생산 노동(reproductive labor) 56, 79, 83, 84, 86, 88~90, 97, 98, 101~103, 123
재생산 미래주의(reproductive futurism) 265, 267, 296, 297
재현 너머(beyond representation) 30, 57, 66, 181, 188, 189, 204~206, 211, 214, 216~218, 233, 237, 239
재현 사이(between representation) 57, 181, 188, 191, 204, 211, 218, 233, 235, 236
재현(representation) 10, 28~30, 32~34, 57, 66, 144, 157, 159, 169, 176~178, 181, 183~194, 198, 201~208, 211, 212, 214~217, 219~239, 256, 311, 338, 349, 353
저자성(authorship) 207, 216
전-개인적(pre-individual) 30
전-매개된(pre-mediated) 310
전-의식적(pre-conscious) 30, 329
전염(contagion) 142, 321, 324, 325, 331
전이(transmission) 11, 15, 255
전-인지(precognition) 309, 331
전회(turn) 9, 10, 23, 24, 28, 46, 47, 66, 67, 71, 83, 86, 191, 192, 206, 216, 231, 234, 235, 243~246, 248~251, 255, 262, 264, 265, 276, 278, 305, 315
정동 경제(affective economies) 45, 91, 273
「정동 경제」(*Affective Economies*, 아메드) 112, 162

정동 공급(affect provision) 83
정동 노동(affective labor) 56, 79, 83~91, 93~95, 98, 99, 101~103, 105, 107, 109, 110, 121~127, 129
「정동 노동」(Affective Labor, 하트) 115
『정동 이론』(*The Affect Theory Reader*, 그레그·시그워스) 20, 117, 163, 223, 224, 226, 241, 306, 310, 316, 318, 334~336
정동 자본주의(affective economy) 81, 130
정동 조절(affect regulation) 105
『정동, 이미지, 의식』(*Affect, Imagery, Consciousness*, 톰킨스) 228
정동가능한(affectable) 72, 167
『정동과 소셜 미디어』(*Affect and Social Media*, 샘슨, 매디슨·엘리스) 16, 21, 349
「정동의 자율성」(The Autonomy of Affect, 마수미) 182
정동적 관계성(affective relationality) 52, 91, 202
정동적 모방(affective mimicry) 324
정동적 반향(affective resonance) 36
정동적 배열(affective configurations) 48
「정동적 분위기들」(Affective Atmospheres, 앤더슨) 17
정동적 비의식(affective nonconscious) 309
정동적 시간성(affective temporality) 49
정동적 역량(affective capacity) 55, 133, 136, 139, 149, 156, 157, 160, 161, 166, 168, 169, 211, 251, 350
정동적 연루(affective engagement) 194
정동적 전회(affective turn) 10, 23, 24, 46, 47, 66, 67, 71, 83, 86, 206, 216, 231, 234, 235, 243, 246, 250, 251, 255, 276, 278

정동적 텍스트성(affective textualities) 35
정동적 투자(affective investments) 79, 100
정동적 현재(affective present) 269
정동적 흑인성(affective blackness) 55, 139, 160
『정동정치』(*Politics of Affect*, 마수미) 225
정서 비평(affective criticism) 182
『정신분석학 담론에서 정동의 직조』(*The Fabric of Affect in the Psychoanalytic Discourse*, 그린) 15
정신분석학(psychoanalysis) 11, 14, 15, 18, 24, 207, 248, 258, 261, 303, 304
정체성 근본주의(identitarianism) 244, 245, 267
정체성 정치(identity politics) 11, 12, 137, 289
정치적 회집체(political assemblage) 43
제2물결 페미니즘(second wave feminism) 47
제4물결 페미니즘(fourth wave of feminism) 49
『제국』(*Empire*, 하트·네그리) 115, 125, 131, 163
제약-포르노그래피적(pharmacopornographic) 273
젠더 비순응 몸들(gender-nonconforming bodies) 264
젠더 연구(gender studies) 18, 65, 66, 351
『젠더 트러블』(*Gender Trouble*, 버틀러) 270
젠더·어펙트 연구 9, 64~66, 69, 71, 73, 75~77, 351
젠더(gender) 18, 39, 40, 53, 64~66, 71, 73~76, 88, 90, 101, 104, 127, 154, 177,

244, 245, 252, 264, 268, 272, 275, 276, 287, 288, 349
젠더화된 신체(gendered bodies) 274
조현(attunement) 15
존재론(ontology) 9, 10, 23, 26~28, 30, 31, 38, 41, 44, 46, 47, 49, 50, 55, 58, 75, 76, 133, 135~139, 143, 144, 146, 149~153, 155~161, 163, 166, 168~171, 173~175, 178, 181, 188, 189, 205, 206, 208, 213, 215~218, 235, 238, 239, 243, 247, 249, 270, 271, 274~278, 294, 298, 307, 315, 316, 331, 332, 339, 342, 343, 345, 347, 349
죽음정치(necropolitics) 147
지도제작(mapping) 6~9, 13, 23~26, 64, 65, 77, 351
질화(qualifying) 17

ᄎ

차별적 정동(differential affects) 139
차연(différance) 16
창발(emergence) 161, 317, 320, 328~333
『천 개의 고원』(A Thousand Plateaus, 들뢰즈·과타리) 281, 334
『철학이란 무엇인가?』(What is Philosophy?, 들뢰즈·과타리) 185
체현(embodiment) 48, 183, 198, 245, 260, 263, 273, 322, 352
추상 기계(abstract machine) 271, 272, 298
친밀 노동(intimate labor) 79, 83, 92, 96~98, 103, 108, 123, 128

ᄏ

〈코스비 쇼〉(The Cosby Show) 176
퀴어 되기(queer becoming) 248, 271
퀴어 부정성(queer negativity) 243, 247, 248, 252, 261
퀴어 수행성(queer performativity) 259, 270
『퀴어 시간과 공간: 트랜스젠더 신체들, 하위문화적 삶』(Queer Time and Place: Transgender Bodies, Subcultural Lives, 핼버스탬) 262
퀴어 시간성(queer temporality) 243, 247, 248, 261~263, 269
퀴어 연구(queer scholarship) 25, 53, 66, 68~70, 248, 250~253, 263, 273, 287, 291, 294
퀴어 이론(queer theory) 8, 47, 54, 55, 66, 67, 72, 73, 197, 243~247, 249~254, 258, 262, 264, 265, 268, 270, 277, 278, 285~289, 293~296, 299~301, 349
「퀴어 이론은 우리에게 X에 대해 무엇을 가르치는가?」(What does Queer Theory Teach Us about X?, 벌랜트·워너) 244
퀴어 인식론(queer epistemology) 261, 270
퀴어 정동(queer affect) 54, 55, 128, 246~251, 255, 261, 275~278, 286~289, 292, 294~300
퀴어 존재론(queer ontology) 270, 271, 298
퀴어 주체성(queer subjectivity) 258, 260, 263
퀴어 즐거움(queer pleasure) 258
퀴어적 전회(queer turn) 245

ᄐ

탈동일시(disidentification) 128
탈정동(disaffected) 71, 72, 75, 128
테크노-신체(techo-body) 273, 274
『퇴보성을 느끼기』(Feeling Backward, 러

브) 264, 296, 297
퇴보적 퀴어(backward queer) 263, 279
트라우마(trauma) 128, 207, 246, 263, 352
트랜스 되기(becoming trans) 274
트랜스 신체(trans body) 275, 299

ㅍ

페미니스트(feminist) 46~49, 51, 55, 68, 71, 75, 83, 85, 88~90, 92, 108, 128~130, 208, 245, 342, 349, 353
『페미니즘 이론』(*Feminist Theory*) 48
페미니즘(feminism) 13, 14, 18, 23, 46~49, 54, 56, 58, 66~70, 72, 86, 88, 89, 97, 108, 114, 126, 134, 163, 229, 248, 250, 251, 256, 286, 350
「페미니즘을 정동하기: 페미니즘 이론에서 감정에 대한 문제제기」(Affecting Feminism : Questioning of Feeling in Feminist Theory, 페드웰·화이트헤드) 48
편집증적 비평(paranoid criticism) 246, 252
「편집증적 읽기와 회복적 읽기」(Paranoid Reading and Reparative Reading, 세즈윅) 252
포스트인문학(posthumanities) 303, 305, 307, 331, 338, 346
포스트휴머니즘(posthumanism) 133, 216, 229, 304

ㅎ

핵심 의식(core consciousness) 311
행위자성(agency) 55, 56, 100, 137, 187, 209, 210, 238, 314, 323, 345
행위적 실재론(agential realism) 271

『현실을 소화하기』(*Digesting Reality*, 라라) 18, 21, 348
『환희의 각론 : 정동의 미학』(*The Particulars of Rapture : An Aesthetics of Affect*, 알티에리) 193, 220
회복적 읽기(reparative reading) 252, 255, 292
후기 구조주의(poststructuralist, poststructuralism) 253
흑인 낙관주의(black optimism) 55, 56, 133, 139, 150~153, 156, 170~172
흑인성(blackness) 55, 56, 72, 133~136, 139, 141, 145, 149~161, 166, 168~176, 179, 350

기타

LGBTQ 운동(LGBTQ movement) 250, 289, 291